MASTER 법학개론

박종렬 · 김문성 · 이덕희

도서출판 진 영 사

MASTER 법학개론

박종렬 · 김문성 · 이덕희

2015년 02월 25일 초판 인쇄
2022년 02월 23일 초판 3쇄 발행
2023년 05월 18일 개정판 발행

발행인 박 진 영
발행처 도서출판 진영사
인천광역시 부평구 주부토로 236번지 인천테크노밸리 U1 지식산업센터 B동 1507호
전화 : 032)505-4207
팩스 : 032)505-4206
E-mail : 0183734207@hanmail.net
신고번호 : 제2007-000001호

ISBN 978-89-6541-607-4 93360
값 20,000원

머리말

사회가 있는 곳에는 법이 반드시 있으며, 사회 발전에 따라 법도 새로 제정되고 개정 또는 폐지되기도 한다. 사회가 발전하고 복잡해짐에 따라 법은 양적이나 질적으로 더욱 더 우리의 생활에 중요한 역할을 하게 된다. 그런데 '권리위에 잠자는 자는 보호받지 못한다'는 법언에서 말하듯이 법을 모르면 사회생활에서 불이익을 당하게 되며 또한 법적 피해를 입을 수도 있다. 따라서 기본적인 법적 지식은 현대를 살아가는 사람들에게는 사회생활을 정상적으로 유지하기 위해 최소한의 생활수단이자 지식인 것이다.

법학개론서는 법학에 대한 기본적인 안내서이자 입문서라 할 수 있다. 법학을 전공하는 학생들에게는 전공에 앞서 법학의 전반에 관한 일반적 이해를 돕도록 하는데 있다. 또한 법에 대한 교양과 사회생활에서의 여러 가지 법적 문제에 대한 기초적 법률지식을 습득하여 실생활에 조금이나마 도움이 될 수 있도록 하는데 그 목적이 있다.

법학을 처음 접하는 이들에게는 추상적인 개념에 대한 부족으로 많은 어려움을 겪는 경우가 많았다. 여러 종류의 법학서적들이 나와 있으나 세분화·전문화되어 가는 현대법학의 흐름에 부응하지 못하는 문제점들이 많아 학생들에게 아쉬운 부분이 있는 것도 사실이다.

이에 본서는 법학을 처음 입문하는 학생들에게 법학에 대한 이해와 흥미를 높여 기초를 다질 수 있도록 법학의 기초개념, 용어 및 지식 등 뿐만 아니라 법학전공자에게는 소중한 법지식을 쌓는데 유용하도록 법의 이론과 실제를 염두에 두고 저술해 보았다.

비록 본서가 기존에 출판된 법학개론서의 내용에 많이 의존하여 미진한 부분이 없도록 노력하였으나 그럼에도 불구하고 미흡한 부분들이 있을 것이다. 이는 추후 수정과 보완을 거쳐서 보다 나은 법학입문서를 만들 것을 약속하며 본서가 법학입문 학생들에게 기초지식을 습득하는데 있어 많은 도움이 되기를 바란다.

마지막으로 이 책을 출판할 수 있도록 도와주신 진영사의 박진영사장님께 깊은 감사의 마음을 전한다.

2023년 2월

황령산 숲속 연구실에서 저자 씀

목 차

제1편 법학일반론

제1장 법이란 무엇인가? 11
제1절 법의 의의 11
제2절 법과 다른 사회규범 13
제3절 법의 목적 15
제4절 법의 효력 17

제2장 법의 구조와 법학 21
제1절 법의 연원 21
제2절 법의 체계와 분류 25
제3절 법의 적용과 해석 28
제4절 법률관계와 권리·의무 32

제2편 헌법

제1장 헌법총설 43
제1절 헌법의 의의 43
제2절 헌법관 45
제3절 헌법의 제정과 개정 47
제4절 헌법의 변천 50

제5절 법률의 합헌적 해석원칙 ······ 52
제6절 헌법보장 ······ 53

제2장 대한민국 헌법총설 ······ 56
제1절 헌정사 ······ 56
제2절 국가론 ······ 62
제3절 헌법의 기본원리 ······ 64
제4절 기본제도 ······ 68

제3장 기본권론 ······ 73
제1절 기본권 일반이론 ······ 73
제2절 포괄적 기본권 ······ 77
제3절 자유권적 기본권 ······ 79
제4절 경제적 기본권 ······ 84
제5절 정치적 기본권 ······ 85
제6절 청구권적 기본권 ······ 86
제7절 사회적 기본권 ······ 88
제8절 국민의 기본적 의무 ······ 90

제4장 통치구조론 ······ 91
제1절 기본원리 ······ 91
제2절 정부형태론 ······ 91
제3절 국회 ······ 93
제4절 정부 ······ 98
제5절 사법부 ······ 101
제6절 헌법재판소 ······ 104

제3편 행정법

제1장 행정법의 기본개념 ··· 109

제1절 행정법의 의의 ··· 109

제2절 행정상 법률관계 ··· 112

제2장 행정법의 주요내용 ··· 113

제1절 행정작용법 ··· 113

제2절 행정절차법과 정보공개법 ··· 120

제3절 행정구제법 ··· 120

제4절 행정조직법 ··· 123

제4편 민법

제1장 민법총칙 ··· 131

제1절 민법의 의의 ··· 131

제2절 권리의 주체·객체 ··· 133

제3절 법률행위 ··· 145

제2장 재산법 ··· 163

제1절 물권법 ··· 163

제2절 채권법 ··· 185

제3장 가족법(친족 · 상속법) ··· 200

제1절 의의 ··· 200

제2절 친족과 가족 ···································· 201
제3절 가족법상의 주요개념 ···································· 202

제5편 상법

제1장 서론 ···································· 209
제1절 상법의 의의 ···································· 209

제2장 상법의 내용 ···································· 210
제1절 총칙 및 상행위 ···································· 210
제2절 회사법 ···································· 213
제3절 보험·해상법 ···································· 219
제4절 어음·수표법 ···································· 223

제6편 형법

제1장 서론 ···································· 227
제1절 형법의 기초개념 ···································· 227
제2절 죄형법정주의 ···································· 228
제3절 형법의 적용범위 ···································· 229

제2장 범죄론 ···································· 231
제1절 범죄의 기본개념 ···································· 231
제2절 행위론 ···································· 235
제3절 범죄체계론 ···································· 237

제4절 구성요건 ······ 238
제5절 위법성 ······ 248
제6절 책임론 ······ 252
제7절 미수 ······ 256
제8절 범죄참가형태론(정범 및 공범론) ······ 258

제3장 죄수론 ······ 265
제1절 죄수론 일반 ······ 265
제2절 일죄 ······ 266
제3절 수죄 ······ 268

제4장 형벌론 ······ 269
제1절 형벌의 의의 ······ 269
제2절 형벌의 종류 ······ 269
제3절 양형 ······ 270
제4절 형의 유예제도와 가석방 ······ 271

제5장 형법각론 ······ 275
제1절 개인적 법익에 대한 죄 ······ 275
제2절 사회적 법익에 관한 죄 ······ 283
제3절 국가적 법익에 관한 죄 ······ 285

제7편 소송법

제1장 형사소송법 ······ 289
제1절 형사소송법의 의의 ······ 289

제2절 형사소송법의 기본구조 ··· 291
제3절 소송의 주체 ··· 292
제4절 수사 ··· 297
제5절 소송제기와 공판절차 ··· 299

제2장 민사소송법 ··· 307
제1절 서론 ··· 307
제2절 소송절차 ··· 310
제3절 상소심 ··· 313

제8편 사회법

제1장 사회법의 의의 ··· 317

제2장 사회보장법 ··· 317
제1절 사회보장법의 의의 ··· 317
제2절 사회보장제도의 기본체계 ··· 318
제3절 사회보장법의 내용 ··· 319

제3장 노동법 ··· 320
제1절 노동법의 의의와 과제 ··· 320
제2절 노동법의 내용 ··· 320

제1편

법학일반론

제1장 법이란 무엇인가?
제2장 법의 구조와 법학

제1편 법학일반론

제1장 법이란 무엇인가?

제1절 법의 의의

법이란 국가권력에 의하여 인정되고 강제되는 사회규범을 말한다. 따라서 법은 인간의 행위를 제한하는데 있어서 일정한 준칙을 세우고 그에 사람들이 좇아서 행위하도록 강제하도록 강제한다는 뜻을 가진다.

1. 어원(語源)과 의미

서양에서 '법'이라는 말은 그리스의 nomos에 기원한다. 그리스인들은 자연의 질서(physis)로부터 인간의 행위를 규제하는 관행이나 법을 구분하기 위해 nomos를 사용하였다.

로마시대에 법을 가리키는 말로 jus와 lex가 있었는데 jus는 추상적이고 일반적인 의미의 법을, lex는 권위 있는 기관에 의해서 제정된 실정법규범이나 명령을 의미하였고 이는 fas라는 神法에 대립되는 인간법을 의미하였다.

오늘날 jus와 lex는 영어의 law와 statue, 독일어의 recht와 gesetz의 구분과 같은 의미이며, 동양에서는 자연적인 원리에 따라서 인간의 행위를 지도하는 원리인 禮와 인위적으로 국가 등에 의해 만들어지는 法과 의미가 통한다.

법이란 자연의 필연법칙과는 달리 인간의 사회생활에 관한 규범이며, 정치적으로 조직된 사회의 강제성을 띠고 있는 규범이다.

2. 법의 내용

법은 사회의 목적, 가치의 실현을 위해 인간이 준수하여야 할 사회규범이며, 법은 '마땅히 그러하여야 한다'라는 관계를 표시하는 당위규범이다. 法則을 자연을 대상으로 하는 자연법칙과 인간사회를 대상으로 하는 규범법칙으로 구분한 Kant에 의하면

전자는 '사실상 그러하다'라는 관계를 표시하는 존재(Sein: to be)의 법칙(예: 지구는 태양의 주위를 돈다)이, 후자는 '마땅히 그러하여야 한다'는 당위(Sollen: Ought to be)의 법칙(예: 살인자는 형벌에 처한다)이 지배한다. 또한 법은 국가의 조직적인 정치권력에 의하여 그 실효성이 보장되는 강제규범이다. 예링(Jhering)은 '강제를 수반하지 않는 법은 타지 않는 불, 비치지 않는 등불이나 마찬가지로 그 자체가 모순'이라고 하였다.

3. 법규범의 구조

법규범은 강제규범성을 기반으로 행위규범, 재판규범, 조직규범으로 이루어진 통일체이다. 예컨대, "형법 제329조[절도] 타인의 재물을 절취한 자는 6년 이하의 징역 또는 1천만원 이하의 벌금에 처한다."는 규정을 살펴보자.

1) 행위규범

「타인의 재물을 절취한 자는…」 부분은 바꾸어 말하면 '도둑질하지 말라'는 규범인데 이는 인간 또는 국민으로서 마땅히 지켜야 할 것을 정한 것이며, 따라서 일반인이 규범의 적용을 받는 '행위규범'이다(일반인이 수범자).

2) 재판규범(강제규범)

「… 6년 이하의 징역 또는 1천만원 이하의 벌금에 처한다」는 부분은 절도한 자에게 반드시 6년 이하의 벌금형에 처할 것을 법관에게 명하는 '재판규범'이다(법관이 수범자).

3) 조직규범

조직규범은 행위규범과 재판규범을 통합하여 그 존립의 기초와 적용방식을 부여하는 조직원리에 관한 규범으로 헌법, 국회법, 정부조직법, 법원조직법 등이 있다. 그 직접의 수범자는 국가기관의 구성자이다.

참 고

법과 관련하여 비슷한 용어

(1) **법률** : 법률이란 실질적 의미에서는 법과 동일한 뜻으로 사용하지만, 형식적 의미에서는 국회의 의결을 거쳐 대통령이 서명·공포하는 법을 말한다.

(2) **법전** : 법전이란 헌법·법률·명령·규칙과 같은 실정법을 체계적으로 편별한 조직적 성문법규집의 전체를 말한다.

(3) **법규** : 법규란 넓게는 법규범 일반의 준말이고, 좁게는 성문의 법령을 말한다.

제2절 법과 다른 사회규범

'사회가 있는 곳에 법이 있다.'라는 말처럼 사회규범은 법으로 대표되지만 이외에도 도덕, 관습, 종교 등이 있다.

1. 법과 도덕

자연법론자들은 법을 자연법으로만 이해하여 법과 도덕을 부인하지만 대부분의 실정법론자들은 구별하고 있다.

1) 법과 도덕의 구별

구 분	법	도 덕
목 적	정 의 구 현	공 동 선 구 현
성립원인	경험적 사실에 의해 성립	선험적 이성에 의해 성립
규율대상	행위중심의 외면성 (합법성)	동기·의사중심의 내면성 (도덕성)
위반시 제재	강 제 성	비 강 제 성
권리와 의무	양 면 성	일 면 성(의무)
자 율 성	타 율 성	자 율 성

2) 법과 도덕의 관계

현행법에는 도덕적 내용을 담고 있는 규정들이 상당수 있는데(헌법에는 인간의 존엄성과 인격의 존중, 기본권의 보호, 평등의 원칙규정, 민법에서 선량한 풍속 기타 사회질서, 신의성실의 원칙규정, 형법에서 사회상규에 위배되지 않는 행위는 처벌하지 아니한다는 규정 등), 이런 점에서 법과 도덕은 한편으로는 긴장과 대립의 관계에 다른 한편으로는 상호 조화와 적응의 관계에 있다고 볼 수 있다.

2. 법과 관습

일반적으로 관습이란 어느 집단이나 계층의 사람들이 준수하는 행위습관이나 행위양식이다. 이러한 관습은 일정한 행위가 특정한 범위의 다수인 사이에서 반복됨으로써 발생하는 일종의 사회규범이다.

1) 법과 관습의 구별

구 분	법	관 습
성립하는 사회	국가라는 조직적 사회 (보편성)	비조직적 사회 (지역성)
위반시 제재	국가권력에 의한 조직적 강제	사회의 비난

2) 법과 관습의 관계

역사적으로 국가성립이전의 원시상태에는 법이나 도덕, 종교가 다같이 관습으로 존재하다가 내면적·자율적·개인적 측면은 도덕·종교로, 외형적·타율적·공권적 측면은 법으로 분화·발전되었는데, 특히 오늘날 관습법은 관습이 발전하여 법적 가치에 합치될 때 성립하는 것으로 법과 관습의 융화를 보여주는 것으로 민법 제1조는 관습법의 보충적 효력을 인정하고 있다.

3. 법과 종교

종교는 주관적으로 인간이 신의 존재를 믿고 이에 귀의한다고 하는 개인적인 내심적 신앙을 의미하기에 그것이 개인의 내심에만 머물러 있는 한 외부적으로는 아무런 영향이 없는 것이다. 그러나 사회적으로 종교가 인간의 사회생활을 규제하는 경우가 많으며 객관적으로는 종교가 인간이 자기의 내면적 신앙에 터전을 두고 요구되는 규범이라 할 수 있다는 측면에서는 사회규범의 일종이다.

1) 법과 종교의 구별

구　　분	법	종　　교
목　　적	정의구현	개인의 안심입명
규 율 대 상	행위중심의 외면성(현실성)	의사중심의 내면성(초월성)
권리와 의무	양면성	일면성(의무)
최 종 판 단 자	국 가	절대자(신)

2) 법과 종교의 관계

과거의 신정정치(Theocracy)에서뿐 아니라 현대의 이슬람교국가에 있어서도 종교적 계율이 바로 그 사회의 최고규범으로 기능하고 있다. 그러나 오늘날 대부분의 국가에서 법과 종교는 분리되어 있기에(우리헌법 제20조 제2항) 종교규범의 실천이 강제되지는 않는다. 또한 법에 의해 종교의 자유가 보장되고 있다(헌법 제20조 제1항).

제3절 법의 목적

1. 의의

법의 목적이란 법을 정립하고 실현함에 있어서 법에 의해 달성하려고 하는 현실의 목적 또는 이념을 말한다. 이는 법의 존재이유이며 효력의 근거이고 법의 가치를 평가하는 척도이다. 라드부르흐(G.Radbruch)는 법의 이념으로 정의, 합목적성, 법적안정성을 들고 있다.

2. 정의 · 합목적성 · 법적안정성

1) 정의

(1) 개념

정의란 사회생활을 하는데 있어서 마땅히 지켜야 할 생활규범의 이념을 말하며, 인간과 사회와의 관계에 있어서 사회관계 또는 제도의 정당성을 판단하는 가치기준으로 일반적으로 「각자에게 그의 몫을」이라고 표현된다.

(2) 아리스토텔레스의 정의

① 평균적 정의: 절대적 평등을 요구하는데, 그것은 기득원의 존중, 권리침해의 금지 등으로 나타난다(사법영역에서 타당). 예 : 매매에서의 등가의 원칙, 토지수용에서의 정당한 보상, 선거권, 국민투표권, 피선거권의 평등

② 배분적 정의: 상대적, 비례적 평등으로서 사람의 능력이나 공적에 따라 다르게 취급함을 인정하는 것이다(공법영역에서 타당). 예 : 임금지불의 경우 성과급에 의하거나, 훈장을 주는 경우

2) 합목적성(구체적 타당성)

(1) 개념

합목적성이란 목적에 맞추어 방향을 결정하는 원리를 말하며 법에 있어서는 '법이 그 가치관에 구체적으로 합치되는 것'을 말한다.

(2) 라드부르흐의 합목적성

① 정의가 법의 내용을 일반화하는 데 반하여 합목적성은 법을 개별화함으로써 법이 요구하는 가치관에 따라 법의 목적을 현실화한다.

② 개인주의에 있어서는 평균적 정의가, 단체주의에 있어서는 배분적 정의가, 문화주의에 있어서는 문화가 법목적이라 할 수 있다.

3) 법적 안정성

(1) 개념

법에 따라 안심하고 생활할 수 있는 상태를 말하는 법적 안정성은 법에 의한 안전이 아닌 법자체의 안정을 의미한다. 법의 내용에 관한 이념인 정의, 합목적성과 달리 법형식에 중점을 둔 법이념이다.

(2) 법적 안정성의 조건

법적 안정성을 위하여 법의 내용이 명확해야 하고, 법이 쉽게 변경되어서는 안 되며, 법이실행 가능한 것이어야 하며, 법의식에 합치되는 것이어야 한다.

제4절 법의 효력

1. 의의

법의 효력이란 법이 사람의 사회생활을 규율하는 규범으로서 그 법의 규정대로 실현할 수 있는 힘을 말한다. 법이 실제 실현된다고 하는 것이 과연 어떠한 것인가 하는 실질적 효력의 문제와 법의 해석이나 적용에 있어서 확실히 하지 않으면 안 되는 효력범위, 즉 형식적 효력의 문제가 있어 이를 구분하여 살펴보기로 한다.

2. 법의 실질적 효력

1) 법의 실효성

법의 실효성이란 법질서에 대한 위법상태가 발생할 경우 강제수단을 발동하여 국가가 권력으로써 그 효력을 보장하는 것, 즉 법을 위반하지 못하도록 하는 강제력을 말한다.

2) 법의 타당성

법의 타당성이란 수범자로 하는 행위규범으로서의 법이 사실로서 실현되지 않으면 안 된다는 요구, 즉 국민이 자발적으로 법을 따르도록 하는 정당성을 말한다. 법규범이 행위규범과 강제규범으로서의 복합적 성격을 갖는 것은 법의 타당성 때문이다.

3) 법의 타당성과 실효성과의 관계

(1) 타당성 없는 법은 실효성이 있어도 악법에 불과하며 실효성 없는 법은 타당성이 있더라도 현실을 규제하는 실정법의 소임을 다할 수 없다.

(2) 악법의 문제

악법이란 타당성이 인정되지 않고 강제성만 띤 법을 의미한다.

① 법실증주의자들은 법적 안정성을 강조하여 악법도 정당한 절차를 거쳐 제정되었다면 이를 법으로 인정해야 되고 준수할 의무가 있다고 한다.

② 자연법론자들은 정의에 반하는 법은 악법이며, 악법은 준수할 필요가 없다고 한다. 이는 자연법상의 저항권으로 표현된다.

③ 악법의 해결책으로 위헌법률심사제도와 저항권이 있다.

3. 법의 형식적 효력

1) 법의 시간적 효력

(1) 법의 효력(시행기간, 유효기간)

법은 시행일부터 폐지일까지 효력이 있다. 이 기간을 법의 시행기간 또는 유효기간이라 한다. 법은 이 기간 내에 발생한 사항에 대해서만 효력을 가지는 것이 원칙이다.

(2) 법의 시행

법은 시행에 앞서 공포하며, 공포일부터 시행일까지의 기간을 법의 주지기간이라 한다. 법률은 특별한 규정이 없는 한 공포한 날로부터 20일을 경과함으로써 효력을 발생한다(헌법 제53조 제7항).

(3) 법의 폐지

법의 폐지란 법이 가지고 있는 효력을 잃는 것을 말한다. 이에는 명시적 폐지와 묵시적 폐지가 있다.

① 명시적 폐지: 시행기간의 종료·특정목적사항의 소멸·신법에서 명시규정으로 구법의 일부 또는 전부를 폐지한다고 한 때에는 그 구법의 일부 또는 전부가 폐지된다. 특히 한시법이 문제되는데, 이는 법령에 시행기간이 정해진 경우 그 기간의 종료로 폐지되는 법률을 말한다.

② 묵시적 폐지: 법의 규정이 신법에 저촉되거나 특별법에 의하여 일반법의 조문

이 사문화되거나 사회 실정 때문에 사문화 되는 경우 등이 있다(신법 우선의 원칙, 특별법 우선의 원칙).

(4) 법률불소급의 원칙

① 의의: 법률불소급의 원칙이란 법의 효력은 시행 후에 발생한 사항에 관해서만 적용되고 시행 이전에 발생한 사항에 대하여는 적용하지 못한다는 원칙을 말한다.

② 예외: 소급효의 인정이 사회의 실정이나 국민의 정의·형평관념에 부합할 때 소급효를 인정하기도 한다(형법 제1조 제2항: 범죄 후 법률의 변경에 의하여 그 행위가 범죄를 구성하지 아니하거나 형이 구법보다 경한 때에는 신법에 의한다).

(5) 경과법

경과법이란 어떤 사항이 구법시행시 발생하여 신법시까지 진행되고 있을 경우를 말하고, 구법과 신법 중 어떤 것을 적용할 것인가에 대하여 그 법령의 부칙 또는 시행법령에 특별한 경과규정을 둔다.

2) 법의 장소적 효력

(1) 원칙

법은 원칙적으로 그 나라의 영역에서 발생하는 모든 사건에 적용되며, 국가의 영역은 주권이 미치는 범위인 영토, 영해, 영공이다.

(2) 예외

① 지방자치단체의 조례와 규칙: 그 지역에만 적용된다.

② 자국의 선박·항공기: 자국 영역의 연장으로 보아 공해상은 물론 타국의 영역내에서도 자국법이 적용된다(형법 제4조).

③ 영사재판권이 행해지는 지역, 조차지, 점령지 또는 위임통치지 등은 법 적용에 있어 그 지역의 법이 아닌 실제 통치하는 국가에 의해 적용되는 범위에서 일정한 제한을 받는다.

3) 법의 대인적 효력

(1) 법의 대인적 효력

이는 법이 어떠한 범위의 사람에게 적용되는가 하는 문제로 자국내의 자국민에게 대하여 적용되는 것은 당연하며, 자국내의 외국인에게 인정되는가의 문제로 나타난다. 이는 속인주의와 속지주의로 구분된다.

(2) 속인주의

속인주의란 국적을 기준으로 하여 자국민에 대하여 소재여하를 불문하고 자국법을 적용한다는 원칙을 말한다.

(3) 속지주의

속지주의란 국가의 영토를 기준으로 하여 그 영토내의 사람은 국적여하를 불문하고 자국법을 적용한다는 원칙을 말한다.

(4) 속인주의와 속지주의의 조화

① 영토고권이 대인고권에 우선하므로 오늘날 대부분의 국가에서는 속지주의를 원칙으로 하고 예외적으로 속인주의를 채택하여 양자의 조화를 모색하고 있다.

② 섭외사법: 참정권·청원권·병역의무 등에 대하여는, 그 사람의 본국법이 적용되는데 각국의 법률은 그 내용이 다르기 때문에, 이른바 '법률의 저촉'이 생긴다. 이를 해결하기 위해 각종의 섭외적 사법관계에 관한 준거법을 지정하는 「섭외사법」이 있다.

(5) 예외

① 속지주의의 예외: 치외법권(일국의 원수, 외교사절 및 그의 가족, 수행원, 군함의 승무원, 외국군대 등에 대해서는 재류국의 법이 아닌 자국법에 의한다.)과 참정권(헌법 제24조), 청원권(헌법 제6조) 병역의무(헌법 제39조)등은 자국거주 외국인에게 적용되지 않는다.

② 속인주의의 예외: 대통령(헌법 제84조)과 국회의원(헌법 제44조 제1항)의 형사상의 특권을 말한다.

③ 보호주의: 형법 제5조에 의하면'내란죄, 외환죄, 국기에 관한 죄, 통화에 관한 죄, 유가증권 · 우표 · 인지에 관한 죄, 공문서 · 공인장에 관한 죄'등에 대하여는 타국(대한민국영역외)에 있는 타국인(외국인)에게도 자국법(대한민국 형법)을 적용하는 경우가 있다.

제2장 법의 구조와 법학

제1절 법의 연원

1. 의의

(1) 실질적 의미로는 법이 성립하는 기초인 법의 타당성의 근거를, 형식적 의미로는 법의 존재형식을 말하며 이에는 성문법과 불문법이 있다.

(2) 법원과 관련하여 지구상의 각국의 법을 계통적으로 분류하는 법계를 설명할 필요가 있는데 일반적으로 법원을 분류기준으로 하여 성문법주의인 대륙법계, 불문법주의인 영미법계로 분류된다.

구 분	대 륙 법 계	영 미 법 계
의 의	독일, 프랑스중심의 유럽법계	영국, 미국의 법계
형식적 특징	성문법주의	불문법주의
내용적 특징	로마법흡수(영향 강함), 제정법	로마법영향 약함, 판례법, 관습법
법관의 역할	법전의 조종자	판례(법)의 창조자
법의 형성	일원적	이원적

2. 성문법

1) 의의

성문법이란 문서의 형식을 갖추고 일정한 절차와 형식에 따라서 권한 있는 기관이 제정·공포한 법을 말한다. 우리나라와 독일, 프랑스, 일본 등이 이에 속한다.

2) 종류

(1) 헌법

① 헌법은 국가의 근본법으로서 국가통치의 조직과 작용의 원리를 정하고 국민의 기본권을 보장하는 실정법이다. 헌법은 국가에 있어서 최상위의 규범이며, 국

가의 하위법인 법률, 명령, 규칙 등은 헌법에 저촉되어서는 아니 된다.

② 현행 헌법은 1948년 7월 12일에 제정되었고, 제9차 개정을 거쳤으며 전문과 본문(10장 130조) 및 부칙으로 구성되어 있다.

③ 헌법은 법률보다 상위의 법규범이며 법조문 가운데서 나오는 「법률」이라는 말에는 헌법은 포함되지 않는다.

(2) 법률

① 법률이란 입법기관인 국회의 의결을 거쳐 대통령(또는 국회의장)이 서명, 공포한 성문법을 말한다.

② 보통 6법이라고 할 때에는 헌법을 포함하여 민법, 상법, 민사소송법, 형법, 형사소송법을 말한다.

③ 형식적 의미의 법률을 의미한다.

(3) 명령·규칙

① 명령이란 국회의 의결을 거치지 않고 대통령 이하의 행정기관에 의하여 제정된 성문법규를 말하며 대통령령(헌법 제75조), 총리령, 부령(헌법 제95조)등이 있는데 이는 집행명령(법률을 집행하기 위한 세부적인 내용을 정한 명령)과 위임명령(법률의 위임을 받아 제정된 명령)등으로 분류되기도 한다.

② 규칙이란 일반적으로 행정기관의 내부질서와 공법상의 특별관계를 규율하기 위해 제정되는 행정규칙을 의미하며 국회나 대법원, 중앙선거관리위원회에서 제정한 규칙도 명령과 동일한 효력을 갖는다.

(4) 자치법규(조례, 규칙)

① 자치법규란 지방자치단체가 자치입법권에 의거하여 법령과 명령의 범위 안에서 제정하는 자치에 관한 법규를 말한다.

② 자치법규에는 조례와 규칙이 있는데 조례는 지방자치단체가 지방의회의 의결을 거쳐 법령의 범위 내에서 제정한 것이고, 규칙은 지방자치단체의 장이 법령과 조례의 범위 내에서 제정한 법규를 말한다.

③ 자치법규는 그 지방자치단체 내의 범위에서만 효력을 갖는다.

(5) 조약과 국제법규

① 조약이란 국가의 국제법상의 권리 · 의무를 목적으로 하는 2개 이상의 국가간의 합의를 말한다.

② 일반적으로 승인된 국제법규란 조약으로 체결된 것은 아니나, 국제사회에서 대다수의 국가들이 일반적으로 보편적인 규범으로 승인하고 있는 법규를 의미한다.
③ 헌법 제6조 제1항에 의하면 '헌법에 의하여 체결·공포된 조약과 일반적으로 승인된 국제법규는 국내법과 같은 효력을 가진다.'

(6) 성문법 상호간의 관계

① 상위법 우선의 원칙: Kelsen(켈젠)의 법단계설에 따르면 헌법을 최상위로 하여 법률, 명령·규칙, 자치법규 순으로 상하의 일정한 단계구조를 이루어 상위법은 하위의 법에 우월하며 상위법에 저촉되는 하위법규는 효력을 가질 수 없다.
② 특별법 우선의 원칙: 특별법은 일반법에 우선하여 적용한다. (예 : 상법〉민법, 군형법〉형법, 경찰공무원법〉공무원법)
③ 신법 우선의 원칙: 신법(후법)은 구법(전법)에 우선하여 적용한다.
- 일반적으로 법은 공포 후 20일이 지나서 효력 발생한다.
- 구법이 상위법이나 특별법인 경우에는 적용되지 않는다.

3. 불문법

1) 의의

불문법이란 문서의 형식을 갖추어 제정·공포되지 아니하였으나 법의 성격이 인정되어 있는 것으로 비제정법이라고도 한다. 영국, 미국 등 영미법계 국가가 이에 속한다. 불문법에는 관습법, 판례법, 조리가 있다.

2) 종류

(1) 관습법

① 관습법이란 사회에서 스스로 발생하는 관행이 단순한 예의적, 도덕적인 규범으로서 지켜질 뿐만 아니라, 사회의 법적확신 내지 법적인식을 수반하여 대다수인에 의하여 지켜질 정도로 된 것을 말한다. 이와 구별되는 것으로 법적 확신이 없이 사실로서 행해지는 사실인 관습이 있다.

② 관습법의 성립요건

㉮ 관행이 존재해야 한다.

㉯ 관행이 법적 가치를 가진다는 법적 확신이 있어야 한다.

㉰ 관습이 선량한 풍속 기타 사회질서에 반하지 않아야 한다.

㉱ 법령의 규정에 의하여 명문으로 인정한 관습이거나, 법령의 규정이 없는 사항에 관한 관습이어야 한다.

③ 관습법의 효력

㉮ 보충적 효력설

민법 제1조를 근거로 하여, 관습법은 법률 내지 성문법에 규정이 없는 경우에만 보충적으로 적용된다는 다수설의 견해이다. 판례도 가정의례준칙에 위배되는 관습법의 효력에 대하여 관습법의 제정법에 대한 열후적·보충적 성격에 비추어 그와 같은 관습법의 효력을 인정하는 것은 관습법의 법원으로서의 효력을 정한 민법 제1조의 취지에 어긋나는 것이라고 하여 같은 입장이다(대판 80다3231).

㉯ 대등적 효력설

관습법에 성문법과 대등한 지위를 인정하고 관습법에 성문법을 개폐하는 효력을 인정하는 견해이다. 이 견해는 민법 제106조가 사실인 관습에도 임의법규를 개폐하는 효력을 인정하고 있으며, 제185조가 관습법과 법률의 대등한 효력을 인정함을 근거로 한다.

(2) 판례법

① 판례법이란 일정한 법률문제에 관해서 같은 취지의 판결이 되풀이됨으로써 사실상 법원을 구속하게 된 규범을 말하는바 영미법계에서는 선례구속의 원칙에 의하여 판례법이 1차적 법원으로 적용되고 있다.

② 대륙법계인 우리나라는 판례를 법원으로 인정한다는 명문의 규정은 없지만 대법원의 심판에서 판시한 법령의 해석은 당해 사건에 한하여 하급심을 기속한다(법원조직법 제8조).

(3) 조리

① 조리란 사물의 본질적 법칙 또는 사물의 도리를 말하며, 사람의 이성에 의하여 생각되는 규범이다. 경험법칙, 사회통념, 사회적 타당성, 신의성실, 정의, 형평, 이성, 법으로 표현되기도 한다.

② 법의 흠결시에 최후의 법원으로서 재판의 준거가 된다. 이러한 이유로 조리의

법원성을 부정하는 견해도 있으나 긍정하는 것이 일반이다.

③ 민법 제1조는 "민사에 관하여 법률에 규정이 없으면 관습법에 의하고 관습법이 없으면 조리에 의한다"고 규정하고 있다.

참 고

〈성문법주의와 불문법주의의 비교〉

구 분	성문법주의	불문법주의
외국법의 계수	쉽다	어렵다
법체계의 통일	쉽다	어렵다
법 내용	명확	불명확
법의 안정성	유지가능	유지곤란
법의 고정화	쉽다	어렵다
법과 사회와의 거리	멀다	가깝다
사회변천에 대한 법의적용	어렵다	쉽다

제2절 법의 체계와 분류

1. 법의 체계

<table>
<tr><td rowspan="7">국내법</td><td rowspan="2">공 법</td><td>실체법</td><td>헌법·행정법·형법 등</td></tr>
<tr><td>절차법</td><td>민사소송법·형사소송법, 행정소송법 등</td></tr>
<tr><td rowspan="2">사 법</td><td colspan="2">민법</td></tr>
<tr><td colspan="2">상법</td></tr>
<tr><td rowspan="3">사회법</td><td colspan="2">노동법</td></tr>
<tr><td colspan="2">경제법</td></tr>
<tr><td colspan="2">사회보장법</td></tr>
<tr><td colspan="2" rowspan="2">국제법</td><td colspan="2">조약</td></tr>
<tr><td colspan="2">국제관습법</td></tr>
</table>

2. 법의 분류

1) 국내법과 국제법

(1) 국내법

국내법은 한나라의 주권이 미치는 범위에서 효력을 가지며, 국가와 국민 또는 국민 상호간의 권리·의무관계를 규율하는 국내사회의 법이다.

(2) 국제법

다수 국가들 사이에서 효력을 가지며, 국가 상호간의 관계 또는 국제조직 등에 대하여 규율하는 국제사회의 법이다.

① **조약:** 국제법 주체간에 국제법상의 관계를 설정하기 위한 명시적 합의로 조약은 쌍방적 국제법률행위이다.

② **국제관습법:** 국가간 또는 국제사회에서 관행적으로 이루어지는 관습이 국제적으로 용인되고 법적 확신이 있는 것을 의미한다.

2) 공법과 사법

(1) 공법과 사법의 구별

사람의 사회생활은 크게 둘로 나누어지는데 하나는 국가를 조직하고 유지하는 생활(국민으로서의 생활)이고, 다른 하나는 그 이전에 하나의 인간으로서의 생활이다. 전자를 규율하는 것이 공법(이에는 헌법, 행정법, 형법, 형사소송법, 민사소송법이 속함)이고, 후자를 규율하는 것이 사법(이에는 민법, 상법이 속함)이다.

(2) 이러한 공·사법의 구별기준으로는

① **이익설 :** 공익보호를 목적으로 하는 법체계를 공법이라 하고, 사익보호를 목적으로 하는 체계를 사법이라고 하는 견해이다.

② **성질설 :** 상하관계 혹은 불평등관계를 규율하는 법체계를 공법이라 하고, 평등관계를 규율하는 법체계를 사법이라고 하는 견해이다.

③ **주체설 :** 법률관계의 주체를 구별기준으로 삼아서 국가 및 공공단체 상호간의 관계나 이들과 사인간의 관계를 규율하는 법체계를 공법이라 하고, 사인간의

관계를 규율하는 법체계를 사법이라고 하는 견해이다.

④ **생활관계설** : 국민으로서의 생활관계를 규율하는 법을 공법이라 하고, 인류로서의 생활관계를 규율하는 법을 사법이라고 하는 견해이다.

(3) 이외에도 사법과 공법의 성격을 모두 가진 제3의 법영역으로 법의 사회화·법의 공법화 경향으로 표현되는 사회법이 있는데 이에는 노동법, 경제법, 사회보장법, 사회복지법 등이 있다.

3) 실체법과 절차법

(1) 실체법

권리나 의무의 발생·변경·소멸·성질·내용 및 범위 등을 규율하는 법이다(헌법·민법·형법·상법 등).

(2) 절차법

권리나 의무의 실질적 내용을 실현하기 위한 절차(행사·보전·이행·강제 등)에 관하여 규정하는 법이다(민사소송법·형사소송법·행정소송법등).

4) 일반법과 특별법

(1) 일반법

장소 · 사람 · 사물에 제한 없이 일반적으로 적용되는 법이다(헌법 · 민법 · 형법 등).

(2) 특별법

특정한 장소 · 사람 · 사물에만 적용되는 법으로 법의 적용에 있어서 특별법우선의 원칙이 적용된다(상법 · 군형법 · 소년법 · 국가공무원법 · 조례 · 규칙 등).

5) 조직법과 행위법

(1) 조직법

조직법이란 사람의 행위의 기초 또는 수단으로 될 조직 · 제도를 정하는 법을 말한다.

(2) 행위법

행위법이란 사회생활에 있어서 사람의 행위 자체를 규율하는 법을 말한다.

6) 강행법과 임의법

(1) 강행법

강행법은 당사자의 의사와는 관계없이 절대적 · 일반적으로 적용되는 법으로 헌법 · 행정법 · 형법 · 소송법 등 공법은 대부분 강행법이다.

(2) 임의법

임의법은 당사자의 의사로 그 법규적용을 배제할 수 있는 법으로 민법 · 상법 등 사법에는 임의법 규정이 많이 포함되어 있으면 특히, 채권법에는 임의규정이 많다.

제3절 법의 적용과 해석

1. 법의 적용

1) 의의

법의 적용이란 사회의 구체적 사실에 대하여 일반적·추상적인 법규를 가지고 법의 내용을 실현하는 것을 말한다. 법의 적용은 법원뿐만 아니라 기타 국가기관에 의해서도 이루어지고 있으나 법 적용의 전면적 기관은 법원이다.

2) 법의 적용절차

(1) 법의 적용절차는 적용될 추상적 법규를 대전제로 현실로 발생한 구체적 사실(사건)을 소전제로 하여, 여기에 구체적인 법률효과를 부여하는 과정으로 삼단논법의 형식을 취하게 된다.

(2) 예컨대 甲이 사람을 살해한 경우, 추상적 법규인 형법 제250조 제1항('사람을 살해한 자는'이라는 법률요건, '사형, 무기 또는 5년 이상의 징역에 처한다'는 법률효과)을 대전제로 하고, '甲의 구체적인 살인사건을 확정'하여 소전제로 하여 '甲을 사형에 처한다'는 판결을 이끌어 내는 것이 법의 적용이다.

2. 사실의 확정(인정)

사실의 확정이란 사회적 사실을 법적으로 인식하는 것을 말하는데, 사실의 확정은 원칙적으로 객관적 증거에 의하여야 한다.

1) 사실의 입증

법률관계 또는 사실관계의 존부를 판단하는데 필요한 증거자료를 제시함을 말한다. 증거는 일정한 사실을 주장하는 자가 제출하여야 하는데 이를 '입증책임' 또는 '거증책임'이라고 한다. 민사소송에서는 원고와 피고가 주장하는 바에 따라 입증책임을 지고, 형사소송에 있어서는 원칙적으로 검사가 입증책임을 진다.

2) 증거에 의하지 아니한 입증

법이 당사자의 입증의 번잡을 피하기 위해 사실의 존재 또는 부존재를 추정 또는 의제하는 경우이다.

(1) 사실의 추정

법문에 「~한 것으로 추정한다.」라고 규정하고 있는 경우로서 특히 반대의 증거가 없는 한 일정한 사실의 성립을 인정하는 것으로 반증을 들어서만 부정할 수 있다.

(2) 사실의 의제(간주)

사실 여하를 불문하고 법에 의하여 일정한 사실관계를 확정하는 것으로 '의제'라고도 하며, 법에서는 「본다」는 용어를 사용하고 있다. 사실의 추정과 달리 반증을 가지고도 의제된 사실을 뒤집을 수 없는 절대적 법률효과를 확정하는데 이는 법적 안정성과 관계된다.

3. 법의 발견

구체적 사실이 확정된 후에는 그 사실에다가 적용할 법을 '발견'하여야 한다. 그런데 어느 생활관계에 꼭 해당하는 법을 발견하기 위해서는 먼저 법의 의미내용을 분명히 알아야 한다. 그러므로 법의 의미내용을 명백히 할 필요가 있으며, 그것이 바로 '법의 해석'이다.

4. 법의 해석

1) 의의

법의 해석이란 개개의 구체적 사실에 적용하기 위하여 추상적·일반적으로 규정된 법규의 내용을 명확하게 하는 것을 말한다. 법의 규정은 추상적 개념으로 되어 있어 구체적 사실에 비추어 보면 반드시 명료하지 않은 경우가 많고 또 모순되는 경우도 있다. 이러한 것을 되도록 유효하게 맞추어 그 뜻을 확정하는 것이 법해석의 목적이다.

2) 방법

(1) 유권해석과 학리해석

① 유권해석

유권해석이란 국가기관이 행하는 해석을 말하며 공적 구속력을 갖는다. 유권해석에는 입법해석, 사법해석, 행정해석이 있다.

㉮ 입법해석

입법해석이란 입법기관이 행하는 해석을 말한다. 즉 법령으로써 법규를 해석하는 경우를 말한다. 이는 다음과 같이 세 가지를 들 수 있다.

첫째, 동일 법령 중에 해석 규정을 두는 경우이다. 예컨대 민법 제98조에서 「물건이라 함은 유체물 및 전기 기타 관리할 수 있는 자연력을 말한다.」고 규정하고 있는 것이 그것이다.

둘째, 부속법규 같은 다른 법령에서 해석 규정을 두는 경우이다.

예컨대 외국환거래법 제3조 제8호에서 「외화증권이라 함은 외국 통화로 표시된 증권 또는 외국에서 지급받을 수 있는 증권을 말한다.」라는 규정이 그것이다.

셋째, 법문 가운데 실례를 들어 해석의 표준을 두고 있는 경우이다.

예컨대 민법 제32조에서 비영리법인에 대하여 "학술, 종교, 자선, 기예, 사교 기타 영리 아닌 사업을 목적으로 하는 사단 또는 재단"이라고 예시하고 있는 것이 그것이다.

㉯ 사법해석

사법해석이란 법원에서 행하는 법의 해석을 말한다. 보통 재판에서 판결의 형식으로 나타나므로 '재판해석'이라고도 한다.

사법해석은 절대적 구속력은 없으나 상급법원에서 내려진 법의 해석은 일정한 경우에 있어서 하급심을 구속한다. 법원조직법 제8조는 「상급법원의 재판에 있어서의 판단은 당해 사건에 관하여 하급심을 기속한다.」고 규정하고 있으므로 사법해석도 유권해석으로 이해되고 있다.

㉰ 행정해석

행정해석이란 행정관청이 법을 집행하기 위해서 행하는 해석을 말한다. 또한 상급관청은 하급관청에 대한 훈령, 지령 등을 내리면서 법을 해석한다. 행정해석은 절대적 구속력은 없으나 동일 계통의 상급관청의 회람이나 훈령, 지령 등은 하급관청을 구속한다. 따라서 행정해석도 일종의 유권해석으로 이해되고 있다.

② **학리해석(무권해석)**

학리해석이란 법문 자체, 법의 입법취지, 그 법을 적용할 구체적 사실 등을 기초로 하여 어학적 및 논리적 방법에 의하여 법률용어의 의의를 밝히는 것을 말한다. 학리해석은 구속력은 없으나 유권해석에 상당한 영향을 준다.

(2) 문리해석과 논리해석

① **문리해석:** 문리해석이란 법규의 문자 및 문장의 의미를 하나하나 밝힌 후에, 다시 조문 전체 문장의 구성을 검토하여 그 의미내용을 파악하는 해석을 말한다.

② **논리해석:** 논리해석이란 법규의 문자나 문장의 문법적 의미에 구애받지 않고, 또 입법자의 심리적 의사에 관계없이 법문의 논리적 의미에 관심을 두는 해석을 말한다.

(3) 그 밖의 해석

① **축소해석(제한해석) :** 축소해석이란 법조문의 문구를 문리적으로 해석하여 법조문의 언어적 표현 자체보다 더 좁게 해석하는 것을 말한다.

② **확장해석 :** 확장해석이란 법규의 내용에 포함되는 개념을 문자 자체의 보통의 뜻보다 확장해서 효력을 인정함으로써 법의 타당성을 확보하려는 해석방법을 말한다.

③ **유추해석 :** 유추해석이란 두 개의 유사한 사실 중 법규에서 어느 하나의 사실

에 관해서만 규정하고 있는 경우에 나머지 다른 사실에 대해서도 마찬가지의 효과를 인정하는 해석방법을 말한다.

④ **비교해석** : 비교해석이란 법규를 구법·외국법 등과 비교·대조하면서 해석하는 것을 말한다. 특히 외국법을 많이 수용한 나라에서는 그 모법과의 비교해석이 중요하다.

⑤ **의사해석** : 의사해석이란 입법 당시의 자료를 보고 입법자의 의사를 탐구하여 법규의 의미내용을 해명하는 해석을 말한다.

⑥ **물론해석** : 물론해석이란 법조문이 일정한 사례를 규정하고 있을 경우에 다른 사례에 관하여도 사물의 성질상 당연히 그 규정에 포함되는 것을 판단하는 해석을 말한다.

⑦ **반대해석** : 반대해석이란 서로 반대되는 두 개의 사실 중 하나의 사실에 관해서만 규정이 되어 있을 때 다른 하나에 관해서는 법문과 반대의 결과를 인정하는 해석방법을 말한다.

⑧ **체계해석** : 체계해석이란 법문의 의미를 해석함에 있어서 법의 전체계와 조화하는 내용으로 해석하는 방법을 말한다.

제4절 법률관계와 권리 · 의무

1. 법률관계

1) 법률관계

사람의 사회생활은 정치 · 경제 · 사회 · 종교 · 도덕 등 여러 가지의 생활관계로 형성된다. 이러한 생활관계는 도덕 · 종교 · 관습 등의 사회규범에 의하여 규율되는 것도 있고, 법규범에 의하여 규율되는 것도 있는데 후자가 법률관계이다. 법률관계는 구체적으로 권리 · 의무관계로 나타난다.

2) 법률관계와 구별되는 개념

(1) 호의관계

호의관계란 호의로 어떤 이익을 주고 받는 생활관계를 말한다. 예컨대, 길 가던 행인을 호의로 동승시켜 주는 경우처럼 호의에 의하여 일정한 이익을 주고받는 생활관계로 필연적으로 무상의 관계일 것이지만, 모든 무상행위가 호의관계에 해당하지는 않는다. 예컨대, 증여나 사용대차는 무상행위에 해당하는 계약으로 법률관계에 해당하는 것이지 호의관계가 아니다. 즉, 호의관계에 따른 이행이 없는 경우에 무상계약에 대한 법리를 적용할 수 없다. 결국 법률관계인가 호의관계인가는 법적 구속의사 여부에 따라 결정할 것인데, 이는 법률행위해석의 문제로 연결된다. 따라서 원칙적으로 법적 구속의사가 없는 호의관계는 원칙적으로 권리의무관계가 아니므로 이행청구와 강제이행의 문제가 없다는 점이 법률관계와의 차이점이라 할 것이나 호의관계에 수반하여 손해가 발생한 경우에 법률관계가 된다.

(2) 신사약정

신사약정이란 돈을 빌려주면서 강제로 이행은 청구하지 않겠다고 약속하는 것처럼 당사자가 어떤 약정을 하면서도 그 약정에 대한 법적 구속을 배제하기로 특약을 하는 것을 말한다.

2) 법률관계의 변동

사람의 생활관계가 변동하는 것처럼 법률관계도 변동(발생, 변경, 소멸)한다. 이는 다시 말해 일정한 원인에 기하여 법률효과가 발생되는 것을 말하며 그 원인을 이루는 것을 법률요건이라 하고 법률요건을 이루는 개개의 사실을 법률사실이라 한다.

법률사실	→	법률요건	=	법률효과
(청약+승낙)		(매매)		(매매의 효과)

3) 법률관계의 주체

권리를 취득하거나 의무를 부담할 수 있는 자 또는 권리를 행사할 수 있는 특정인을 권리주체라 한다. 권리의 주체가 될 수 있는 능력을 권리능력이라 한다.

(1) 자연인

모든 인간은 권리와 의무의 주체가 될 자격을 갖는다. 출생에 의해 권리능력이 생기고 사망에 의해 권리능력을 상실한다.

(2) 법인

법률에 의하여 권리능력이 인정된 단체 또는 재산을 말한다. 법인에는 사단법인과 재단법인이 있다. 설립등기를 함으로써 성립한다(민법 제33조).

<table>
<tr><td>공법인</td><td colspan="2">국가, 공공단체</td></tr>
<tr><td rowspan="2">사법인</td><td>재단법인</td><td>* 일정한 목적을 위해 출연된 재산의 집합체(비영리)
* 설립자의 의사에 의하여 타율적으로 운영
→ 장학재단, 학교법인, 사회복지 법인(고아원, 양로원)</td></tr>
<tr><td>사단법인</td><td>* 일정한 목적을 위해 결합한 사람들의 단체(영리 또는 비영리)
* 단체 의사에 의해 자율적으로 활동
→ 회사(영리), 사단법인 흥사단, 대한 체육회</td></tr>
</table>

4) 법률관계의 객체

(1) 물권에서는 일정한 물건을 직접 배타적으로 지배하는 것이 물권의 목적이며, 그 일정한 물건이 바로 물권의 객체이다.
(2) 채권에서는 특정인(채무자)으로부터 특정한 행위(급부)를 요구하는 것이 채권의 목적이므로, 채무를 지는 그 특정인의 행위가 채권의 객체이다.
(3) 지식재산권(무체재산권)은 정신적 아이디어 및 그 산물, 인격권은 권리주체 그 자신, 상속권은 상속재산이 그 객체가 된다.

2. 권리와 의무

1) 권리

(1) 권리는 일정한 법익을 향수하기 위하여 법에 의하여 부여된 법률상의 힘이다. 따라서 의사능력이 없는 자도 권리의 객체가 될 수 있다.

(2) 권리와 구별되는 개념

① **권원 :** 권원이란 일정한 법률상 또는 사실상의 행위를 하는 것을 정당화하는 법률상의 원인을 말한다. 점유를 정당화시켜주는 권원으로는 소유권, 지상권, 전세권, 임차권 등이 있다.

② **권한 :** 권한이란 타인을 위하여 그 자에 대하여 일정한 법률효과를 발생케 하는 행위를 할 수 있는 법률상의 자격을 말한다. 예컨대 대리인의 대리권, 법인의 이사의 대표권, 사단법인사원의 결의권 등이다. 권리는 권리자 자신이 이익을 받는 경우이므로 권한과 구별된다.

③ **권능 :** 권능이란 보통 권리의 내용을 이루는 개개의 법률상의 작용을 말한다. 소유권이라는 권리의 내용이 되는 개개의 힘인 사용권, 수익권, 처분권은 권능에 해당한다. 따라서 상계권과 같이 권리의 내용이 하나의 권능으로 이루어진 경우에는 권리와 권능은 동일한 의미이다.

④ **반사적 이익 :** 반사적 이익이란 법률이 특정인 또는 일반인에게 어떤 행위를 명하여 그 법규범으로 인하여 다른 특정인이 또는 일반인이 받는 사실상의 이익적 지위를 말한다. 예를 들면 전염병 예방주사를 규율하는 법률에 의하여 일반인이 전염병에 감염되지 않는 이익이 반사적 이익에 해당한다. 그러나 이것은 반사적 이익에 불과할 뿐이고, 권리는 아니므로 타인에게 예방주사를 맞을 것을 청구할 수는 없다.

2) 의무

(1) 의무란 의무자의 의사와 무관하게 법에 의해 강요되는 법률상의 구속으로 그 내용에 따라 일정한 행위를 하여야 할 작위의무, 하여서는 안 되는 부작위의무로 구분된다.

(2) **권리와의 관계:** 의무는 권리와 표리관계를 이루며 서로 대응한다. 예컨대 자동차매매가 성립하면 자동차인도청구권을 가지는 매수인의 권리에 대응하여 매도인의 자동차 인도의무가 있고, 매수인의 대금지급의무에 대응하여 매도인의 대금지급청구권이라는 권리가 생긴다. 그러나 예외적으로 취소권·해제권·추인권과 같은 형성권은 권리만 있고 의무가 없는 경우도 있고, 공고의무(민법 제

88조, 제93조) · 등기의무(민법 제50조~제52조) · 감독의무(민법 제755조)의무만 있고 권리가 없는 경우도 있다.

3) 책무

간접의무라고도 하는 책무는 의무와 달리 이를 위반하면 법규에서 정한 불이익을 받을 뿐이고 소로써 이행을 강제하거나 손해배상을 청구할 수 없는 것을 말한다. 간접의무의 예로는 승낙연착의 통지의무(민법 제528조), 증여자의 하자고지의무(민법 제559조 제1항) 등이 있다.

3. 권리와 의무의 분류

1) 권리

(1) 공권

공권이란 공법관계에서 발생하는 당사자 일방이 가지는 권리를 말한다.

① 국내법상의 공권

㉮ **국가적 공권**: 국가 기타 공공단체가 개인에 대해 가지는 공권으로 입법권, 사법권, 행정권 등이 이에 속한다.

㉯ **개인적 공권**: 개인 또는 단체가 국가 또는 공공단체에 대해 가지는 공권으로 자유권, 수익권, 참정권 등이 이에 속한다.

② 국제법상의 공권

독립권 · 평등권 · 자위권 · 교통권 등이 이에 속한다.

(2) 사권

사법관계에서 발생하는 권리이다.

분류기준	권 리	내 용
내용에 의한 분류	인격권	권리자인 인격자와 분리할 수 없는 그 자신을 객체로 하는 권리 (예 : 생명권, 신체권, 성명권, 자유권 등)
	가족권	가족법상의 특정한 지위에 기하여 갖는 권리(예 : 친족권, 상속권 등)
	재산권	경제적 이익을 내용으로 하는 권리(예 : 물권, 채권, 지식재산권 등)
	사원권	사단법인의 사원인 자격에서 갖는 권리(예 : 의결권, 업무감독권 등)
작용에 의한 분류	지배권	권리의 객체를 직접 지배하는 권리(예 : 물권, 지적재산권, 인격권, 친족권 등)
	청구권	타인에게 작위 또는 부작위를 요구할 수 있는 권리 (예 : 채권, 물권적 청구권 · 상속회복청구권 · 부양청구권 등)
	형성권	권리자의 일방적 의사표시에 의하여 법률관계를 발생, 변경, 소멸시키는 형성적 작용을 하는 권리(예 : 취소권, 추인권, 해제권, 해지권 등)
	항변권	청구권의 행사에 대하여 그 작용을 저지할 수 있는 권리(예 : 연기적 항변권 – 동시이행의 항변권, 보증인의 최고 및 검색의 항변권, 영구적 항변권 – 상속인의 한정승인)
효력범위	절대권	(대세권): 물권, 인격권
	상대권	(대인권): 채권
이전성	일신전속권	인격권, 신분권
	비전속권	재산권
독립성 유무	주된권리	독립하여 존재하는 권리(원본채권)
	종된권리	담보물권, 이자채권

(3) 사회권

사회법상 인정되는 권리로 근로권, 단결권, 단체교섭권, 단체행동권, 교육을 받을 권리, 인간다운 생활권 등이 있다.

2) 의무

공법상의 의무	국가의 의무	국민의 자유 보장, 재외국민 보호, 환경 보전의 의무
	국민의 의무	교육 · 근로 · 납세 · 국방의무, 환경보전, 재산권 행사의 공공복리 적합의 의무
사법상의 의무	당사자 간의 자유로운 의사 표시에 의한 의무 → 금전대차로 인한 채무	
	법률 규정에 의해 발생하는 의무 → 직계혈족 및 그 배우자간의 부양 의무	
사회법상의 의무	노동법 · 사회보장법 · 경제법상 규정된 의무 → 근로자의 단결권 · 단체교섭권 · 단체 행동권을 보장할 의무, 사용자가 단체교섭에 응할 의무	

4. 권리의 득실변경

1) 권리의 발생

(1) 절대적 발생(원시취득)

원시취득이란 타인의 권리에 기초함이 없이 원시적으로 처음 취득하는 것을 말한다. 건물의 신축 · 채권의 발생 · 공용징수(재결수용) · 시효취득 · 선의취득 · 무주물선점 · 유실물습득 · 매장물발견 · 첨부(부합 · 혼화 · 가공) · 가족권과 인격권의 취득 등이 그 예이다.

(2) 상대적 발생(승계취득)

승계취득이란 타인의 권리에 기초하여 이를 승계하여 취득하는 것을 말한다.

① 이전적 승계

이전적 승계란 구(옛날)권리자의 권리가 동일성을 유지하면서 신(새로운)권리자에게 이전되는 경우로서 권리의 주체만이 바뀌는 것을 말한다. 이에는 개개의 권리가 개개의 취득원인에 의하여 취득되는 특정승계(매매 · 증여 · 교환을 원인으로 한 권리변동)와 하나의 취득원인에 의하여 다수의 권리가 일괄적으로 취득되는 포괄승계(상속 · 회사의 합병 · 포괄유증)가 있다.

② **설정적 승계**

설정적 승계란 구(舊)권리자는 그대로 그의 권리를 보유하면서 신(新)권리자는 그 소유권이 가지는 권능 중 일부를 취득하는 것을 말한다(각종 제한물권의 설정 등).

2) 권리의 변경

권리가 그 동일성을 잃지 않으면서 그 주체·내용·작용에 변경이 생기는 것이다.

(1) 권리주체의 변경

권리의 이전적 승계가 곧 주체의 변경이다. 예컨대, 甲소유의 A건물을 乙이 매매에 의하여 대금을 지급하고 乙명의의 등기를 갖추면, 甲소유의 A건물이 매매를 원인으로 乙에게 이전적으로 승계되는데, 그것은 곧 A건물의 소유권을 가지는 주체가 甲에서 乙로 변경됨을 의미한다.

(2) 권리내용의 변경

① **수량의 변경** : 목적물의 일부멸실, 제한물권의 설정과 소멸 등이 이에 속한다.

② **성질의 변경** : 물건의 인도를 목적으로 하는 채권이 채무불이행을 이유로 금전손해배상 채권으로 변하거나, 물상대위, 대물변제, 선택채권의 선택 등이 이에 속한다.

③ **권리작용의 변경**

권리의 힘에 변경이 생기는 경우로 저당권의 순위가 변경되는 경우, 대항력이 없던 부동산임차권에 등기가 완료된 경우(임차권이 대항력을 갖추는 경우) 등이 이에 속한다.

3) 권리의 소멸(권리의 상실)

(1) 권리의 절대적 소멸(객관적 상실)

권리 자체가 소멸하는 것을 말하며, 목적물의 멸실, 소멸시효, 변제, 포기 등이 이에 속한다. 권리는 원칙적으로 자유롭게 포기할 수 있으나, 다른 권리의 목적이 된 권리(질권의 목적이 된 저당권, 저당권의 목적이 된 지상권, 전세권 등)는 포기를 위해서는 그 위의 권리자의 동의가 있어야 할 것이며, 인격권이나 가족권은 포기할 수 없는 권리이다.

(2) 권리의 상대적 소멸(주관적 상실)

권리 자체는 소멸되지 않고 권리주체만 변경되는 것을 말한다. 권리의 이전적 승계가 이에 속한다.

제 2 편

헌 법

제1장 헌법총설
제2장 대한민국 헌법총설
제3장 기본권론
제4장 통치구조론

제 2 편 헌법

제1장 헌법총설

제1절 헌법의 의의

1. 의의

헌법이란 국가의 근본법으로서 국가의 통치조직과 통치작용의 원리를 정하고 국민의 기본권을 보장하는 최고법이다.

2. 분류

1) 역사적 발전과정에 따른 헌법개념

(1) 고유한 의미의 헌법

고유한 의미의 헌법이란 국가의 최고기관의 조직·구성과 권한행사방법, 권력기관의 상호관계 및 활동범위를 규정한 국가의 근본조직법을 말한다. 이러한 의미의 헌법은 국가가 존재하는 곳이면 반드시 존재하는 헌법이다.

(2) 근대입헌주의적 의미의 헌법

① **의의** : 근대입헌주의적 의미의 헌법이란 개인의 자유와 권리의 보장 그리고 권력분립에 의하여 국가권력의 남용을 억제하는 것을 내용으로 하는 헌법을 말한다.

② **기본원리** : 국민주권주의, 기본권보장의 원리, 법치주의, 대의제의 원리, 권력분립의 원리, 성문헌법주의, 경성헌법의 원칙 등이다.

③ **유형** : 1776년 버지니아헌법, 1787년 미연방헌법, 1791년 프랑스헌법, 1871년

비스마르크 헌법 등이다.

(3) 현대복지주의적 의미의 헌법

① **의의** : 현대복지주의적 의미의 헌법이란 모든 국민의 인간다운 생활을 보장하는 것이 국가의 책무인 동시에 그에 대한 요구가 국민의 권리로서 인정되는 복지국가의 이념을 바탕으로 하는 헌법을 말한다.

② **기본원리** : 국민주권주의의 실질화, 기본권보장과 사회정의실현, 사회적 법치주의, 적극국가화, 권력분립의 변형으로서의 권력융화주의 경향, 헌법재판제도의 확립, 국제평화주의의 선언, 민주적 정당제도 등이다.

③ **유형** : 1919년의 바이마르 헌법

2) 존재형식에 의한 분류

(1) 실질적 의미의 헌법

실질적 의미의 헌법이란 국가적 공동생활에 관한 기본적 사항을 규정하는 법규범의 전체를 의미한다. 헌법전을 비롯하여 법률, 명령, 규칙, 헌법적 관습도 헌법사항을 규정한 것이면 모두 실질적 의미의 헌법이다.

(2) 형식적 의미의 헌법

형식적 의미의 헌법이란 헌법전의 형식으로 존재하거나 최고의 형식적 효력을 가진 법규범을 헌법이라 할 경우의 헌법을 말한다. 영국에는 헌법이 없다고 말하는 경우에는 형식적 의미의 헌법(헌법전)이 없다는 것을 의미한다.

3) 개정방법에 의한 분류

(1) 연성헌법

연성헌법이란 헌법개정절차가 일반법률의 개정절차와 동일한 절차와 방법으로 개정할 수 있는 헌법을 말한다. 예) 영국, 1947년 이후의 뉴질랜드 헌법

(2) 경성헌법

경성헌법이란 법률보다 엄격한 절차와 방법으로 개정할 수 있는 헌법을 말한다. 근대 입헌주의 헌법은 경성헌법을 채택하고 있다.

3. 헌법의 특질(특성)

1) 헌법의 사실적 특질 : 헌법의 사실적 특질으로 정치성 · 이념성 · 역사성을 갖는다.

2) 헌법의 규범적 특질

(1) 헌법의 최고규범성 : 헌법의 최고규범성은 성문헌법에서만 인정된다. 헌법은 최고규범이므로 법률 · 명령 · 규칙의 입법기준이나 해석기준이 된다.

(2) 헌법의 규범적 조직규범성 : 모든 국가기관은 헌법에서 위임된 권한만을 행사할 수 있을 뿐이다.

(3) 헌법의 권력제한규범성 : 헌법이 조직규범 내지 수권규범의 성격을 가진다는 것은 동시에 권력제한규범으로서의 성격을 가진다는 것을 의미한다.

(4) 헌법의 생활규범성 : 전생활영역에서 가치규범적 성격 내지는 행위규범적 성격을 띤다.

(5) 기본권보장규범성

(6) 자기보장규범성

3) 헌법의 구조적 특질

헌법은 국가생활 전반에 관한 대강을 총체적으로 규정하는 규범이므로 ① 규범구조의 간결성과 미완결성, ② 규범내용의 추상성 · 불확정성 · 개방성을 특질로 한다.

제2절 헌법관

헌법관이란 국가와 헌법의 본질을 무엇으로 이해하는가, 헌법의 최고규범성 내지 타당성의 근거를 어디서 구하는지, 그리고 기본권의 성격을 어떻게 파악하는가 등에 관한 헌법철학적 시각을 말한다.

1. 법실증주의적 헌법관

① **대표적 주장자:** P. Laband, G. Jellinek, H. Kelsen

② **헌법:** 헌법은 국가기관의 구성방법과 권한을 확정하고 개인의 기본적 지위를 정한 규범이라고 한다.

③ **기본권:** H. Kelsen은 기본권을 반사적 이익으로만 보고 있으며, G. Jellinek은 지위이론에 의하여 개인의 주관적 공권으로서 기본권을 설명하고 있다.

2. 결단주의적 헌법관

① **대표적 주장자:** C. Schmitt

② **헌법:** 헌법을 헌법제정권력의 주체가 정치적 공동체의 종류나 형태에 관하여 내린 정치적 결단으로 이해하며, 결단에 대한 의지가 헌법의 효력의 근거가 된다고 한다.

③ **기본권:** 기본권은 국가로부터의 자유로운 영역의 보장을 그 본질로 하게 되는 바, 기본권은 국가권력을 제한하기 위한 소극적·방어적·항의적 성격을 띠게 된다.

3. 통합과정론적 헌법관

① **대표적 주장자:** R. Smend

② **헌법:** 헌법이란 국가의 기본적 법질서로서, 단순한 법질서만을 의미하는 것이 아니라 계속적으로 통합과정에 있는 현실이라고 본다.

③ **기본권:** 기본권의 주관적 공권으로서의 측면보다 객관적 법질서로서의 성격을 중시한다.

제3절 헌법의 제정과 개정

1. 헌법의 제정

1) 헌법제정의 개념

헌법의 제정이란 실질적으로는 정치적 통일체의 종류와 형태에 관하여 헌법제정권자가 행하는 법창조행위를 의미하며, 형식적으로는 헌법사항을 성문헌법화시키는 것을 의미한다.

2) 헌법의 제정권력

헌법을 시원적으로 창조하는 힘으로 사실상의 힘이라는 권력적 측면과 헌법에 정당성을 부여하는 권위라는 측면의 이중성을 가진다.

3) 주체

(1) 헌법제정권력의 주체는 중세에는 신, 불란서 혁명 때에는 국민, 왕정복고기에는 왕이, 과두국가에서는 소수자의 조직이 헌법제정권력의 주체였다.

(2) 현행헌법에 있어서 헌법제정권력의 주체: 현행헌법에는 헌법제정권력의 주체를 명시적으로 규정하고 있지는 않지만, 헌법 전문과 주권재민의 원리를 선언한 헌법 제1조 제2항 전단을 헌법제정권력의 주체가 국민이라는 것을 선언한 규정으로 볼 수 있다.

4) 본질

헌법제정권력은 시원적 창조성, 자율성, 단일불가분성, 항구성, 불가양성을 갖는다고 할 수 있다.

5) 행사방법

(1) 국민이 선출한 제헌의회에서 의결하는 방법
(2) 국민투표에 의하여 확정하게 하는 방법
(3) 제헌의회의 의결과 국민투표를 결부시키는 방법

6) 헌법의 제정권력의 한계

(1) 한계부정설

헌법제정권력의 시원성을 강조하는 시에예스나, 헌법제정권력의 정당성의 근거를 헌법제정주체의 결단에 두는 칼 슈미트의 이론에서는 헌법제정권력의 한계가 부정된다.

(2) 한계긍정설

헌법제정권력도 불변의 근본규범 또는 초국가적 인권과 같은 자연법상의 원리에 의하여 제약을 받는다는 견해로서, 오늘날에는 한계긍정설이 지배적인 견해이며, 우리나라의 통설도 헌법제정권력의 한계를 긍정한다.

(3) 한계의 유형

① 이념적 한계
② 법 원리적 한계
③ 자연법적 한계
④ 국제법상 한계

2. 헌법의 개정

1) 헌법개정의 개념

헌법개정이란 헌법전이 정하는 절차에 따라 헌법의 동일성을 유지하면서 의식적으로 헌법전의 내용을 수정·삭제·추가하는 것을 말한다.

2) 구별되는 개념

(1) 헌법의 파괴 : 헌법의 기본적 동일성이 상실된, 헌법제정권력의 주체를 변경하는 혁명을 말한다.

(2) 헌법의 폐지 : 헌법의 기본적 동일성을 유지하면서 기존헌법을 폐지하는 것을 말한다.

(3) 헌법의 침해 : 위헌임을 인식하면서도 의식적으로 특정한 헌법조항에 위반되는 명령의 발포나 공권력을 행사하는 경우를 말한다.

(4) 헌법의 정지 : 특정한 헌법조항의 효력을 일시적으로 중단시키는 것을 말한다.

(5) 헌법의 변천 : 헌법의 특정조항이 의식적으로 변경되는 것이 아니라 그 의미 내용만이 실질적으로 변질하는 것을 말한다.

3) 헌법의 개정권력

헌법이 정하는 개정절차에 따라 헌법의 기본적 동일성을 유지하면서 의식적으로 수정·삭제·증보함으로써 헌법의 형식과 내용에 변경을 가하는 권력이다. 일반적으로 헌법제정권력에 종속한다.

(1) 헌법개정절차조항의 개정은 인정되나

(2) 실정헌법상의 한계사항의 개정은 금지된다.

(3) 헌법 제128조 제2항의 '임기연장 또는 중임변경을 위한 개정금지조항'은 개정헌법의 효력제한규정이다.

4) 헌법개정의 한계의 유무

(1) 한계긍정설 : 헌법에 규정된 절차에 따를지라도 특정한 조항이나 일정한 사항은 자구수정은 별도로 하고는 개정할 수 없다고 한다.

(2) 한계부정설 : 법실증주의 헌법관에 입각하여 헌법에 규정된 개정절차를 밟기만 하면 어떠한 조항도 어떠한 사항도 개정할 수 있으며, 심지어 명문으로 개정을 금지하고 있는 조항까지도 개정할 수 있다고 한다.

5) 헌법개정의 구체적 한계

(1) 절차적 한계

(2) 실정법적 한계

(3) 헌법내재적 한계

(4) 초헌법적 한계

6) 현행 헌법의 개정절차

(1) **제안** : 헌법개정은 국회재적의원 과반수 또는 대통령의 발의로 제안된다(헌법 제128조 제1항).

(2) **공고** : 제안된 헌법개정안은 대통령이 20일 이상의 기간 이를 공고하여야 한다(헌법 제129조).

(3) **의결** : 국회는 헌법개정안이 공고된 날로부터 60일 이내에 의결하여야 하며, 국회의 의결은 재적의원 3분의 2 이상의 찬성을 얻어야 한다(헌법 제130조 제1항).

(4) **국민투표** : 헌법개정안은 국회가 의결한 후 30일 이내에 국민투표에 붙여 국회의원선거권자 과반수의 투표와 투표자 과반수의 찬성을 얻어야 한다(헌법 제130조 제2항).

(5) **공포** : 헌법개정안이 국민투표에 의하여 찬성을 얻은 때에는 헌법개정은 확정되며, 대통령은 이를 즉시 공포하여야 한다(헌법 제130조 제3항). 이 개정안은 공포시에 효력이 발생한다.

7) 현행헌법상의 개정금지사항

민주공화국으로서의 국가형태, 국민주권의 원리, 자유민주적 기본질서, 핵심적인 기본적 인권, 국제평화주의, 복수정당제도, 사유재산제와 시장경제질서의 전면적 부정을 위한 개정 등이다.

제4절 헌법의 변천

1. 헌법변천의 개념

헌법의 변천이란 특정의 헌법조항이 헌법에 규정된 개정절차에 따라 의식적으로 수정·변경되는 것이 아니고, 당해 조문은 원상대로 존속하면서 그 의미내용만이 실질적으로 변화하는 것을 말한다.

2. 헌법변천의 인정 여부

1) 긍정설

헌법규범에 반하는 국가적 행위가 반복 내지 계속하여 행하여져 헌법적 관습으로서의 성격을 갖고, 국민의 법적 확신이 명시적으로나 묵시적으로 이를 긍정하는 경우, 당해 헌법조항이 개폐되어 헌법변천이 행하여진다고 하는 견해로서 G. Jellink, P. Laband 등이 인정하고 있다.

2) 부정설

규범주의적 입장에서 헌법과 모순되는 국가적 행위는 그것이 아무리 반복된다고 하더라도 기존의 헌법 하에서 헌법법원으로 될 수 없으며, 헌법은 헌법개정절차에 의하지 않는 한 합법적으로 변경할 수는 없는 견해로서, H. Kelsen가 부정하고 있다.

3. 헌법변천의 성립요건

1) 헌법이 변천되려면 상당한 기간 반복되는 일정한 헌법적 관례가 있어야 한다(물적 요건).
2) 이에 대한 국민의 승인이 있어야 한다(심리적 요건).

4. 헌법변천의 실례

1) 외국헌법의 변천

미국의 경우 대법원이 위헌법률심사권을 행사한 것, 대통령 선거가 간접선거이나 직접선거와 같이 운영되는 것, 영국에서 국왕의 권한이 명목화되고 내각의 지배원칙이 확립된 것, 일본의 경우 전력의 보유를 금하고 있으나 자위대의 명목으로 전력을 유지하는 것, 프랑스의 경우 위임입법을 명시적으로 금지했으나 예외가 허용된 것 등이다.

2) 한국헌법의 변천

제1차 개정헌법하에서 양원제를 단원제로 운용한 것, 제5차 개정헌법에서 지방의회를 구성하지 않고 관치행정으로 운용한 것 등이다.

제5절 법률의 합헌적 해석원칙

1. 의의

법률의 합헌적 해석원칙이란 법률의 개념이 다의적이고 그 어의의 테두리 안에서 여러 가지 해석이 가능할 때 헌법에 합치되는 해석 즉 합헌적인 해석을 택하여야 한다는 헌법의 일반원리를 말한다.

2. 연혁

합헌적 법률해석은 미연방대법원의 판례를 통해 법률의 합헌성 추정의 원칙으로 확립되었고 독일연방재판소는 미국의 법률의 합헌성 추정의 원칙을 수용하였다.

3. 이론적 근거

헌법재판소는 법률의 합헌해석의 이론적 근거로서 ① 헌법의 최고규범성과 법질서의 통일성, ② 권력분립의 정신, ③ 국가간의 신뢰보호, ④ 법적 안정성의 유지를 들고 있다.

4. 규범통제와의 관계

	법률의 합헌적 해석	규범통제
이론적 근거	헌법의 최고규범성	헌법의 최고규범성
인정 근거	헌법의 최고규범성만으로 충분	별도의 명시적 법적근거가 필요
헌법의 태양	해석준칙 (규범조화적 해석)	저촉준칙 (위헌법률은 무효)
헌법의 기능	법률해석기준으로 작용	법률의 위헌성심사기준으로 작용
사상적 표현	법률의 효력유지 사상	헌법의 최고규범적 효력유지 사상

제6절 헌법보장

헌법보장이란 헌법규범과 현실의 괴리현상이 발생시 헌법에 강력한 영속성과 탄력성을 부여함으로 헌법규범의 실효성을 확보하기 위한 제도를 말한다.

1. 평상적 헌법보장제도

평상적 헌법보장제도는 사전예방적 보장과 사후교정적 보장으로 나뉠 수 있다.

1) 사전예방적 보장

헌법의 최고규범성의 간접적 선언, 헌법수호의무의 선언, 권력분립, 경성헌법, 방어적 민주주의 채택, 공무원 및 군의 정치적 중립성 등이다.

2) 사후교정적 보장

위헌법률·명령·규칙·처분 심사제도, 탄핵제도, 위헌정당해산제도, 헌법소원제도, 국무총리·국무위원 해임건의제도, 국정감사·조사 제도, 긴급명령 등의 승인제도 및 계엄해제요구제도, 공무원의 책임제도, 국가문란자처벌 등이다.

2. 비상적 헌법보장제도

1) 저항권

헌법질서를 파괴하는 공권력을 대상으로 주권자인 국민이 입헌주의 헌정체제를 유지·수호하기 위하여 가지는 최후의 비상수단적 권리인 동시에 헌법수호제도로 이는 자연법상의 권리이다. 명문규정이 없고 이데올로기적 개념에 불과하다는 이유로 부정하는 견해도 있지만 우리의 다수견해와 헌재는 헌법전문의 3.1 운동, 4.19민주이념계승 규정과 제10조와 제37조 제1항의 인간의 존엄성, 기본권의 전국가성 등의 규정을 근거로 인정한다.

(1) 법적성격

저항권은 위헌적인 권력행사에 의해서 헌법적 가치질서가 완전히 무너지는 것을 저지하기 위한 예비적인 헌법보호수단이기 때문에 저항권은 기본권과 헌법보호수단이라는 양면적 성격을 가진다는 것이 통설의 입장이다.

(2) 저항권의 행사주체와 행사대상

저항권행사의 주체는 모든 국민이며, 개개인으로서의 국민은 물론이고 단체, 정당 등도 포함된다. 저항권행사의 대상은 국가권력이다.

(3) 저항권행사의 상황

저항권의 행사는 민주적·법치국가적 기본질서나 기본권보장체계에 대한 전면적 부인 내지 침해가 있어야 하고 이러한 침해행위가 민주적 기본질서를 침해함이 객관적으로 명백하여야 하고 헌법이나 법률이 규정하는 모든 구제수단에 의해서도 목적을 달성할 수 없는 경우에 최후의 수단으로 인정될 수 있는 것이다.

(4) 저항권행사의 목적

저항권의 목적은 혁명권과 달리 민주적 기본질서에 바탕한 입헌주의적 헌법체제를 수호하기 위한 것이므로 기본의 체제를 부정하고 새로운 체제를 지향하는 저항은 부정된다.

(5) 저항권행사의 방법

저항권의 행사는 목적달성을 위해 필요한 최소한에 국한되어야 한다.

3. 국가긴급권

헌법 제76조 제1항의 긴급재정경제처분 및 명령권과 제2항의 긴급명령권, 제77조의 계엄선포권이 있다.

〈긴급명령과 긴급재정경제명령의 비교〉

	긴급명령	긴급재정경제명령
상 황	국가의 안위에 관계되는 중대한 교전 상태	중대한 재정·경제상의 위기
국회의 집회	국회의 집회가 불가능한 때	국회의 집회를 기다릴 여유가 없을 때

	긴급명령	긴급재정경제명령
국회의 통제	국회에 보고하여 승인을 얻어야 한다.	국회에 보고하여 승인을 얻어야 한다.
기본권 제한	제한되는 기본권대상에 제한이 없음	제한되는 기본권대상에 제한이 없음

〈경비계엄과 비상계엄의 비교〉

	경비계엄	비상계엄
개념	전시 · 사변 또는 이에 준하는 국가비상사태에 있어서 사회질서가 교란되어 일반행정기관으로는 치안을 확보할 수 없는 경우에 공공의 안녕질서를 유지하기 위하여 선포하는 것이다.	전시 · 사변 또는 이에 준하는 국가비상사태에 있어서 적과 교전상태에 있거나 사회질서가 극도로 교란되어 행정 · 사법기능의 수행이 현저히 곤란한 경우에 군사상 필요에 응하거나 공공의 안녕질서를 유지하기 위하여 선포하는 것이다(계엄법 제2조 제2항)
기본권 제한	×	○ (폐지는 ×)
효력의 대상	군사에 관한 행정 · 사법사무	모든 행정 · 사법사무
목 적	치안질서 회복	행정 및 사법기능의 회복을 위한 수습

〈긴급명령권과 계엄의 비교〉

	긴급명령	계 엄
상황 요건	국가안위에 관계되는 중대한 교전상태	전시·사변 또는 이에 준하는 국가비상 사태
공권력	경찰력	군대
국회 집회	국회의 집회가 불가능한 경우에 한함	국회의 집회여부와 관계없음

	긴급명령	계 엄
국회에 의한 통제	국회에 통고하고 승인을 얻어야 하고, 국회의 해제요구 ×(긍정적 통제)	국회승인 ×, 국회의 해제요구 인정(부정적 통제)
발동 요건	헌법에 따라 효력이 발생됨	대통령의 헌법적 권한이지만 법률에 따라 발동됨
기본권의 제한	그 대상에 관한 헌법규정×	헌법 및 계엄법에서 규정

제2장 대한민국 헌법총설

제1절 헌정사

1. 1948년 건국헌법 (제헌국회 제정)

① 단원제국회
② 정 · 부통령은 국회에서의 선출(임기 4년 1차 중임)
③ 국무총리는 대통령이 임명(국회의 승인 요)
④ 의원내각제 요소로서 국무총리를 비롯한 국무원제
⑤ 대통령의 법률안거부권 및 법률안제출권 허용
⑥ 헌법위원회와 탄핵재판소 설치
⑦ 통제경제를 바탕으로 한 경제질서, 농지개혁
⑧ 헌법개정은 국회의 의결로 가능함(국민투표제도 없었음)
⑨ 가예산제도
⑩ 근로자의 이익균점권 인정
※ 정당조항×, 통일조항×

2. 1952년 제1차 헌법개정(발췌개헌)

① 정·부통령 직선제
② 국회양원제(민의원과 참의원)
③ 국회의 국무원 불신임제(연대책임제)
④ 국무위원임명에 있어서 국무총리의 제청권

3. 1954년 제2차 헌법개정(사사오입개헌)

① 초대 대통령의 중임제한을 철폐(부칙) → 무제한 입후보의 허용
② 국민투표제의 가미(주권의 제약·영토의 변경시)
③ 헌법개정안에 대한 국민발안의 허용
④ 순수한 대통령제로의 환원(국무총리제 폐지, 국무위원 연대책임제 폐지하고 개별적 불신임제)
⑤ 특별법원(군법회의)에 대한 헌법상 근거명시
⑥ 자유시장경제체제로의 전환
⑦ 대통령궐위시의 부통령의 지위승계
⑧ 헌법개정의 한계에 대한 명문규정의 설치

4. 1960년 제3차 헌법개정(제2공화국헌법)

① 기본권보장의 강화(검열제, 허가제금지, 개별적 법률유보 대신에 일반적 법률유보 조항을 둠)
② 내각책임제의 채택
③ 정당조항의 신설
④ 헌법재판소의 설치
⑤ 대법원장·대법관의 선거제 → 대법원선거인단: 사법의 민주화
⑥ 중앙선거관리위원회의 헌법기관화
⑦ 지방자치단체장의 선거제(지방자치의 완전실시)
⑧ 경찰의 중립성
⑨ 공무원의 신분 및 정치적 중립성보장
⑩ 긴급명령권의 폐지
⑪ 선거연령 20세로 인하

5. 1960년 제4차 헌법개정

형벌불소급의 원칙에 대한 예외로서 헌법부칙에 둠

① 3·15 부정선거에 관련된 자 및 4·19혁명을 탄압하고자 살상행위를 한 자를 처벌할 특별법 제정근거

② 반민주행위자와 부정축재자 처벌을 위한 특별법 제정근거

③ 이들 사건을 처리하기 위하여 특별재판부와 특별검찰부 설치 등

※ 부칙에 근거하여 제정된 소급특별법

i) 부정선거관련자처벌법

ii) 반민주행위자공민권제한법

iii) 부정축재특별처리법

iv) 특별재판소 및 특별검찰부조직법

6. 1962년 제5차 헌법개정(제3공화국헌법)

① 최초의 국민투표에 의한 헌법개정

② 헌법전문의 최초개정(4·19와 5·16 이념추가, 단기를 서기로 변경)
→ 7·8·9차 개헌시에도 전문 개정됨

③ 인간의 존엄성 존중조항의 신설

④ 대통령제로의 환원

⑤ 단원제 국회

⑥ 당적이탈이나 변경시 의원직상실 등 극단적인 정당국가화

⑦ 헌법재판소 폐지, 위헌법률심사권을 대법원에 부여함

⑧ 법관의 임명에 법관추천회의의 제청에 따르게 하였고

⑨ 감사원 설치

⑩ 국가안전보장회의·경제과학심의회의 설치

⑪ 헌법개정의 필수적 국민투표제 채택

⑫ 탄핵심판위원회

⑬ 비상계엄시 일정재판의 단심제 등 국민의 기본적 인권규정의 체계적 정리

⑭ 부칙을 조문화

7. 1969년 제6차 헌법개정

① 대통령의 계속재임을 3기로 연장 → 4년×3기 = 12년 가능
② 국회의원 정수의 상환을 조정 → 200명에서 250명으로
③ 국회의원의 국무위원 겸직을 허용
④ 대통령에 대한 탄핵소추의 발의와 의결정족수를 가중 → 발의를 종래 30인 이상에서 50인 이상으로, 의결을 종래 재적 1/2에서 2/3이상으로

8. 1972년 제7차 헌법개정(제4공화국헌법)

① 헌법전문개정
② 주권행사의 방법을 규정
③ 기본권을 실정권으로 약화시키고, 각종 기본권보장을 제한·축소시킴 → 구속적부심사제 폐지, 임의성 없는 자백의 증거능력 제한조항의 삭제, 재산권의 수용등에 따른 보상을 법률에 위임, 군인·군무원 등의 이중배상청구금지, 근로3권의 범위를 크게 제한함
④ 통일주체국민회의의 설치 → 대통령선출, 국회의원정수의 1/3의 선출권, 국회가 제안한 헌법 개정안을 의결
⑤ 대통령의 임기 6년 → 연임·중임규정 ×
⑥ 대통령은 긴급조치권, 국회해산권, 국회의원정수의 1/3의 추천권, 국민투표부의권
⑦ 대통령의 모든 법관 임명권 및 징계처분에 의한 법관파면권
⑧ 헌법재판권을 헌법위원회에 부여 → 헌법위원회 : 위헌법률심사권, 위헌정당해산권, 탄핵심판권 부여
⑨ 국회의 회기단축, 국정감사권을 부인
⑩ 정당국가적 경향의 완화 → 국회의원의 무소속출마 가능
⑪ 전문에 자유민주적 기본질서 규정
⑫ 기본권의 제한사유로 국가안전보장의 신설
⑬ 헌법개정방법의 이원화 → 대통령제안 : 국민투표, 국회의 제안 : 통일주체국민회의의 의결로 확정
⑭ 지방의회의 구성을 조국통일이 이루어질 때까지 구성하지 않도록 규정함으로써 지방자치를 유명무실하게 하였다.

9. 1980년 제8차 헌법개정(제5공화국헌법)

① 헌법전문개정 → 전문에서 제5공화국 출범을 명시
② 주권재민의 원칙을 강조, 재외국민보호조항 신설
③ 농지임대차 및 위탁경영의 예외적 인정
④ 전통문화창달의무
⑤ 국군의 국가안전보장조항을 신설 → 국토방위의 신성한 의무는 제헌헌법서부터 규정됨
⑥ 기본권의 불가침성 강조 → 개별적 법률유보조항의 삭제
⑦ 새로운 기본권의 신설 → 행복추구권, 무죄추정권, 연좌제폐지, 사생활의 비밀과 자유의 불가침, 환경권 등)
⑧ 구속적부심사제 부활, 언론·출판의 사회적 책임, 평생교육 등이 규정
⑨ 통일주체국민회의를 폐지하고 대통령을 선거인단에 의한 간선제
⑩ 대통령의 권한을 유신헌법에 비하여 대폭 축소(임기: 7년단임) → 긴급조치권을 비상조치권으로 변경하고 남용방지책을 둠
⑪ 국정조사권을 신설
⑫ 국회의원 청렴의무조항의 신설
⑬ 일반법관 임명을 대법원장이 하도록 하였고, 대법원에 전담부설치 근거 및 행정심판의 헌법적 근거를 명시
⑭ 경제질서에 대한 공법적 규제를 확대 → 국가표준제도, 독과점의 규제와 조정, 소비자보호, 중소기업의 보호·육성, 농·어민·중소기업의 자조조직의 정치적 중립성 선언
⑮ 헌법개정절차를 일원화 → 국민투표로만 확정시킬 수 있다.

10. 1987년 제9차 헌법개정(제6공화국헌법)

① 전문

대한민국임시정부의 법통과 불의에 항거한 4.19민주이념의 계승 및 조국의 민주개혁의 사명을 명시함

② 총강

㉮ 재외국민에 대한 국가의 보호의무

㉯ 군의 정치적 중립성을 명시
㉰ 자유민주적 기본질서에 입각한 평화통일정책의 수립·추진 규정의 신설

③ **기본권**

㉮ 적법절차조항, 구속이유고지 및 구속통지의무규정
㉯ 언론·출판·집회·결사에 대한 허가제나 검열제의 금지규정
㉰ 범죄피해자구조청구권 규정
㉱ 최저임금제실시규정, 여자·노인·청소년의 복지향상을 위한 정책을 실시할 국가의 의무 및 재해예방의무 규정, 주택개발정책의 실시 및 모성보호 규정 등의 신설 또는 추가
㉲ 구속적부심사제도와 형사보상청구권제도의 확대개선

④ **국회:** 국회의 지위와 권한강화

㉮ 국정감사권의 부활
㉯ 국회해산제도의 폐지
㉰ 국회의 회기 제한규정의 삭제 → 정기회는 100일로 연장

⑤ **대통령**

㉮ 국민의 직접선거제 채택, 임기 5년의 단임제
㉯ 대통령의 권한축소 → 국회해산권을 삭제, 비상조치권을 긴급명령권(긴급재정·경제처분 및 명령권)으로 변경

⑥ **법원**

㉮ 대법원장과 대법관: 국회의 동의를 얻어 대통령이 임명
㉯ 일반법관: 대법관회의의 동의를 얻어 대법원장이 임명

⑦ **헌법재판소**

헌법위원회를 폐지하고 헌법재판소의 설치 → 헌법소원심판과 권한쟁의심판 신설

제2절 국가론

1. 국가형태

1) 국가의 개념

국가라 함은 「일정한 지역을 지배하는 최고 권력에 의하여 결합된 인류의 집단」을 말한다. 국가에는 국민과 영토 및 주권이 필수적이다. 이 국민과 영역(영토) 및 주권을 국가의 3요소라 한다. 헌법도 국가의 3요소로서 국민, 영역(영토), 주권을 규정하고 있다.

2) 국가형태의 분류

(1) **군주국과 공화국** : 군주국이란 주권이 군주 개인에게 있는 국가가 아니라 주권은 국민에게 있으면서 군주는 명목상의 국가원수에 불과한 국가(영국, 벨기에, 스페인, 일본 등)이고 공화국이란 군주제도가 없는 국가를 말한다.

(2) **단일국가, 연방국가, 국가연합** : 단일국가란 국가의 구성이 단일하고 통일적인 국가를 말하고, 연방국가란 각 주가 국가적 성격을 가지며 전제국가를 형성하는 국가를 말하며, 국가연합이란 주권국가 상호간에 국제조약에 근거하여 성립된 연합체를 의미한다(예 : 소연방의 1992년 독립국가연합).

3) 대한민국의 국가형태

(1) 헌법 제1조 제1항 "대한민국은 민주공화국이다"라고 규정함으로써 우리나라의 국호가 대한민국이라는 것과 대한민국의 국가형태가 민주공화국이라는 것을 선언하고 있다.

(2) **민주공화국의 법적 성격** : 민주공화국으로 규정한 것은 첫째 의례적 권한만을 가진 군주제의 도입을 우리헌법상 허용될 수 없고, 둘째 모든 형태의 독재·전제국가를 부인하고, 국민을 위한 민주적인 공화국이 되어야 한다는 것을 의미한다.

(3) **민주공화국의 규범성** : 헌법 제1조 제1항은 헌법개정의 대상이 될 수 없다.

2. 국민

1) 국민의 개념

국민이란 국가의 항구적 소속원으로서 영토 안에 있거나 영토 밖에 있거나 국가의 통치권에 복종할 의무를 가진 자를 말한다.

2) 국민의 요건

국민이 되는 자격을 국적이라고 하면 개정된 국적법에 따르면

(1) 선천적 취득 : 속인주의(혈통주의), 부모양계주의 원칙, 예외적 출생지주의

(2) 후천적 취득사유 : 혼인, 인지, 귀화(일반, 간이, 특별), 수반취득, 국적회복

(3) 국적의 상실 : 외국국적의 자진취득, 혼인, 입양, 인지 등(3년 이내에 권리를 양도)

(4) 북한주민도 대한민국 국민에 당연히 포함(다수설, 대판)

(5) 재외국민의 보호 : 1980년에 소극적으로 규정하였으나 현행헌법에서는 재외국민의 보호에 대하여 더 적극적으로 규정하고 있다.

3) 국민의 지위

(1) 헌법상 국민의 지위
① 주권자로서의 국민
② 헌법상 국민기관으로서의 국민
③ 기본적 인권의 주체로서의 국민
④ 통치대상으로서의 국민

(2) 국가에서의 개인의 지위 : 법실증주의자인 옐리네크의 분류에 의하면
① 국민의 국가권력으로부터 침해를 받지 아니하는 자유로운 영역은 소극적 지위이며 이 지위에서 자유권이 발생한다.
② 국민이 자신의 이익을 위하여 적극적으로 국가에 대하여 어떤 것을 청구할 수 있는 지위는 적극적 지위이며 이 지위에서 수익권이 발생한다.

③ 국민이 국가기관으로서 능동적으로 국가의사의 형성에 참여할 수 있는 지위는 능동적 지위이며 이 지위에서 참정권이 발생한다.
④ 국민이 국가의 통치권에 복종하는 지위는 능동적 지위이며 이 지위에서 국민의 공의무가 발생한다.

3. 영역

1) 의의

영역이라 함은 국가의 영토고권이 배타적으로 행사되는 공간을 말한다. 이 영역은 영토·영해·상공을 포함한다. 헌법 제3조는 「대한민국의 영토는 한반도와 부속도서로 한다.」고 규정하고 있다. 여기서 북한지역도 우리 대한민국의 영토이다. 헌법은 영해에 대하여 규정하고 있지 않으나 우리나라에서는 「영해 및 접속수역법」에 따라 12해리를 영해로 한다(같은 법 제1조). 그리고 대륙붕에 대해서는 국제조약과 국제관습법에 따르고 있다.

2) 북한정부의 국가성 인정여부

헌법 제3조에 따르면 북한지역은 내국이고, 북한정부는 불법적 무력점거집단이다. 특히 남북 UN동시가입이나 남북기본합의서가 문제되는데 이로 인하여 북한정권이 합법화되거나 국가성이 인정되지는 않는다.

3) 남북기본합의서의 성격

남북기본합의서의 성격은 조약이 아니며 신사협정이나 공동성명으로 보아야 한다는 것이 다수설의 입장이다.

제3절 헌법의 기본원리

1. 헌법전문

헌법의 전문은 국가마다 그 규정방식이 다른데, 우리의 경우는 법적 성격이 인정되므로 최고규범이자 법령의 해석기준이며 재판규범이 된다.

〈헌법전문의 내용과 헌법조항의 비교〉

<table>
<tr><th>헌법전문의 내용</th><th>헌법의 각 조항의 내용</th><th>건국헌법이래 계속 규정된 법전문의 내용</th></tr>
<tr><td>평화적 통일의 사명</td><td>평화적 통일정책(제4조)</td><td rowspan="6">① 3·1운동
② 각인의 기회균등
③ 국민생활의 균등한 향상
④ 국제평화
⑤ 자손의 안전·자유와 행복
⑥ 헌법제정일</td></tr>
<tr><td>자유민주적 기본질서</td><td>민주적 기본질서(제8조 제4항)</td></tr>
<tr><td>항구적인 세계평화</td><td>국제평화의 유지(제5조 제1항)</td></tr>
<tr><td>정치·사회·문화의 모든 영역</td><td>전통문화의 계승·발전(제9조)
민족문화의 창달(제9조, 제69조)</td></tr>
<tr><td></td><td>영토보존·국가의 계속성 수호(제66조 : 대통령의 의무)</td></tr>
<tr><td>자유와 권리에 따르는 국민생활의 균등한 향상</td><td>국민의 자유와 복리의 증진
(제69조 : 대통령 취임선서 내용)</td></tr>
</table>

2. 헌법의 기본원리

헌법의 기본원리도 법적 성격이 인정되어 재판규범으로 작용한다.

1) 국민주권원리

(1) 개념

국민주권의 원리란 국가의 최고의사를 결정할 수 있는 원동력인 주권을 국민이 가진다는 것과 국가권력의 정당성의 근거가 국민에게 있다는 원리를 말한다.

(2) 대한민국 헌법상의 국민주권의 원리

① **국민주권의 선언 :** 헌법 제1조 제2항은 "대한민국의 주권은 국민에게 있고…" 라고 하여 국민주권의 원리를 직접 명문으로 선언하였고, 전문과 헌법 제1조 제1항의 민주공화국 규정은 국민주권의 원리를 채택하고 있음을 간접적으로 밝히고 있다.

② **실질적 국민주권의 구현** : 합리적 선거제도에 의한 구현, 직접민주제의 가미, 기본권보장에 의한 구현, 정당제도에 의한 구현, 지방자치제에 의한 구현, 직업공무원제도에 의한 구현

(3) 국민주권론과 인민주권론의 비교

구 분	국민주권론	인민주권론
주권의 주체	관념적이고 추상적인 인격화된 국민으로서의 전체국민	현실적, 구체적인 개개인의 집단, 즉 유권적 시민의 총체로서의 인민
주권의 성격	전체국민에게 귀속하는 불가분적 주권	가분적 (지분적, 분유적) 주권
정치적 구성원리	대표에 의하여 행사될 수밖에 없는 순수대의제를 추구	국민이 직접 그것을 행사하는 직접 민주제를 추구
주권의 주체와 행사자	주권의 주체와 행사자가 반드시 분리됨	주권의 주체와 행사자가 대체로 일치함
주권의 위임 방법과 대표의 성격	• 무기속 자유위임 • 정치적 대표	• 기속적 강제위임 • 법적 대표
선거제도	• 보통선거가 아닌 제한·차등 선거도 인정 • 선거권은 국가기관을 구성하기 위한 봉사행위로서 국민의 의무	• 보통·평등선거 • 선거권은 주권의 행사방법의 문제로서 국민의 권리

2) 민주주의원리(가치 지향적)

국민에 의한 지배 또는 국가권력이 국민에게 귀속되는 것을 특징으로 하는 정치원리로 헌법전문과 제4조, 제8조 제4항의 자유민주적 기본질서, 제1조 제1항의 대한민국은 민주공화국임을 규정으로 선언되고 있다.

3) 법치주의원리(실질적)

사람의 자의적·폭력적 지배를 배제하고 법에 의한 「이성적 지배」를 할 것을 요구

하는 원리이다. 오늘날 정의의 실현을 그 내용으로 하는 법에 의한 실질적 법치주의 원리에 따른다. 이는 인간의 존엄성규정(제10조), 법 앞의 평등규정(제11조), 인신의 자유와 적법절차(제12조 제1항), 인간다운 생활권(제34조 제1항), 행정의 합법률성과 사법적 통제(제107조 제2항)로 나타난다.

4) 사회국가원리

국가가 정의로운 사회질서의 형성과 국민의 기본적 생활수요를 충족할 수 있도록 국민의 생활여건을 조성하는 것을 국가의 책무로 하는 원리로 헌법전문의 사회정의의 구현과 평등사회의 실현, 제10조·제31조·제36조의 사회적 기본권 규정, 제23조의 재산권규정, 제119조 제2항의 경제의 규제와 조정규정으로 나타난다.

5) 문화국가원리

국가로부터 문화의 자유가 보장되고 국가에 의하여 문화가 공급되어져야 하는 원리로 헌법전문에서 '문화의 …영역에 있어서 각인의 기회를 균등히 하고', 제9조의 민족문화창달의무, 제10조 인간의 존엄성, 제34조 제1항 인간다운 생활권규정으로 나타난다.

6) 국제평화주의 및 국제질서

(1) **국제평화주의** : 국제적 차원에서 평화공존, 국제분쟁의 평화적 해결, 각 민족간의 자결권 존중, 국내문제 불간섭 등을 핵심내용으로 하는 것으로 헌법전문의 '항구적인 세계평화와 인류공영에 이바지', 제5조 제1항 국제평화의 유지에 노력한다, 제6조 국제법 질서존중 및 외국인의 법적 지위보장 등의 규정으로 나타난다.

(2) **국제질서** : 일원론(국내법우위론)에 의하면 조약과 국제법규는 헌법의 하위규범이며 법률과 동등하다.

※ 조약의 규범통제를 다수설과 헌재는 인정한다.

제4절 기본제도

1. 정당제도

1) 정당의 의의

정당이라 함은 국민의 이익을 위하여 책임 있는 정치적 주장이나 정책을 추진하고, 공직선거의 후보자를 추천 또는 지지함으로써 국민의 정치적 의사형성에 참여함을 목적으로 하는 국민의 자발적 조직을 말한다.

2) 헌법상 지위

정당을 국가조직의 일부로 보지 않으면서도 정당이 담당하고 있는 공적 기능을 인정하려는 입장으로서, 정당을 국민의 의사와 국가의사를 연결시키는 중개체로 보는 견해가 통설 및 헌재의 입장이다.

3) 법적 성격

법인격 없는 사단(다수설, 헌재)이지만 일반결사와 달리 설립, 활동, 재정, 해산상의 특권을 갖는다.

4) 우리헌법상 정당제도의 변천

건국헌법 (제헌헌법)	부인하는 정도 → 승인 및 합법화단계 [헌법상 정당조항 × 국회법상 정당조항 ○
제2공헌법 (1960)	정당설립의 자유, 위헌정당해산제도 신설 → 헌법에의 편입 ⇨ 우리헌법상 최초로 정당조항을 규정한 헌법(3차개정)
제3공헌법 (1962)	복수정당제, 정당의 당내 민주화 조항 중 조직, 활동의 민주화 신설 → 철저한 정당국가적 경향(초정당국가) ⇨ 우리헌법상 초정당국가경향을 보인 헌법(5차개정)

제4공헌법 (1972)	무소속 입후보 허용, 통일주체국민회의대의원선거에서는 정당원의 출마금지 → 정당국가적 경향을 후퇴
제5공헌법 (1980)	정당의 운영자금 국고보조조항 신설, 정당추천을 받은 대통령후보자 우대를 규정 → 정당국가적 경향을 다소 강화
제6공헌법 (1987)	정당의 조직과 활동뿐만 아니라 그 목적까지도 민주적이어야 한다(5공과 유사) → 정당의 목적 · 조직 · 활동의 민주성(제8조 제2항), 헌법재판소에 의한 위헌정당의 강제해산심판을 규정(제8조 제4항)

5) 정당의 특권과 의무

(1) 정당의 특권

① **설립 · 활동 및 존립상의 특권 :** 정당은 "중앙당이 중앙선거관리위원회에 등록함으로써 성립한다(정당법 제4조 제1항)"라고 규정함으로써 허가제를 인정하지 않는다. 정당은 헌법과 법률에 의하여 활동의 자유를 가진다. 정당은 헌법재판소의 심판에 의하여 해산되는 경우를 제외하고는 강제해산되지 않는다.

② **정치적 특권 :** 헌법은 정당에 대하여 국민의 정치의사형성에 참여할 권리와 균등한 경쟁기회 등을 보장하고 있으며, 정당은 각종 공직선거에 후보자를 추천하고 그들의 당선을 위한 선거운동에 관한 특권을 가진다.

③ **재정 · 경제상의 특권 :** 정당은 법률이 정하는 바에 의하여 그 운영에 필요한 자금을 국가로부터 보조받을 수 있으며 정당은 선거공영제에 따라 선거에 관한 경비를 원칙적으로 부담하지 아니할 권리를 가진다.

(2) 정당의 의무 : 정당은 국가긍정의 의무, 자유민주적 기본질서의 존중의무, 당내 민주화의 의무, 재원의 공개의무 등을 지고 있다.

6) 정당의 설립

(1) 정당은 중앙당과 5이상의 시 · 도당(당원 1천인 이상)으로 구성된다. 창당준비에

는 중앙당은 200인, 시·도당은 100인 이상의 발기인이 있어야 한다.

(2) 국회의원선거권이 있는 자는 누구든지 정당의 발기인이나 당원이 될 수 있다. 다만, 일정한 공무원과 교원은 정당발기인 또는 당원이 될 수 없으며, 대한민국 국민이 아닌 자는 정당원이 될 수 없다.

(3) 정당은 중앙당이 중앙선거관리위원회에 등록함으로써 성립한다.

7) 정당의 해산

정당해산에는 자진해산, 중앙선거관리위원회의 등록취소에 의한 해산, 헌법재판소의 심판에 의한 해산이 있다.

헌법재판소는 2014년 12월 19일 재판관 8(인용) : 1(기각)의 의견으로 통합진보당을 해산하고 그 소속 국회의원은 의원직을 상실한다는 결정을 선고하였다.

2. 선거제도

1) 의의

선거제도란 국민적 합의에 의한 대의민주정치를 실현하기 위해 주권자인 국민의 대표자를 선출하는 제도를 말한다.

2) 선거의 기본원리

(1) 보통선거(↔제한선거) : 보통선거란 선거인의 사회적 신분, 재산, 지위에 관계없이 모든 사람에게 선거권 및 피선거권을 부여하는 선거원칙를 말한다.

(2) 평등선거(↔차등선거) : 평등선거란 선거인의 투표가치가 평등하게 취급되는 선거원칙을 말한다.

(3) 직접선거(↔간접선거) : 직접선거란 일반선거인이 대표자를 직접 선출하는 선거원칙을 말한다.

(4) 비밀선거(↔공개선거) : 비밀선거란 선거인이 누구에게 투표하였는지를 모르게 하는 선거원칙을 말한다.

(5) 자유선거(↔강제선거) : 자유선거란 선거의 내용뿐만 아니라 선거의 가부까지도 선거인의 임의로운 결정에 맡기는 선거원칙을 말한다.

3) 대표제와 선거구

(1) **대표제** : 대표제는 대표결정방식 또는 의원정수 배분방법을 말한다.

① 다수대표제는 다수당에 유리하며 소선거구제와 결부되기 쉽다.

② 소수대표제는 소수당에 유리하고 대선거구제와 결부되기 쉽다.

③ 비례대표제는 각 정당에게 득표수에 비례하여 의석을 배분하는 대표제를 말한다.

④ 직능대표제는 선거인단을 각 직능별로 분할하고 직능을 단위로 대표를 선출하는 제도이다.

(2) **선거구제** : 선거구제는 선거인단을 지역단위로 분할하는 방식을 말한다. 이에는 1선거구에서 1명의 대표를 선출하는 소선거구제, 2~4인을 선출하는 중선거구제, 5인 이상을 선출하는 대선거구제가 있다.

3. 지방자치제도

1) 의의

일정한 지역적 사무를 지역주민의 의사에 기하여 국가로부터 독립된 법인인 지역적 단체가 자주적으로 처리하는 것을 말한다. 민주주의와 권력분립원리를 구현한다는 의의가 있다.

2) 종류

지방자치단체의 종류로는 특별시, 광역시, 도 및 특별자치도, 시·군·구(자치구), 지방자치단체조합, 특별지방자치단체가 있다.

3) 권한

자치단체는 자치입법권, 자치조직권, 자치행정권, 자치재정권을 갖는바, 특히 조례는 지방자치단체가 자치입법권에 의하여 자치사무와 단체위임사무에 관하여 지방의회 의결로 제정하는 규범이다.

4. 공무원제도

1) 공무원의 개념

국가나 공공단체와 공법상 근무관계를 맺고 있는 자이다.

2) 공무원의 지위

공무원은 국민에 대한 봉사자로서의 지위를 갖는다.

3) 직업공무원제도

(1) 연혁

직업공무원제도는 바이마르 헌법에서 비롯되었으며, 우리 헌법에는 공무원의 헌법적 지위는 건국헌법부터 규정되었으나 직업공무원제도를 처음으로 도입한 것은 제3차 개정헌법이다.

(2) 직업공무원제도의 의의

직업공무원제도란 일관성 있는 공무수행의 독자성을 유지하고, 정권교체에 따른 국가작용의 중단과 혼란을 예방하기 위하여 공무원의 신분이 보장되는 공직구조에 관한 제도를 의미한다.

(3) 직업공무원의 범위

헌법 제7조 제2항이 적용되는 공무원은 신분이 보장되고 정치적 중립이 요구되는 일반직 · 특정직 · 기능직 공무원과 같은 경력직 공무원에 국한되며, 특수경력직 공무원과 경력직 공무원 중 1급 공무원은 제외된다.

(4) 직업공무원제도의 내용

공무원의 신분보장, 정치적 중립성, 성적주의 등을 들고 있다.

제3장 기본권론

제1절 기본권 일반이론

기본권이란 헌법이 보장하는 국민의 기본적 권리를 말한다.

※ 기본권의 발전

ⓐ **영국:** 대헌장(Magna Charta, 1215) → 권리청원(Petition of Right, 1628) → 권리장전(Bill of Rights, 1689)
ⓑ **미국:** 버지니아 권리장전(1776) → 독립선언(1776) → 연방헌법(1787) → 연방헌법에 인권조항 10개조 추가(1791)
ⓒ **프랑스:** 인간과 시민의 권리선언(1789) → 헌법에 수용(1791)
ⓓ **독일:** 프랑크푸르트헌법(1849) → 프로이센헌법(1850) → 비스마르크헌법 (1871) → 바이마르헌법(1919)

1. 기본권의 법적 성격

기본권은 전국가적 자연법상의 권리이며, 주관적으로는 개인을 위한 공권을 의미하지만 객관적으로는 국가의 기본적 법질서를 구성하는 요소라고 할 수 있다(이중적 성격).

2. 기본권의 주체

1) 국민

원칙적으로 국민일반이다. 국민이라 함은 대한민국의 국적을 가진 모든 사람을 말한다. 기본권의 향유자로서의 국민은 개개인으로서의 국민이기 때문에 여기에는 미성년자나 정신병자·수형자 등도 포함된다. 그러나 특정한 기본권(참정권)의 경우에는 그 주체가 되기 위해서는 일정한 연령에 도달하여야 한다.

2) 외국인

무국적자를 포함한 외국인도 일정한 범위 내에서 기본권의 주체가 될 수 있으나 그 기준은 권리의 성질에 따라 결정된다.

3) 법인

법인에 대하여도 원래 자연인에게 적용되어야 할 기본권보장의 규정을 그 성질상 가능한 것이면, 이를 인정하는 것이 통설의 견해이다. 그러나 법인에게도 자연인의 육체적 특성 유래하는 기본권(신체의 자유 등)이나 심리적·정신적 특성에서 유래하는 기본권(신앙의 자유나 양심의 자유 등) 등은 제외된다(부분적·제한적 기본권 주체).

3. 기본권의 효력

1) 대국가적 효력

기본권은 모든 국가작용을 직접 구속하는 힘을 가진다.

2) 대사인적 효력

기본권의 대사인적 효력이라 함은 기본권이 사인의 법률행위나 사인 상호간의 법률관계에도 기본권이 적용되는 것을 말한다. 기본권의 제3자적 효력이라고도 한다.

기본권의 대사인적 효력이 문제되는 것은 혼인퇴직제, 남녀임금차별, 언론보도에 의한 인격권 침해, 사립학교의 종교교육, 공해문제 등이다.

우리나라에서는 원칙적으로 간접적용설에 입각하고 있다(다수설). 그리고 기본권의 성질상 대사인적 효력이 부정되는 기본권은 청구권적 기본권, 사법절차적 기본권, 참정권, 소급입법에 의한 참정권 제한과 재산권박탈금지 등이 있다.

대사인적 효력이 직접 적용되는 기본권은 근로3권, 언론·출판의 자유, 협의의 인간의 존엄과 가치 및 행복추구권 등이 있다.

4. 기본권의 제한

1) 헌법유보

헌법에 의해 직접 제한되는 경우로 헌법 제8조 제4항 정당의 활동 제한, 제21조 제4항 언론의 자유 제한, 제23조 제2항 재산권의 공공복리적합의무, 제33조 제2항 공무원의 노동 3권이 되는 경우 등이 있다.

2) 법률유보

법률에 의해서 제한되는 경우이다.

(1) 개별적 법률유보: 헌법 제12조 제1항, 제23조 제1항, 제27조, 제28조, 제29조, 제33조 제2항 등에는 개별기본권 자체에 기본권제한의 근거가 제시되어 있다.

(2) 일반적 법률유보(헌법 제37조 제2항): 기본권의 제한은 국가안전보장·질서유지 또는 공공복리라는 목적을 위하여 필요한 경우에 한하고 원칙적으로 법률에 의해서만 가능하다.

3) 내재적 한계

기본권을 제한하는 경우에도 자유와 권리의 본질적인 내용을 침해할 수 없다.

5. 기본권의 침해와 그 구제

1) 입법기관에 의한 기본권의 침해와 구제

(1) 적극적 입법에 의한 기본권 침해와 구제

적극적 입법이 있고 그 법률이 시행됨으로써 기본권이 침해된 경우에는 ① 법률의 위헌심판청구, ② 헌법소원 등의 방법으로 구제를 구할 수 있다.

(2) 입법부작위에 의한 기본권 침해와 구제

입법부작위에 의한 기본권이 침해된 경우에는 ① 헌법소원, ② 법원의 사법심사 ③ 청원 등을 통하여 구제를 구할 수 있다.

2) 행정기관에 의한 기본권의 침해와 구제

행정기관에 의한 기본권 침해는 행정기관이 위헌법률을 그대로 집행하거나, 법률의 해석적용을 잘못하거나 법률에 위반하는 등 행위로 인한 기본권을 침해하는 경우로 구분된다. 구제는 ① 청원, ② 행정심판, ③ 행정소송, ④ 국가배상을 통하여 구제를 받을 수 있다.

3) 사법기관에 의한 기본권 침해와 구제

사법기관은 위헌적인 법률의 적용, 법률의 해석 · 적용의 오류, 사실인정의 잘못 및 재판의 지연 등에 의하여 기본권을 침해할 수 있다. 이를 시정하고 보정하기 위하여 상소 · 항고 · 재심 · 비상상고 등의 제도가 존재한다.

특히 형사피고인으로 구금되었던 자가 무죄판결을 받은 때에는 형사보상청구권을 행사할 수 있다.

4) 사인에 의한 기본권 침해와 구제

기본권이 사인의 불법행위에 의해 침해되었을 때에는 민사상 손해배상 청구가 가능하다. 또한 기본권을 침해한 자에 대하여 형사상 고소·고발 등을 통하여 처벌을 청구할 수 있다.

6. 현행 헌법의 기본권 체계

1) 포괄적 기본권

① 인간으로서의 존엄과 가치·행복추구권
② 평등권

2) 자유권적 기본권

① 신체의 자유
② 사생활영역의 자유
③ 정신적 기본권
④ 표현의 자유

3) 경제적 기본권

① 재산권보장
② 직업선택의 자유
③ 소비자의 권리

4) 정치적 기본권

① 정치적 자유권
② 참정권

5) 청구권적 기본권

① 청원권
② 재판청구권
③ 형사보상청구권
④ 국가배상청구권
⑤ 범죄피해자의 구조청구권

6) 사회적 기본권

① 인간다운 생활을 할 권리
② 교육을 받을 권리
③ 근로기본권
④ 환경권
⑤ 혼인 · 가족 · 모성 · 보건에 관한 권리

제2절 포괄적 기본권

1. 인간으로서의 존엄과 가치

1) 헌법 제10조의 인간으로서의 존엄과 가치는 기본권질서의 이념적 출발점이며, 전체 헌법질서에 대한 구조원리로서 기능한다.
2) 우선 개별기본권에 대한 해석의 지침으로, 또한 헌법에 명시되지 않은 기본권(생명권, 인격권)을 포섭하는 근거가 된다.
3) 인간의 존엄과 가치는 사인간에도 효력이 있으므로, 인간의 존엄과 가치를 침해하는 사인간의 계약은 위헌·무효이며, 이러한 침해행위는 불법행위를 구성하므로 개인은 침해행위의 배제와 손해배상을 청구할 수 있다.

2. 행복추구권

1) 헌법에 의해서 특별히 규정된 기본권보호영역에 포섭될 수 없는 행동의 자유를 근거 짓는 기본권이다.
2) 헌재는 헌법 제10조의 행복추구권은 국민이 행복을 추구하기 위하여 필요한 급부를 국가에게 적극적으로 요구할 수 있는 것을 내용으로 하는 것이 아니라, 국민이 행복을 추구하기 위한 활동을 국가권력의 간섭없이 자유롭게 할 수 있다는 포괄적인 의미의 자유권으로서의 성격을 가진다고 판시하였다.

3. 평등권

1) 의미

평등권이란「누구든지 성별, 종교 또는 사회적 신분에 의하여 정치적·경제적·사회적·문화적 생활의 모든 영역에 있어서 차별을 받지 않을」권리를 말한다고 헌법 제11조는 명문으로 규정하고 있다. 이 평등의 원칙은 세계 각국의 모든 헌법에 규정되어 있으며 민주정치의 기본원리로 인정받고 있다.

2) 평등권의 법적 성격

국가에 대한 공권, 자연권적 기본권, 상대적·실질적 평등

3) 법 앞의 평등

(1) **헌법 제11조의 평등권의 내용** : 헌법 제11조 제1항은 법 앞에서의 평등을 요청하고, 그 방법론으로 차별금지를 들고 있다. 또 차별금지의 기준으로 성별·종교·사회적 신분을 열거하고 있다. 이 밖에 법 앞의 평등의 요청을 사회적 특수계급의 불인정과 훈장 등의 영전에 대한 특권부여금지 등의 제도보장을 통해서 실현하고 있다.

(2) **평등의 내용** : 산술적 의미의 절대적 평등(성별, 체력, 재능 등 선천적 조건의 차이나 직업, 재산, 교육 수준 등 후천적 조건의 차이를 인정하지 않는 것)이 아니라 배분적 정의에 입각한 상대적 평등이다.

(3) 모든 사회 활동 영역에서의 기회의 균등을 의미

4) 합리적 차별과 불합리한 차별

(1) 불합리한 차별 : 남녀 간의 임금 차별, 승진 기회의 차별, 여성에게 혼인하면 퇴직해야 한다는 계약 등, 특정 종교를 믿거나 혹은 믿지 않는다는 이유로 인한 국가적 생활 영역에서의 차별, 국회의원, 공무원, 학생 등의 사회적 신분으로 인한 국가적 생활 영역에서의 차별 등이다.

(2) 합리적 차별 : 남자에게만 부과되는 병역의 의무, 여성의 생리 휴가, 미성년자 관람 불가, 누범 가중 처벌, 누진세 제도 등이다.

5) 헌법에 규정된 평등권의 구체적 내용

차별 대우 금지, 사회적 특수 계급 제도 금지, 특권 제도 금지, 교육의 기회 균등, 여성 근로자의 차별 금지, 혼인과 가족생활의 남녀평등, 선거에 있어서의 평등, 경제 질서의 사회적 평등, 지역 간의 균형발전 등이다.

제3절 자유권적 기본권

1. 신체의 자유(제12조, 제13조)

1) 의의

신체의 자유란 자신의 신체가 외부의 물리적 힘이나 정신적 위협으로부터 침해당하지 아니하며, 자신의 뜻대로 자기 몸을 다스릴 수 있는 자유를 말한다.

2) 형사실체법적 원리

(1) 죄형법정주의(제12조 제1항) : 모든 국민은 신체의 자유를 가진다. 누구든지 법률에 의하지 아니하고는 체포·구속·압수·수색 또는 심문을 받지 아니하며, 법률과 적법한 절차에 의하지 아니하고는 처벌·보안처분 또는 강제노역을 받지 아니한다.

(2) 이중처벌금지원칙(제13조 제1항) : 동일한 범죄에 대하여 거듭 처벌받지 아

니한다.

〈일사부재리의 원칙과 이중위험의 원칙〉

	일사부재리의 원칙(이중처벌금지)	이중위험금지의 원칙
연혁	대륙법상 원칙 (독일기본법 제103조 제3항)	영미법상 원칙 (미국수정헌법 제5조)
성격	실체적 효력: 기판력 (기판력이 발생한 사건에 대해 재차 심판 금지)	절차적 효력 (공판절차가 일정한 단계에 이르면 그 절차를 반복할 수 없음)
효력발생 시기	판결확정된 때	절차가 일정한 단계에 이를 때
주장	직권조사사항	본인의 주장이 필요하고, 포기도 가능 → 검사의 상소는 ×
대상	이중위험금지원칙보다 좁다	일사부재리원칙보다 넓다

(3) 연좌제금지(제13조 제3항) : 모든 국민은 자기의 행위가 아닌 친족의 행위로 인하여 불이익한 처우를 받지 아니한다.

2) 형사절차법적 원리

(1) 진술거부권(제12조 제2항) : 형사상 자기에게 불리한 진술을 강요당하지 아니한다.

(2) 영장주의(제12조 제3항) : 체포·구속·압수 또는 수색을 할 때에는 적법한 절차에 따라 검사의 신청에 의하여 법관이 발부한 영장을 제시하여야 한다.

(3) 변호인의 조력을 받을 권리(제12조 제4항) : 누구든지 체포 또는 구속을 당한 때에는 즉시 변호인의 조력을 받을 권리를 가진다.

(4) 고지제도(제12조 제5항) : 누구든지 체포 또는 구속의 이유와 변호인의 조력을 받을 권리가 있음을 고지 받지 아니하고는 체포 또는 구속을 당하지 아니한다.

(5) 구속적부심사제도(제12조 제6항) : 누구든지 체포 또는 구속을 당한 때에는 적부의 심사를 법원에 청구할 권리를 가진다.

(6) 자백의 증거능력 및 증명력 제한(제12조 제7항) : 피고인의 자백이 고문·폭행·협박·구속의 부당한 장기화 또는 기망 기타의 방법에 의하여 자의로 진술된 것이 아니라고 인정될 때 또는 정식재판에 있어서 피고인의 자백이 그에게 불리한 유일한 증거일 때에는 이를 유죄의 증거로 삼거나 이를 이유로 처벌할 수 없다.

(7) 무죄추정의 법리(제27조 제4항) : 형사피고인은 유죄의 판결이 확정될 때까지는 무죄로 추정된다.

(8) 적법절차원리(제12조 제1항 2문): 적법절차원리는 형사실체법과 절차법을 모두 기속하는 원리이다.

2. 사생활영역의 자유

1) 사생활의 비밀과 자유(제17조)

사생활의 비밀과 자유는 사생활의 내용을 보호하는데 이를 위해서는 공표된 개인의 사생활이 기본권 주체와 동일성을 갖는 것으로 판단될 수 있도록 구체적이고 그 침해의 정도가 일반적으로 수인의 한계를 넘은 것이어야 한다.

2) 주거의 자유(제16조)

주거의 자유는 개인의 사생활이 이루어지는 공간을 보호하는 것으로 그 보호영역에는 주택과 기능상 생활을 위한 공간을 포함한다. 모든 국민은 주거의 자유를 침해받지 아니한다. 주거에 대한 압수나 수색을 할 때에는 검사의 신청에 의하여 법관이 발부한 영장을 제시하여야 한다(제16조).

3) 통신의 자유(제18조)

통신의 자유는 개인의 의사전달과정을 보호하기 위한 기본권으로 통신의 내용·당사자·통신의 방법 등이 기본권 주체의 의사에 반하여 공개되는 것이 금지된다. 이에 대한 제한은 통신비밀보호법에 의한다.

4) 거주 · 이전의 자유(제14조)

거주·이전의 자유는 국가의 간섭을 받지 않고 개인의 생활공간을 자유로이 선택할 수 있는 권리이다. 이에는 국내에서 거주지를 자유로이 선택하고 바꿀 자유뿐 아니라 국외거주이전의 자유 및 해외여행의 자유가 포함된다.

3. 정신적 기본권

1) 양심의 자유(제19조)

양심의 자유는 인간의 도덕적·윤리적 내면영역을 보호하는 기본권으로 세계관·인생관·주의·신조 등은 물론 이에 이르지 않더라도 개인의 인격형성에 관계되는 내심에 있어서의 가치적·윤리적 판단(양심)을 보호한다.

(1) 가장 본질적인 내용은 양심의 형성이 외부의 간섭 없이 개인의 자유로운 결정에 의해서 이루어져야 한다는 것으로 이는 절대적 보호를 받는다.

(2) 또한 침묵의 자유가 인정되며 이로부터 양심추지의 금지와 양심에 반하는 행위의 강제가 금지된다. 헌재는 이를 근거로 사죄광고 강제를 위헌으로 본다.

(3) 일반적으로 양심실현의 자유는 포함되지 않는 것으로 보나 헌재는 포함된다고 보고 있다.

2) 종교의 자유(제20조)

종교의 자유는 피안의 세계에 대한 믿음과 그 실현행위에 국가가 간섭하는 것을 금지한다. 헌법은 이에 대한 제도보장으로 국교의 금지, 정치와 종교의 분리를 선언하고 있다.

3) 학문의 자유(제22조)

학문의 자유는 객관적인 방법론에 입각한 진리발견과정을 보호하기 위한 기본권으로 학문연구의 자유와 학문활동의 자유를 그 내용으로 한다.

4) 예술의 자유(제22조)

예술의 자유는 인간의 미를 추구하기 위한 감성적·심미적 활동을 보호하기 위한 기본권이다. 그 핵심적인 내용은 예술창작의 자유이며, 예술표현의 자유와 예술표현을 위한 집회·결사의 자유가 포함된다.

4. 표현의 자유

1) 언론·출판의 자유

(1) 언론·출판의 자유는 개별적인 표현행위에 대한 보호로 전통적인 표현의 자유이다.

(2) 언론의 자유의 실효적 보장을 위하여 알권리(정보수령+정보수집+정보공개)·액세스권(반론권)·보도의 자유가 파생되어 언론의 자유의 일부를 이룬다.

(3) 언론·출판의 자유의 사전억제(허가, 검열)는 금지된다.

(4) 헌법은 언론의 자유의 한계로 타인의 명예나 권리, 공중도덕 및 사회윤리를 열거한다.

2) 집회·결사의 자유(제21조)

(1) 집회의 자유란 공동의 목적을 가진 다수만이 자발적으로 일시적인 모임을 가질 수 있는 자유를 말한다. 한편, 집회 중에 집단적 시위가 포함되는가에 대하여 헌법재판소는 이러한 시위를 이동하는 집회로 보아 긍정하고 있다.

(2) 결사의 자유란 공동의 목적을 가진 다수인이 자발적으로 계속적인 단체를 조직할 수 있는 자유를 말한다. 자발적 단체라 볼 수 없는 공법상의 결사는 결사의 자유에 포함되지 않는다.

(3) 언론·출판의 자유가 개인적 권리의 성질을 가지는 것에 비해, 집회·결사의 자유는 언론·출판의 자유를 집단적인 측면에서 보완하는 집단적 표현의 자유라고 할 수 있다.

	언론 · 출판의 자유	집회 · 결사의 자유
의미	• 자기의 사상이나 지식을 언어나 문자 등을 통해 외부에 표현하는 자유 • 언론에 대한 검열은 원칙적으로 인정되지 않음	• 공동의 목적으로 다수인이 집합하고 결합하는 자유(집단적인 표현의 자유 보장) • 집회 · 결사에 대한 허가는 원칙적으로 인정되지 않음 → 옥외집회 및 시위는 사전 신고
공통점	건전한 여론 형성의 수단임	

제4절 경제적 기본권

1. 재산권보장(제23조)

1) 「모든 국민의 재산권은 보장된다.」

2) 재산권의 개념: 재산권이란 재산가치가 있는 사법상 · 공법상 권리이다. 공법상의 권리가 헌법상 재산권보장의 보호를 받기 위한 요건으로는 재산에 대한 개인의 사적인 유용성과 처분성이 인정되어야 하며 또한 개인 스스로의 노력에 의해 성취된 재산이어야 한다.

3) 공법상의 권리가 헌법상 재산권보장의 보호를 받기 위한 요건으로는 재산에 대한 개인의 사적인 유용성과 처분성이 인정되어야 하며 또한 개인 스스로의 노력에 의해 성취된 재산이어야 한다.

4) 재산권은 공공복리에 적합하도록 행사할 의무가 있고, 이에 기초한 「그(재산권) 내용과 한계는 법률로 정한다.」는 헌법 제23조 제1항 2문은 개별적 법률유보이다.

5) 재산권에 대한 수용 · 사용 혹은 그 밖의 형태의 제한이 이루어지는 경우 국가에게는 법률에 의한 정당한 보상을 할 의무가 부과되어 있다(제23조 제3항).

2. 직업선택의 자유(제15조)

1) 직업선택의 자유는 직업결정의 자유와 직업수행의 자유를 그 내용으로 한다.

2) 직업이란 생활의 기본적 요소를 충족시키기 위한 계속적인 소득활동을 의미하며 생활수단성, 계속성, 공공무해성(헌재는 부정한다)을 그 개념요소로 한다.

3) 단계이론에 의한 제한: 직업의 자유는 먼저 상대적으로 침해가 경미한 단계부터 제한하고 목적달성 불가능시 다음단계의 제한을 하는 방법에 의하는데 1단계로 직업수행의 자유 제한, 2단계로 주관적 사유에 의한 직업선택의 자유 제한, 3단계로 객관적 사유에 의한 직업선택의 자유 제한을 한다.

3. 소비자의 권리(제124조)

소비자가 인간다운 생활을 영위하기 위하여 공정한 가격으로 양질의 상품 또는 용역을 적절한 유통구조를 통하여 적절한 시기에 구입하거나 사용할 수 있는 권리이다. 헌법적 근거로 제10조를 든다.

제5절 정치적 기본권

1. 정치적 자유권

1) 정치적 표현의 자유
2) 정치적 활동의 자유로 정당의 자유와 선거운동의 자유를 갖는다.

2. 참정권

1) 직접참정권

직접참정권으로 국민발안, 국민표결, 국민소환권이 있는데 이는 간접민주제를 보완한다.

2) 국민투표권

(1) 헌법개정안에 대한 국민표결권

헌법개정안은 국회의 의결을 거친 후 국민투표로써 확정된다. 국민투표에 붙여진 헌법개정안은 국회의원 선거권자 과반수의 투표와 투표자 과반수의 찬성을 얻음으로써 개정이 확정된다(헌법 제139조 제1항 · 제2항).

(2) 국가안위에 관한 중요정책에 대한 국민표결권

대통령은 필요하다고 인정할 때에는 외교 · 국방 · 통일 기타 국가안위에 관한 중요정책을 국민투표에 붙일 수 있다(헌법 제72조).

3) 간접참정권

(1) 선거권 : 국민의 대표를 선출 할 수 있는 권리 → 18세 이상(공직선거법 제15조)

(2) 공무담임권 : 선거직 공무원(대통령, 국회의원 등) 피선거권, 공무원 피임명권

제6절 청구권적 기본권

1. 청원권(제26조)

청원권은 오늘날 권리구제수단으로서보다는 국가기관에 절차와 형식에 구애됨이 없이 의견을 표현하는 수단으로, 그리고 이를 통해서 국정에 대한 통제수단으로의 기능이 보다 강조된다. 청원은 문서의 형식으로 행하며, 이에 국가기관은 심사할 의무를 진다. 모든 국가기관에 대하여 모든 사항에 대해서 청원할 수 있으나, 재판에 간섭하거나, 타인을 모해하기 위해 허위사실을 청원하는 것은 금지된다.

2. 재판청구권(제27조)

1) 재판청구권은 법적 분쟁에 대한 판단이 중립적이고 독립된 국가기관에 의해서 공정하게 이루어지도록 보장하기 위한 기본권이다. 민사 · 형사 · 행정재판청구권과 아울러 헌법재판청구권을 포함한다.

2) 군사재판 : 특별법원인 군사법원에 의한 재판도 상고심을 대법원으로 하므로 합헌이다.

3) 배심재판 : 사실심이 아닌 법률심에 (법관이 아닌) 배심원이 관여한다면 위헌이다.

4) 대법원을 최종심으로 하지만 모든 사건에 대법원에 의한 재판을 받을 권리가 보장되는지는 입법정책의 문제일 뿐이다.
5) 신속한 권리구제와 공정성을 담보하기 위하여 신속한 공개재판을 받을 권리가 인정된다.
6) 형사피해자는 공판정에서의 진술권이 보장된다.

3. 형사보상청구권(제28조)

1) 형사보상청구권이란 형사피의자 또는 피고소인으로 구금되었던 자가 불기소처분이나 무죄판결을 받았을 때, 그가 입은 정신적·물리적 손실에 대한 보상을 청구할 수 있는 권리이다.
2) 범죄의 혐의가 있다는 이유로 구금되었으나 정식재판에서 혹은 그 밖의 절차를 통해서 무죄로 판명된 자는 국가에 대해서 희생에 대한 보상청구권을 갖는다. 그 보상은 정당한 보상이어야 한다.
3) 주체는 형사피의자·형사피고인 및 이들의 상속인이며 이들이 형사보상청구권을 행사하기 위해서는 구금되었어야 한다.

4. 국가배상청구권(제29조)

1) 헌법은 국가의 불법행위책임을 인정하여 공무원의 직무상 불법행위로 인하여 손해가 발생한 경우 개인에게 국가를 상대로 한 손해배상청구권을 보장하고 있다. 이때 공무원의 책임은 면제되지 않는다.
2) 군인·군무원·경찰공무원 등 특히 위험발생가능성이 높은 공무원에게는 국가배상청구권이 제한된다.

〈국가배상청구권과 손실보상청구권과의 비교〉

	국가배상청구권(헌법 제29조)	손실보상청구권(헌법 제23조)
발생원인	공무원의 직무상 불법행위, 영조물의 설치·관리의 하자 →위법한 행정작용	공권력이 사유재산에 대하여 특별한 희생을 가함 →적법한 행정작용

	국가배상청구권(헌법 제29조)	손실보상청구권(헌법 제23조)
대 상	재산상 손해 및 정신적 손해	원칙적으로 재산상 손실
기준시점	불법행위시	협의시나 재결시
정의관	평균적(원상회복)	배분적(조절적 보상)
기초이념 및 책임	개인주의사상에 입각한 개인적·도의적·과실책임	단체주의사상에 입각한 사회적 공평부담주의·무과실책임주의
전보기준	발생원인과 상당인과관계있는 모든 손해	헌법 제23조에 따른 정당한 보상
전보방법	일반 민사상 불법행위로 인한 손해배상방법에 의함	금전보상을 원칙으로 하나 현물·매수보상도 예외적으로 可
전보내용	재산상 손해 외에 정신적 손해도 가능	원칙적으로 재산상의 손해에 한함
청구절차	국가배상법·민사소송절차에 의함	각 법률에 따름. 협의불성립시나 재결 불복시 행정재송도 가능함.

5. 범죄피해자의 구조청구권(제30조)

타인의 범죄로 인해 생명을 잃거나 신체상 피해를 입은 국민이나 그 유족이 범인을 알지 못하거나, 알더라도 범인이 자력이 없는 경우 범죄피해자는 국가에 대하여 일정한 보상을 청구할 수 있는 권리를 가진다.

제7절 사회적 기본권

국민이 인간다운 생활을 확보하기 위하여 일정한 국가적 급부와 배려를 요구할 수 있는 헌법상의 권리로 헌재는 구체적 권리성을 인정한다.

1. 인간다운 생활을 할 권리(제34조)

인간다운 생활을 할 권리란 인간의 존엄성에 상응하는 건강하고 문화적인 생활을 영위할 권리를 말한다. 이를 위해 사회보장수급권이 인정된다.

2. 교육을 받을 권리(제31조)

모든 국민은 능력에 따라 균등하게 교육을 받을 권리가 있다. 교육의 권리는 인간의 존엄을 향유하기 위한 정신적 기초를 평등하게 보장하기 위한 기본권이다. 모든 국민은 그가 보호하는 자녀에게 최소한의 의무 교육을 받게 해야 한다.

3. 근로기본권

1) 근로의 권리(제32조)

헌법은 개인에게 독자적인 경제활동을 하기 위한 물질적 기반을 보장하기 위해서 근로의 권리를 보장하고 있다.

또한 국가는 근로자의 근로조건을 인간의 존엄성에 적합하도록 하여야 한다. 헌법은 국가로 하여금 적정임금제의 보장에 힘써야 하고 법률이 정하는 바에 의하여 최저임금제를 시행하여야 한다고 규정하고 있다(헌법 제32조 제1항 제2문).

여자와 소년의 근로는 특별한 보호를 받도록 하고 있다. 특히 여성에 대한 부당한 처우를 금하고 있다.

국가유공자 · 상이군경 및 전몰군경의 유가족은 법률이 정하는 바에 의하여 우선적으로 근로의 기회를 부여받는다.

2) 근로 3권(제33조)

헌법은 집단적인 노동자의 권리로 단결권 · 단체교섭권 · 단체행동권을 보장하고 있다.

여기에서 단결권은 근로자가 고용주와 대등한 지위에서 조합을 조직할 수 있는 권리를 말하고, 단체교섭권은 단체의 대표자가 사용주와 교섭할 수 있는 권리를 말하고, 단체행동권은 근로자가 근로조건을 유지·개선하기 위하여 단체적으로 파업·태업·시위운동을 할 수 있는 권리를 말한다.

공무원은 법률이 정하는 바에 의하여 근로3권을 가진다(헌법 제33조 제2항).

그리고 법률이 정하는 주요 방위 산업체에 종사하는 근로자의 단체행동권은 법률이 정하는 바에 의하여 이를 제한하거나 인정하지 않을 수 있다(헌법 제33조 제3항).

4. 환경권(제35조)

1) 헌법은 환경의 보전과 개선의 과제를 개인의 환경권을 보장하는 형태로 선언하는데 환경권의 본질은 환경보전을 위하여 국가에게 조성행위 의무를 부과하는데 있다.

2) 환경권을 둘러싼 분쟁은 환경오염행위가 갖는 파급효가 광역적으로 나타나고, 그로 인하여 소송당사자능력을 확정하고 또 인과관계를 증명하는데 어려움이 있다는 특성을 갖는다.

5. 혼인 · 가족 · 모성 · 보건에 관한 권리(제36조)

혼인과 가족의 보호에 관한 기본권은 자유권적 성격과 사회적 기본권의 성격을 갖는다. 이외에 모성보호와 국민이 자신과 가족의 건강을 유지하는데 필요한 국가적 급부와 배려를 요구할 수 있는 보건권이 인정된다.

제8절 국민의 기본적 의무

1) 국민의 기본적 의무란 국민이 국가구성원으로서 부담하는 여러 가지 의무 중에서 특히 헌법이 규정하고 있는 의무를 말한다.

2) 국민은 고전적인 기본적 의무로 납세의무(제38조)와 국방의무(제39조)를 지며, 현대적인 기본적 의무(권리실질화로서의 의무)인 재산권행사 공공복리 적합의무(제23조 제2항), 교육을 받게 할 의무(제31조 제2항), 근로의 의무(제32조 제2항), 환경보전의무(제35조 제1항)를 진다.

3) 납세의 의무의 주체는 원칙적으로 국민이며, 자연인만이 아니라 법인도 포함된다. 국방의 의무의 주체는 원칙적으로 한국국민이며 외국인은 포함되지 않는다. 교육을 받게 할 의무의 주체는 취학적령 어린이의 친권자나 보호자라고 보는 것이 일반적이며, 근로의 의무의 주체는 국민만이다. 따라서 외국인은 제외되며, 법인 역시 포함되지 않는다.

제4장 통치구조론

제1절 기본원리

1. 대의제 원리(국민대표주의)

대의제 원리란 주권자인 국민이 국가의사·국가정책을 직접결정하지 아니하고, 그들이 선출한 대표자로 하여금 대신 국가의사를 결정하게 하는 통치구조의 구성원리(국민대표제, 대표민주제, 대의민주제, 간접민주제, 의회민주제)를 말한다.

2. 권력분립의 원리

권력분립의 원리란 국가권력을 기능에 따라 입법권 · 집행권 · 사법권으로 분할하고, 이들 작용을 각각 분리 · 독립된 입법부 · 집행부 · 사법부에 귀속 · 분산시킴으로써, 권력이 집중되지 않게 함은 물론 권력 상호간에 견제와 균형(checks and balances)이 유지되도록 하는 통치구조의 구성원리(권력남용을 방지하고 기본권 보장을 용이하게 하기위한 통치구조의 조직원리를 말한다. 역사적으로 로크(Locke)는 입법권과 집행권의 2권분립론을, 몽테스키외(Montesquieu)는 입법권·행정권·사법권의 3권분립론을 주장하였다.

제2절 정부형태론

1. 정부형태의 분류

뢰벤슈타인은 전제주의적 정부형태와 입헌주의적 정부형태로 분류했는데 오늘날 의원내각제 · 대통령제(미국) · 신대통령제 · 반대통령제 · 이원정부제 · 의회정부제(회의제)로 분류한다.

〈대통령제와 의원내각제〉

대통령제	① 입법 행정의 상호견제 ② 입법 행정의 상호독립 ③ 행정부의 일원성 ④ 정부의 국회해산권이 없다 ⑤ 정부의 법률안 제출권이 없다 ⑥ 정부각료의 출석·발언권이 없다 ⑦ 정부각료와 국회의원 겸직불가 ⑧ 국무회의 자문(심의)기관
의원내각제	① 입법 행정이 상호융합 ② 입법 행정의 상호책임 ③ 행정부의 이원성 ④ 정부의 국회해산권이 있다 ⑤ 정부의 법률안 제출권이 있다 ⑥ 정부각료의 출석·발언권이 있다 ⑦ 정부각료와 국회의원 겸직가능 ⑧ 국무회의 의결기관

2. 우리나라의 정부형태

우리나라의 정부형태는 대통령제를 원칙으로 이에 의원내각제적 요소를 가미하고 있다.

1) 대통령제적 요소

원칙적으로 입법부와 행정부가 조직과 기능상 독립되며, 대통령은 국가의 원수이며 행정부의 수반으로서 국민에 의하여 직선되며 탄핵을 받지 않는 정치적 책임을 지지 않는다. 또한 최고통치권자의 지위에서 국가긴급권, 헌법개정안 발의권, 국민투표회부권을 갖는다.

2) 의원내각제적 요소

국무총리제를 두고, 국무회의가 헌법기관으로 되어 있는 점, 정부에게도 법률안제안권이 있는 점, 입법부와 행정부의 조직상 독립의 예외로서 국회는 대통령의 국무총리 임명에 대한 동의권을 갖고, 국무총리와 국무위원에 대한 해임건의를 대통령에게 할 수 있는 점, 정부위원이 국회에 출석하여 발언할 수 있는 점을 들 수 있다.

제3절 국회

1. 국회구성원리

1) 양원제

양원제란 의회가 두 합의체로 구성되고 두 합의체가 각기 독립하여 결정한 의사가 일치하는 경우에, 이것을 의회의 의사로 간주하는 의회제도를 말한다. 의안 심의에 신중할 수 있고 의회나 원내 다수파의 횡포를 방지하는 장점이 있으나, 비용이 많이 들고 책임소재가 불분명할 수 있다.

2) 단원제

단원제란 의회가 단일의 합의체로 구성되는 의회제도를 말한다. 신속하고 비용을 절감하며, 책임소재를 분명히 하지만 의안 심의에 경솔하기 쉽고, 파쟁과 부패가 일어나기 쉽다.

2. 국회의 헌법상 지위

국회는 국민의 대표기관으로서의 지위, 입법기관으로서의 지위, 국정의 통제기관으로서의 지위를 갖는다.

3. 국회의 조직

1) 의장단

국회는 의장 1인과 부의장 2인을 선출한다.

2) 위원회제도

(1) 그 소관사항에 관한 입법 기타의 의안을 예비적으로 심의하기 위하여 16개의 상임위원회를 설치한다.

(2) **특별위원회**: 국회는 수개의 상임위원회소관과 관련되거나 특히 필요하다고 인

정한 안건을 효율적으로 심사하기 위하여 본회의의 의결로 특별위원회를 둘 수 있다 특별위원회에는 예산결산특별위원회, 윤리특별위원회, 인사청문특별위원회가 있다.

(3) **연석회의** : 연석회의란 둘 이상의 위원회가 연석하여 개최하는 회의를 말하는 것으로서, 엄격한 의미의 독립된 위원회는 아니다. 의견진술과 토론을 할 수 있으나 표결은 할 수 없다(국회법 제63조).

(4) **전원위원회** : 「국회법」에 의하여 상임위원회제도의 역기능을 보완할 목적으로 의원전원으로 구성되는 전원위원회제도를 설치하였는 바, 위원회의 심사를 거치거나 위원회가 제안한 의안 중 정부조직법에 관한 법률안, 조세 또는 국민에게 부담을 주는 법률안 등 주요의안에 대하여 본회의 상정 전이나 상정 후에 재적의원 1/4이상의 요구가 있는 경우에는 의원전원으로 구성되는 전원위원회를 개회할 수 있다.

3) 교섭단체(국회법 제33조)

(1) 교섭단체란 원칙적으로 동일 정당의 소속의원들로 구성된 원내정당을 의미한다. 교섭단체의 목적은 의사의 능률을 위해서이다.

(2) 20인 이상의 소속의원을 가진 정당은 하나의 교섭단체가 된다. 정당 단위가 아니더라도 다른 교섭단체에 속하지 아니하는 20인 이상의 의원으로 교섭단체를 구성할 수 있다.

4. 국회의 회기 및 의사원칙

1) 국회의 회기는 정기회(매년 9월 1일 소집)와 임시회(수시집회)가 있다.

2) 국회의 의사원칙

(1) **일사부재의 원칙(국회법상 원칙)** : 회기중에 이미 의결한 문제에 대해서는 그 회기중에 다시 제출할 수 없다.

(2) **의사공개원칙:** 의사의 진행을 공개하여 국민의 비판과 감시를 받기 위해서이다.

(3) **회기계속원칙** : 국회에 제출된 법률안이나 기타 의안은 회기중에 의결되지 못한 이유로 폐기되지 아니한다.

(4) **정족수원리** : 의사정족수는 국회를 개회하기 위한 정족수이며 국회법에 의해 재적 4분의 1이상의 출석으로 개원한다. 의결정족수는 일반적으로 재적과반수의 출석과 출석과반수의 찬성에 의하고, 가부동수인 경우에는 부결된 것으로 본다. 이외에도 많은 특별정족수가 있다.

〈국회의 정족수〉

정족수	헌법 및 국회법의 규정
10인 이상	회의의 비공개발의 (국회법 제75조 제1항) 일반의안의 발의 (국회법 제79조 제1항)
20인 이상	국무총리, 국무위원, 정부위원에 대한 출석요구발의 (국회법 제121조 제1항) 윤리심사, 징계요구 (국회법 제156조 제3항) 의원의 석방요구 발의 (국회법 제28조) 의사일정의 변경 발의 (국회법 제77조) 교섭단체의 성립 (국회법 제33조)
30인 이상	자격심사의 청구 (국회법 제138조) 일반의안의 수정동의 (국회법 제95조 제1항) 위원회에서 폐기된 법률안 본회의 부의 (국회법 제87조 제1항)
50인 이상	예산안에 대한 수정동의 (국회법 제95조 제1항 단서)
재 1/5 이상	본회의·위원회 의사정족수 (국회법 제54조, 제73조 제1항) 기명·호명·무기명투표의 요구 (국회법 제112조 제2항)
재 1/4 이상	임시회소집 요구 (헌법 제47조 제1항) 국정조사 발의 (국감조법 제3조 제1항) 전원위원회 요구 (국회법 제63조의 2) 휴회 중 속개요구 (국회법 제8조 제2항)
재 1/3 이상	국무총리·국무위원에 대한 해임건의 발의 (헌법 제63조 제2항) 대통령 이외의 자에 대한 탄핵소추발의 (헌법 제65조 제2항)
출석의원 과반수	회의의 비공개 의결 (헌법 제50조 제1항)

정족수	헌법 및 국회법의 규정
재적의원 과반수, 출석의원 다수특표	임시의장, 상임위원장의 선거 (국회법 제17조 , 제41조 제2항) 예산결산특별위원회위원장, 윤리특별위원회위원장의 선거 (국회법 제45조 제4항) 의장, 부의장선거에 있어서 결선투표의 경우 (국회법 제15조 제3항) 국회에서 대통령 선출 (헌법 제67조 제2항)
재적의원 과반수	헌법개정안 발의 (헌법 제128조 제1항) 대통령에 대한 탄핵소추발의 (헌법 제65조 제2항 단서) 의장, 부의장의 선거 (국회법 제15조 제1항) 계엄의 해제 요구 (헌법 제77조 제5항) 국무총리 또는 국무위원 해임의결 (헌법 제63조 제2항) 국무총리 등 일반 탄핵소추의결 (헌법 제65조 제2항)
재적의원 과반수, 출석의원 2/3 이상	대통령이 회부한 법률안의 재의결 (헌법 제53조 제4항) 본회의, 위원회에서 번안동의의 의결 (국회법 제91조)
재적의원 2/3 이상	헌법개정안 (헌법 제130조 제1항) 의원의 제명 (헌법 제64조 제3항) 대통령에 대한 탄핵소추의 의결 (헌법 제65조 제2항) 의원자격상실의 결정 (국회법 제142조 제3항)

5. 국회의 권한

1) 입법권

헌법개정안의 제안·의결권, 법률안의 제안·심의·의결권, 조약의 체결·비준에 대한 동의권, 국회규칙제정권을 갖는다.

2) 재정권

(1) 재정에 관한 헌법원칙으로 재정의 민주화와 의회의결주의, 조세평등주의, 조세법률주의를 선언하고 있다.

(2) 재정권으로는 예산 및 추가경정예산의 심의·확정권, 계속비에 대한 의결권, 결

산심사권, 국채모집과 예산 외의 국가의 부담이 될 계약체결에 대한 의결권 등이 있다.

(3) 예산과 법률의 관계

		예 산	법 률
차이점	형식	예산의 형식(비법률)	법률(입법의 형식)
	절차	① 정부만이 제안 ② 정부동의없이 증액·신설 불가(삭감은 가능)	① 정부·국회의원(10인). ② 수정, 삭제 자유
	거부권	대통령의 거부권×	거부권 행사 可
	효력	① 당해회계연도만 →매년 1.1 ~12.31까지 ② 국가기관만 구속 ③ 의결로 효력발생(공고)	① 개폐시까지 유효 ② 국가와 모든 국민구속 ③ 공포한 날로부터 20일
	제출시한	회계연도 개시 90일 전까지	개폐시 까지
공통점	성립요건	국회의 의결	
	의결 정족수	* 재1/2출, 출1/2이상찬성 * 수정동의 : 법률안 수정동의 →30인 예산안 수정동의 →50인	

3) 국정통제권

(1) **국정조사, 감사권** : 의회가 입법 등에 관한 권한을 유효적절하게 행사하기 위해 특정한 국정사안에 대하여 조사할 수 있는 권한(국정조사권)과 매년 정기적으로 국정 전반에 대하여 감사할 수 있는 권한(국정감사권)이 있다.

(2) **탄핵소추권** : 국회는 탄핵의 소추를 의결할 수 있다.

(3) 국무총리·국무위원의 해임건의권

(4) 국무총리 등의 국회출석요구 및 질문권

4) 국회의 자율권

국회의 자율권이란 국회가 다른 기관의 간섭을 받지 않고 헌법·법률·국회규칙에 따라 의사와 내부 문제에 대하여 독자적인 결정을 할 수 있는 권한을 의미한다. 국회의 자율권으로 규칙제정권, 의원의 자격심사권, 의원의 윤리심사 및 징계권 등이 있으며 자율권에 대한 사법심사는 부정된다.

6. 국회의원의 특권

1) 면책특권

국회의원은 국회에서 직무상 행한 발언과 표결에 관하여 국회 외에서 책임을 지지 아니한다(제45조).

2) 불체포특권

국회의원은 현행범인인 경우를 제외하고는 회기중 국회의 동의 없이 체포 또는 구금되지 아니하며, 회기 중에 체포 또는 구금된 때에는 현행범인이 아닌 한 국회의 요구가 있으면 회기 중 석방된다(제44조).

제4절 정부

1. 대통령

1) 대통령의 지위

(1) 헌법상 지위

대통령은 국가의 원수로서 외국에 대하여 국가를 대표하며, 헌법상 국정의 최고책임자로서 입법·행정·사법에 우월한 지위를 갖는다. 또한 행정부수반으로서의 지위를 갖는다.

(2) 신분상 지위

① 대통령은 국민에 의해서 직접 선출되며, 임기는 5년이고 중임은 허용되지 않는다.

② **권한대행 :** 대통령이 궐위되거나 사고로 인하여 직무를 수행할 수 없는 경우에는 1차적으로 국무총리가 그 권한을 대행하고, 2차적으로는 법률에 정한 국무위원의 순으로 그 권한을 대행한다(제71조).

③ **형사상 특권 :** 대통령은 내란 또는 외환의 죄를 범한 경우를 제외하고는 재직 중 형사상의 소추를 받지 않으며, 탄핵심판에 의하지 아니하고는 임기 중 정치적 책임을 지지 않는 특권을 누린다(제65조 제4항).

2) 일반적 권한

대통령은 ① 국회의 입법과정에 관여하여 법률안제출권, 법률안거부권 등을 ② 행정부의 수반으로서 행정입법권, 공무원임명권, 국군통수권 등을 ③ 사법부에 관하여 재판관 등의 임명권, 사면권 등을 갖는다.

3) 비상적 권한

(1) 긴급재정경제처분 및 명령권과 긴급명령권(제76조)
(2) 계엄선포권(제77조)

4) 대통령의 권한행사방법 및 통제

대통령의 권한행사를 위해서는 문서주의, 부서, 제청제도, 국무회의의 심의, 자문기관의 자문, 국회동의와 승인을 요하는데 이는 통제방법으로도 작용한다.

2. 행정부

1) 국무총리

(1) 국무총리는 대통령을 보좌하고 국무회의의 부의장이 되며 행정에 관하여 대통령의 명을 받아 행정각부를 통할하며, 법률이나 대통령령의 위임 또는 직권으로 총리령을 발할 수 있다. 또한 대통령의 국법상 행위에 대해서 부서의 의무가 있으며, 국무위원의 임명에 대한 제청권과 해임건의권을 갖는다.

(2) 국무총리는 대통령이 국회의 동의를 얻어 임명하고, 군인은 현역을 면한 후가 아니면 국무총리로 임명될 수 없다.

(3) 국회는 국무총리의 해임을 건의할 수 있다.

2) 국무회의(제88조, 제89조)

(1) 국무회의는 정부의 권한에 속하는 중요한 정책을 심의하는 최고행정정책 심의기관으로 대통령·국무총리와 15인 이상 30인 이하의 국무위원으로 구성되며, 대통령은 국무회의의 의장이 되고 국무총리는 대통령을 보좌하고 국무회의의 부의장이 된다.

(2) 국무회의는 헌법 제89조에 규정된 사항을 심의하는데, 이러한 심의는 필수적이기는 하지만 대통령이 이 심의에 구속되지는 않는다.

3) 국무위원

(1) 국무위원은 국무회의의 구성원이며 국무총리의 제청에 의하여 대통령이 임명한다. 그 수는 15인 이상 30인 이하이며 군인은 현역을 면한 후가 아니면 임명될 수 없다.

(2) 국무위원은 국무회의의 구성원으로서 국무회의에 안건을 제출할 수 있으며, 출석하여 발언하고 심의에 참가하는 권한을 가진다.

(3) 대통령이 문서로써 하는 국법상 행위에 대하여는 부서할 권한과 책임이 있다.

4) 행정각부

행정각부는 대통령을 수반으로 하는 정부의 구성단위로서 대통령 또는 국무총리의 지위·통할하에 법률이 정하는 소관사무를 담당하는 중앙행정기관이며, 행정각부의 장은 법률이 정하는 바에 따라서 소관사무를 결정·집행할 수 있는 권한을 가지며, 또한 부령도 제정·공포하는 권한을 가진다. 행정각부의 장은 국무위원으로서 국무총리의 제청에 의하여 대통령이 임명하며 국무위원이 아닌 자는 행정각부의 장이 될 수 없다.

5) 감사원

감사원은 원장을 포함한 5인 이상 11인 이하의 감사위원(임기 4년)으로 구성되는 합의제기관으로 국가의 세입·세출의 결산, 국가 및 법률이 정한 단체의 회계검사와 행정기관 및 공무원의 직무에 관한 감찰을 하기 위하여 대통령의 소속하에 설치된 기관이다.

6) 자문기구

대통령의 자문에 응하기 위하여 국가원로자문회의, 국가안전보장회의, 민주평화통일자문회의, 국민경제자문회의를 두고 있다. 국가안전보장회의는 필수적 자문기구이나 나머지는 임의적 자문기구이다.

3. 선거관리위원회

선거와 국민투표의 공정한 관리 및 정당에 관한 사무를 처리하기 위하여 헌법상 필수적 합의제독립기관으로서 선거관리위원회를 둔다. 위원의 임기는 6년이며 연임이 가능하고 정치적 중립성이 보장된다.

제5절 사법부

1. 법원의 헌법상 지위

1) 사법기관으로서의 지위

사법권은 법관으로 구성된 법원에 속한다.

2) 중립적 권력으로서의 지위

행정권에 의한 자의적 침해와 의회의 다수파에 의한 부당한 입법으로부터 국민의 자유와 권리를 보장하기 위하여 사법권의 독립이 엄격히 확보되어야 한다.

3) 기본권과 헌법보장기관으로서의 지위

사법부는 국민의 기본권이 침해된 경우에 그 사법적 보장을 위한 기관이며, 또한 행정재판과 헌법재판을 통하여 원내다수파의 횡포와 그 자의적인 입법으로부터 헌법을 수호하는 기능을 담당한다.

2. 사법의 본질 및 의의

1) 사법작용의 본질

사법작용은 당사자간의 법적 분쟁을 제3자의 지위에서 공정하게 판단하여 개인의 권리를 보호하는 국가작용이다. 그런데 이러한 사법작용은 타국가작용과 달리 개인의 소송제기를 전제로 발동되는 작용이라는 점에서 수동적·소극적 국가작용이다.

2) 사법권의 범위

사법작용에는 민사·형사·행정재판뿐 아니라 헌법재판도 포함된다. 다만 우리 헌법은 헌법재판이 다른 재판과 달리 갖는 특유한 성격을 고려하여 헌법재판에 대해서는 따로 규율하고 있다. 이른바 민중소송은 우리 법질서에서는 허용되지 않는다.

3) 사법권의 한계

사법작용의 한계로는 이른바 통치작용에 대한 사법적 판단이 허용되는가 하는 문제가 있다.

대통령의 외교행위, 법률안에 대한 거부권행사, 대통령의 헌법기관구성행위 또는 헌법개정안 발의행위 등이 여기에 해당하고 대통령의 국가긴급권행사는 사법적 판단의 대상에서 제외되지 않는다.

3. 사법권의 독립

1) 법원의 독립

법원의 독립은 권력분립의 원리에 따라 공정한 재판을 사명으로 하는 법원이 그 조직 · 운영 및 기능면에서 입법부와 집행부 등으로부터 독립하여야 한다는 것을 의미한다.

2) 법관의 직무상 독립(물적 독립)

법관의 업무수행을 기속하는 것은 헌법과 법률 및 법관의 법적 양심이므로, 국회나 집행부는 물론 상급법원이 하급법원의 재판에 관여하는 것도 허용되지 않는다.

3) 법관의 신분상 독립(인적 독립)

법관은 임기제이며, 임기중 탄핵 또는 금고 이상의 형의 선고를 받지 않고는 파면되지 않으며, 징계처분에 의하지 아니하고는 정직·감봉 등 불이익처분을 받지 않도록 신분이 보장되어 있다(제106조).

4. 법원의 구성과 관할

법원은 대법원을 최고법원으로 하는 각급법원(고등법원, 특허법원, 지방법원, 행정법원, 가정법원)으로 구성된다. 군사법원 외에 특별법원을 둘 수 없으며, 군사법원의 상고심은 대법원이다.

5. 법관의 임기와 신분 보장

1) 법관은 대법원장, 대법관, 법관으로 구분된다.
2) 헌법 제103조와 제104조에 따라 대법원장은 국회의 동의를 얻어 대통령이 임명하고, 임기는 6년이며 중임 할 수 없다. 대법관은 대법원장의 제청으로 국회의 동의를 얻어 대통령이 임명하고 임기는 6년이며 연임할 수 있다. 대법관은 대법원장을 포함하여 14명으로 구성되며, 그 중 한명은 법원행정처장에 임명되고 재판에는 관여하지 않는다.
3) 판사는 인사위원회의 심의를 거치고 대법관회의의 동의를 받아 대법원장이 임명하며 임기는 10년이며 연임할 수 있다.

6. 재판에 관한 원칙

1) 심급재판의 원칙

심급제에 따라 3심제를 원칙으로 하여 합의부관할사건은 지방법원합의부 → 고등법원 → 대법원으로, 단독판사관할사건(소액사건 및 경미한 사건에 관한 소송)은 지방법원단독부 → 지방법원합의항소부 → 대법원으로 진행된다.

2) 재판공개의 원칙

재판의 공정과 소송당사자의 인권보장을 위하여 재판을 소송당사자 이외의 일반에게 공개를 원칙으로 한다. 법정은 공개되어 누구나 재판을 방청할 수 있다. 다만 국가안보나 미풍양속을 해칠 경우에는 재판관의 판단에 따라 비공개로 할 수도 있다(헌법 제109조 : 재판의 심리와 판결은 공개한다. 다만, 심리는 국가의 안전보장 또는 안녕 질서를 방해하거나 선량한 풍속을 해할 염려가 있을 때에는 법원의 결정으로 공개하지 아니할 수 있다).

7. 법원의 권한

1) 위헌법률심판제청권

법률이 헌법에 위반되는 여부가 재판의 전제가 된 경우에는 법원은 헌법재판소에 제청하여 그 심판에 의하여 재판한다.

2) 명령 · 규칙심사권

명령이나 규칙이 헌법이나 법률에 위반되는지 여부가 재판의 전제가 된 때에는 대법원은 이를 최종적으로 심사할 권한을 가진다.

3) 법정질서유지권

법정에서 질서를 유지하고 심판을 방해하는 행위를 배제하기 위한 법원의 권리이다.

제6절 헌법재판소

1. 헌법재판 일반론

1) 헌법재판소의 헌법상 지위

헌법재판소는 헌법보호기관으로서 헌법에 대한 최종적인 해석권을 갖는다. 헌법재판소는 헌법에 반하는 국가권력의 권한행사의 효력을 상실시킴으로서 권력통제기능을 수행하고, 이로써 개인의 기본권을 보호한다. 헌법재판소는 국회의 다수의사에 의하여 의결된 법률을 헌법에 위반하는가의 여부를 기준으로 심사하기 때문에 소수보호의 기능을 하기도 한다.

2) 헌법재판소의 조직

대통령이 임명하는 9인의 재판관으로 구성되는데 이중 3인은 국회에서 선출하는 자를, 3인은 대법원장이 지명하는 자를 임명하여야 한다. 헌법재판소 소장은 국회의 동의를 얻어 대통령이 임명한다. 재판관의 임기는 6년이며, 연임이 가능하다.

3) 운영원칙

헌법재판의 심리에는 변호사강제주의, 변론공개주의, 심판비용의 국가부담을 원칙으로 한다.

4) 헌법재판의 결정

결정유형에는 법률위헌결정, 탄핵결정, 정당해산결정, 권한쟁의결정, 헌법소원인용결정이 있는데 일반적으로 7인 이상의 출석으로 심리하고 과반수의 찬성으로 결정하나, 법률의 위헌결정, 탄핵결정, 정당해산결정, 헌법소원 인용결정, 종전에 판시한 헌법 또는 법률의 해석을 변경하는 경우에는 6인 이상의 찬성으로 한다.

2. 헌법재판소의 권한

1) 위헌법률심판권

(1) 법률이 헌법에 위반되는가의 여부가 재판의 전제가 되었을 때 법원이 직권으로 혹은 당사자의 신청에 의해서 위헌법률심판 제청을 함으로써 진행된다.

(2) 결정의 유형으로는 단순위헌결정과 단순합헌결정이 있는데 헌법재판소는 경우에 따라서

① 한정합헌과 한정위헌결정　　② 헌법불합치결정
③ 입법촉구결정　　④ 부분위헌결정
⑤ 일부위헌결정　　⑥ 위헌불선언결정
⑦ 조건부위헌결정 등의 변형결정을 내린다.

(3) 위헌결정은 국가기관을 기속하며, 결정시로부터 법률 또는 법률의 조항은 효력을 상실한다. 즉 원칙적으로 소급효를 갖지 않는다.

2) 탄핵심판권

국회가 공무원에 대한 탄핵소추를 하면 헌법재판소는 탄핵심판을 한다. 탄핵결정의

효력은 공직으로부터의 파면에 그친다. 그러나 탄핵의 결정으로 민사상의 책임이나 형사상의 책임이 면제되는 것은 아니다(헌법 제65조 제4항). 그런데 헌법재판소법 제54조 제2항은「탄핵결정에 의하여 파면된 자는 결정선고가 있는 날로부터 5년이 경과되지 아니하면 공무원이 될 수 없다.」라고 하여 공직취임제한 규정을 두고 있다.

3) 정당해산심판권

헌법 제8조 제4항은「정당의 목적이나 활동이 민주적 기본질서에 위배될 때에는 정부는 헌법 재판소에 그 해산을 제소할 수 있고, 정당은 헌법재판소의 심판에 의하여 해산된다.」라고 하여 헌법재판소의 정당해산심판권을 규정하고 있다. 헌법재판소는 9인의 재판관 중 6인 이상의 찬성으로써 정당의 해산을 명하는 결정을 할 수 있다(헌법 제113조 제1항). 해산 결정의 효력은 ① 당해정당은 해산되고 대체정당의 창설은 금지된다(정당법 제40조). ② 해산정당의 재산은 국고에 귀속된다(정당법 제48조 제2항). ③ 해산된 정당의 소속 국회의원의 자격이 상실되는가에 대해서는 법률의 규정이 없으나 헌법재판소는 2014년 12월 19일 재판관 8(인용) : 1(기각)의 의견으로 소속 국회의원은 의원직을 상실한다는 결정을 선고하였다.

4) 권한쟁의심판

국가기관상호간, 국가기관과 지방자치단체간 및 지방자치단체상호간에 권한의 존부 또는 범위에 관하여 다툼이 있을 때 당해 기관의 청구에 대하여 헌법재판소는 정당한 관할권을 판정한다.

5) 헌법소원심판권

헌법소원이란 국민의 헌법상의 권리가 공권력의 행사 또는 불행사로 인하여 직접 그리고 현실적으로 침해된 경우 최종적으로 헌법재판소에 제소하여 구제를 청구하는 제도를 말한다. 이에는 공권력(입법, 행정, 사법 등)의 행사 또는 불행사로 인하여 국민의 기본권이 침해된 경우에 그 구제를 청구할 수 있는 권리구제형 헌법소원과 법률의 위헌 여부의 제청신청이 기각된 경우에는 당사자가 그 제청신청이 기각된 날로부터 14일 이내에 헌법소원형태로 위헌법률심사를 제청할 수 있는 위헌심사형 헌법소원이 있는데, 그 청구를 위하여는 다른 법률의 모든 구제절차를 거친 후에야 가능하고 공권력의 행사라도 법원의 재판은 원칙적으로 그 대상에서 제외된다.

제3편

행정법

제1장 행정법의 기본개념
제2장 행정법의 주요내용

제3편 행정법

제1장 행정법의 기본개념

제1절 행정법의 의의

1. 행정법의 개념

1) 실질적 의미의 행정

실질적 의미의 행정이란 입법부가 행하느냐 사법부가 행하느냐를 구별하지 않고 실질적으로 법을 집행하는 행정을 의미한다.

2) 형식적 의미의 행정

형식적 의미의 행정이란 행정부에 의해 행해지는 국가작용을 의미하는 것으로서, 그 실질에서는 입법에 속하거나 사법에 속하는 것도 행정이라고 할 수 있다.

3) 행정법의 의의

행정에 관한 법으로서 행정법은 국가 또는 공공단체의 조직, 권한 및 기관 상호간의 관계를 규율하거나, 국가 또는 공공단체라는 행정주체와 개인인 행정객체 사이에 생기는 행정상의 법률관계를 규율하는 법규범의 총체를 의미한다.

2. 행정법의 법원

행정법의 법원이란 행정법의 인식근거 또는 행정에 관한 실정법의 존재형식을 의미한다. 행정법은 원칙으로 성문법의 형식으로 존재하지만 불문의 형식으로도 존재한다.

1) 성문법

성문법이란 문자로 기록된 법원을 뜻한다.

(1) 헌법

행정법은 헌법을 구체화한 법이다. 특히 헌법 제11조의 평등원칙과 헌법 제37조 제2항에서 나오는 비례원칙 등은 행정에도 적용되는 규정으로 행정법 최상의 법원이다.

(2) 법률

식품위생법, 도로교통법 등과 같이 국회가 제정한 법 또는 법률이라는 명칭을 가진 법을 말한다.

(3) 행정입법

대통령령, 국무총리령, 부령 등을 말한다.

(4) 자치입법

조례, 규칙 및 교육규칙 등이 있다.

2) 불문법

불문법이란 문자로 기록되지 않은 법을 뜻한다.

(1) 관습법

관습법이란 문자로 기록된 것은 아니지만, 일정 사실들이 장기간 반복되어 국민들의 법적 확신에까지 이르게 된 사실을 말한다.

(2) 판례법

판례법이란 판례에서 동일한 원칙이 반복되어 사람들이 그러한 원칙을 법적인 것으로 확신하게 된 경우, 그러한 원칙들을 말한다.

(3) 조리

조리란 사물필연의 이치로서 국가로부터 승인을 받은 사회생활의 원리를 말하는데, 신의성실 · 공서양속 · 사회통념 · 정의 등으로 표현된다.

3. 행정법의 특성과 일반원칙

1) 행정법의 특성

(1) 행정법은 규정의 형식면에서는 법적 안정성의 보장을 위하여 성문법을 원칙으로 하고, 보충적으로 불문법을 그 형식으로 한다.
(2) 행정법은 규정의 성질면에서는 모든 사람을 대상으로 하는 획일성과 부과된 의무의 강제적 실현을 도모하는 강행성을 특성으로 한다.
(3) 규정의 내용면에서는 행정주체의 우월적 지위가 강조되는 권력적 관계가 원칙이 된다.

2) 행정법의 일반원칙

행정법의 일반원칙으로는 비례의 원칙, 평등의 원칙과 행정의 자기구속의 원칙, 신뢰보호의 원칙, 부당결부금지의 원칙 등이 있다.

(1) 비례의 원칙

비례의 원칙이란 행정목적 실현을 위한 구체적 수단의 선택에 있어서 달성하고자 하는 공익과 이로 인해 제한되는 개인의 권리 사이에 일정한 비례관계가 존재하도록 하여야 한다는 원칙(광의)으로 과잉금지의 원칙이라고도 한다.

(2) 평등의 원칙

평등원칙이란 행정작용에 있어서 특별한 합리적 사유가 없는 한 국민을 공평하게 처우하여야 한다는 말한다. 이는 비례원칙과 함께 재량권 행사를 한계지우는 중요한 기능을 한다.

(3) 행정의 자기구속의 원칙

행정의 자기구속의 법리란 재량권의 행사에 있어 행정청은 상대방에 대하여 동종사안에 있어서 제3자에게 행한 결정에 구속된다는 것을 말한다.

(4) 신뢰보호의 원칙

신뢰보호의 원칙이란 행정기관의 일정한 언동의 정당성 또는 존속성에 대한 개인의 보호가치 있는 신뢰는 보호해 주어야 한다는 원칙을 말한다.

(5) 부당결부금지의 원칙

부당결부금지의 원칙이란 행정작용을 행함에 있어 이와 실질적인 관련이 없는 상대방의 반대 급부와 결부시켜서는 안된다는 것을 말한다.

제2절 행정상 법률관계

1. 행정상 법률관계의 당사자

행정법관계도 법률관계이므로 권리의무의 귀속주체로서 행정을 행하는 주체와 그 대상이 되는 객체라는 대립하는 두 당사자가 있어야 한다. 행정권의 담당자인 당사자를 행정주체라 하고, 국가·공공단체와 행정사무를 위임받은 사인이 이에 속한다. 행정권 발동의 대상이 되는 당사자를 행정객체라 하고, 공공단체와 사인이 이에 속한다.

2. 행정상 법률관계의 내용

행정상 법률관계는 공법관계와 사법관계로 구분된다.

1) 공법관계

공법이 적용되는 법률관계를 공법관계라 한다. 공법관계는 권력관계와 관리관계로 구별된다.

(1) 권력관계

공권력주체로서의 행정주체가 우월적인 지위에서 국민에 대하여 일방적인 조치를 취하는 관계를 말한다.

(2) 관리관계

행정주체가 사인과 대등한 관계에서 공행정을 수행함에 있어서 국민과 맺는 관계를 말한다.

2) 사법관계

행정주체가 사인과 같은 지위에서 국민과 맺는 관계를 말한다. 사법관계는 국고관계와 행정사법관계로 구분된다.

(1) 국고관계

행정주체가 일반 사인과 같은 지위에서 사법상의 행위를 함에 있어 사인과 맺는 관계를 말한다.

예) 행정에 필요한 물품의 구매계약, 청사·도로·교량의 건설도급계약, 국유재산의 매각, 수표의 발행, 금전차입을 들 수 있다.

(2) 행정사법관계

행정주체가 사법상의 재산권의 주체로서 사법형식에 의해 공행정작용을 수행함에 있어서 국민과 맺는 관계를 말한다.

예) 행정주체가 공행정작용인 전기, 수도의 공급을 사법상 계약에 의해 행하는 경우

제2장 행정법의 주요내용

제1절 행정작용법

1. 행정작용법

행정작용법이란 행정주체가 행정목적을 달성하기 위하여 행하는 법률적·사실적 작용에 관한 법을 말한다.

2. 행정입법

1) 의의

행정입법이란 행정기관이 일반 · 추상적인 규정을 정립하는 작용 또는 그에 따라 정립된 규범을 말한다.

2) 종류

(1) 법규명령

행정기관이 정립하는 일반·추상적인 규범으로서 대외적 구속력을 가지는 것을 말한다. 법규명령에는 대통령의 긴급재정·경제명령과 긴급명령, 대통령령, 시행규칙인 총리령·부령 등이 있다.

(2) 행정규칙

행정조직 내부에서의 행정의 사무처리기준으로서 제정된 일반적·추상적 규범을 말한다. 행정규칙은 조직규칙, 영조물규칙, 근무규칙, 행정통제규칙, 규범구체화 행정규칙 등이 있다.

3. 행정행위

1) 의의

행정행위란 강학상의 용어로 행정주체가 법 아래서 구체적인 사실에 대한 법 집행행위로서 하는 공권력의 발동으로서의 단독적 공법행위를 말한다.

2) 종류

(1) 법률행위적 행정행위

① 의의

법률행위적 행정행위란 행정청의 의사표시를 구성요소로 하고 의사표시 내용대로 효과가 발생하는 행위를 말한다.

② 명령적 행정행위

㉠ 의의 : 명령적 행정행위란 행정행위의 상대방에 대하여 국민의 자유와 관련된 일정한 의무를 과하거나 이미 과해진 의무를 해제하는 것을 내용으로 하는 행정행위를 말한다.

㉡ 종류 : 행정객체로 하여금 작위·부작위·수인·급부 등의 의무를 명하는 행정행위인 하명, 법규에 의한 일반적 금지(의무)를 특정한 경우에 해제하여 적법하게 사실상 또는 법률상 일정한 행위를 할 수 있도록 자유의 상태를 회복시켜 주는 행정행위인 허가, 법령 또는 하명에 의하여 과해진 의무(작위의무·

수인의무 · 급부의무)를 특정한 경우에 해제하는 행정행위인 면제가 있다.

③ **형성적 행정행위**

㉠ **의의** : 형성적 행정행위란 행정객체에서 특정한 권리·능력 또는 포괄적 법률관계 기타의 법률상의 힘을 형성시키는 행정행위를 말한다.

㉡ **종류** : 특정인에 대하여 새로운 권리·능력 또는 포괄적 법률관계를 설정하는 행정행위인 특허, 행정주체와 직접관계가 없는 다른 법률관계의 당사자의 법률행위를 보충하여 그 법률상 효력을 완성시켜 주는 행정행위인 인가, 행정주체의 공권력에 의거한 행위로서, 제3자가 해야 할 일을 행정주체가 행함으로써 제3자가 행한 것과 같은 효과를 일으키는 행정행위인 공법상 대리가 있다.

※ 특허법상의 특허는 준법률행위적 행정행위로서 확인에 해당한다.

(2) 준법률적 행정행위

① **의의**

준법률행위적 행정행위란 의사표시가 아닌 판단, 관념, 인식 등의 단순한 정신작용을 요소로 하고 효과는 법정되어 있는 행위를 말한다.

② **종류**

㉠ **확인**: 확인이란 특정의 사실이나 법률관계에 관하여 의문이 있거나 다툼이 있는 경우에 공적 권위로써 그 존부나 정부를 확인하는 행위를 말하며, 확인에 해당하는 예로서는 발명특허, 국가시험합격자 결정, 소득세부과를 위한 소득금액결정, 도로구역결정 등이 있다.

㉡ **공증**: 공증이란 특정의 사실이나 법률관계의 존부를 공적으로 증명하여 공적 증거력을 부여하는 행위를 말하며, 공증에 해당하는 예로서는 부동산등기부나 토지대장 등에의 등재, 합격증서발급, 여권발급행위, 인감증명서 발급행위 등이 있다.

㉢ **통지**: 통지란 특정인 또는 불특정다수인에게 특정사실을 알리는 행위를 말하며, 통지에 해당하는 예로서는 토지사용에 있어서의 사업인정의 고시, 대집행의 계고, 납세의 독촉 등을 들 수 있다.

㉣ **수리**: 수리란 일정한 서류의 제출이 형식적 요건을 갖춘 경우에 행정기관이 이를 유효한 행위로서 받아들이는 행위를 말하며, 예로서는 사직원의 수리, 혼인신고서의 수리, 행정심판의 수리 등을 들 수 있다.

3) 효력

(1) **구속력** : 구속력이란 행정행위가 그 내용에 따라 당사들에게 대해 법적 효력을 발생하는 힘을 말한다.

(2) **공정력** : 공정력이란 행정행위에 하자가 있는 경우에 무효가 아닌 한, 권한 있는 기관에 의하여 취소되기 전에는 행정행위의 상대방이나 이해관계인들을 절차법적으로 구속하게 하는 힘을 말한다.

(3) **구성요건적 효력** : 구성요건적 효력이란 행정행위의 존재사실 그 자체가 다른 국가기관의 결정에 대하여 미치는 효력을 말한다.

(4) 존속력

① **불가쟁력이란** 행정행위에 대해 행정심판이나 행정소송과 같은 부복수단의 제기가 인정되는 경우에, 이를 제기하기 위한 일정한 법정기간 경과함으로 인하여 당사자로 하여금 더 이상 다투지 못하게 하는 존속력을 말한다. 이를 형식적 존속력이라고도 한다.

② **불가변력이란** 행정행위의 내용 측면에서 인정되는 존속력으로서, 처분청 등 행정기관의 직권에 의하여도 사후변경행위인 취소나 철회가 허용되지 않는 효력이 발생하는 것을 말한다. 이를 실질적 존속력이라고도 한다.

(5) 강제력

① **의의** : 강제력이란 행정행위를 통하여 사인에게 명하여진 특정의무가 이행되지 않는 경우에, 행정행위의 실효성을 확보하기 위한 차원에서 인정되는 효력을 말한다.

② **내용** : 의무이행을 강제하여 사실상 의무가 이행되는 상태를 실현하는 집행력과 의무위반이라는 사실에 착안하여 이에 대해 일정한 제재를 가하는 제재력이 있다.

4) 부관

(1) 의의 : 행정행위의 효과를 제한 또는 보충하기 위하여 행정기관에 의하여 주된

행정행위에 부가되는 종적인 규율을 부관이라고 한다.

(2) 유형

① **조건 :** 조건이란 행정행위의 효력의 발생 또는 소멸을 불확실할 장래의 사실의 성부에 따르게 하는 행정청의 의사표시를 말하며, 조건이 붙은 행정행위를 조건부행정행위라고 한다. 조건은 행정행위의 효력의 발생을 장래 발생할 것이 불확실한 사실의 성부에 따르게 하는 정지조건과 행정행위의 효력의 소멸을 장래 발생할 것이 불확실한 사실의 성부에 따르게 하는 해제조건으로 구분된다.

② **기한 :** 기한이란 법률행위의 효력의 발생·소멸 및 채무의 이행을 장래의 확정적인 사실에 좌우시키는 법률행위의 부관을 말하며, 기한의 종류에는 법률행위의 효력의 발생 또는 채무의 이행시기를 정하는 시기와, 법률행위의 효력의 소멸을 정하는 종기, 기한의 내용이 되는 사실의 발생시기가 확정되어 있는 확정기한과, 발생시기가 확정되어 있지 않는 불확정기한이 있다.

③ **부담 :** 부담이란 행정행위의 주된 내용에 결부하여 상대방에게 작위, 부작위, 급부 등의 의무를 부과하는 부관으로서 주로 수익적 행정행위를 대상으로 한다. 부담은 본체인 행정행위의 일반적인 효력 또는 효과를 제한하는 구실을 하는 것이 아니라, 부담 그 자체가 하나의 행정행위로서 그 존속만이 본체인 행정행위에 의존할 뿐이라는 특색이 있다.

④ **철회권의 유보 :** 철회권의 유보란 행정행위의 부가하여 특정한 사정이 발생한 경우에 행정행위를 철회할 수 있는 권한을 유보하는 부관을 말한다.

⑤ **부담유보 :** 부담유보란 행정행위에 대해 부관으로서 부담을 사후적으로 추가, 변경, 보충할 수 있는 권한을 미리 유보하는 부관을 말한다.

5) 행정행위의 흠(하자)

행정행위의 효력을 저해하는 사정을 말한다.

(1) 행정행위의 무효

① **의의**

무효인 행정행위라 함은 외관상으로는 행정행위로서 존재하고 있음에도 불구하고 그 흠이 중대하고 명백함으로 말미암아 권한 있는 기관의 취소를 요하지 아니하고 처음부터 당연히 그 법률적 효과를 전혀 발생하지 아니하는 행위를 말한다.

② **효력**

처분 등이 무효 또는 부존재인 경우에는 공정력(公定力, 유효성 추정)이 없고 처음부터 효력이 없으므로 상대방이나 기타 이해관계인은 무효를 전제로 곧바로 현재의 법률관계에 관한 주장(부당 이득 반환 청구, 공무원 보수 지급 청구 등)을 할 수 있다. 그러나 무효인 경우에도 처분의 외관이 존재함으로써 행정청에 의해 집행될 우려가 있다. 따라서 상대방 또는 이해관계인은 처분의 무효임을 공적으로 확인받을 제도 장치가 필요한 것이다.

(2) 행정행위의 취소 : 행정행위의 취소란 그 성립에 흠이 있음에도 불구하고 예선적 효력(豫先的 效力, 유효성 추정)의 결과로서 권한 있는 행정청 또는 법원의 취소가 있을 때까지는 유효한 행정행위로서 그 효력을 지속하는 행위를 말한다.

(3) 행정행위의 부존재 : 행정행위의 부존재란 행정행위가 그 성립요건의 어떤 중요한 요소를 전혀 결여함으로써 법률효과를 발생할 수 없으며, 행정행위로서 성립조차 못한 경우를 말한다.

6) 법규명령의 한계와 행정규칙의 효력

행정부의 입법작용 중에서 위임명령(법규명령)은 구체적으로 범위를 정할 것이 요구되며(백지위임의 금지), 상위법령의 수권 없이 스스로 정립한 행정규칙(행정명령)은 법규성이 부인되고 재판규범성과 법원성도 인정되지 않는다.

7) 공법상 계약과 행정지도

공법적 효과의 발생을 목적으로 하는 복수당사자의 동일방향의 의사의 합치에 의하여 성립되는 법률행위를 공법상 계약이라 하며 이에는 임의적 공용부담이나 공법상 보조금 교부 등이 있다. 행정기관이 행정목적의 달성을 위하여 상대방의 임의의 협력을 기대하여 행하는 비권력적 사실행위를 행정지도라 한다.

8) 행정계획

행정주체가 일반적으로 달성해야 할 목표 및 그 실현을 위한 과정이나 재정상 기타 수단을 포함한 행정의 지침을 정하는 행위를 말한다.

4. 행정벌

1) 개념

행정벌이란 행정의 상대방이 행정법상 의무를 위반한 경우에 국가 또는 지방자치단체가 행정의 상대방에 과하는 행정법상의 제제로서의 처벌을 말한다.

2) 구별개념

(1) 행정조사와의 구분

행정벌은 과거의 의무위반에 대한 제재를 목적으로 하는 점에서 단순히 자료획득을 위한 행정조사와 목적을 달리한다.

(2) 행정상 강제집행이나 행정상 즉시강제와 구분

행정벌은 과거의 의무위반에 대한 제재로서 처벌을 내용으로 하나, 행정상 강제집행은 불이행한 의무를 이행시키는 것을 내용으로 하고, 행정상 즉시강제는 의무를 명함이 없이 행정항 필요한 상태를 현실로 실현시키는 것을 내용으로 한다.

3) 종류

(1) 행정형벌

행정형벌은 행정상의 의무를 위반하여 형법에 형명(刑名)이 있는 형벌을 과하는 것으로, 행정형벌을 과할 때는 원칙적으로 형법총칙의 규정이 적용된다.

(2) 행정질서벌

행정질서벌은 행정법상 의무위반에 대한 제재로서, 행정상의 질서에 장애를 줄 우려가 있는 의무 위반자에 대하여 과태료가 과하여지는 것이다.

제2절 행정절차법과 정보공개법

행정절차를 법으로 규율하여 구속적 행정결정이 내려지기 이전에 다양한 언론을 통하여 이해관계를 갖는 자들을 참여시키는 것을 목적으로 행정절차법이, 헌법상 국민의 알 권리를 구체화하기 위하여 행정주체가 관리하는 정보나 의사결정과정을 주민의 청구로 공개하기 위한 목적으로 공공기관의 정보공개에 관한 법률이 마련되어 있다.

제3절 행정구제법

1. 행정구제의 의의

행정구제란 행정기관이 작용으로 자신의 권리나 이익이 침해되었거나 침해될 것으로 주장하는 자가 행정기관이나 법원에 원상회복, 손해전보 또는 당해 행정작용의 취소나 변경을 청구하거나 기타 피해구제 등을 청구하고 이에 대하여 행정기관 또는 법원이 이를 심리하여 권리나 이익의 보호에 관한 결정을 내리는 것을 말한다.

2. 사전적 구제제도와 사후적 구제제도

1) 사전적 구제제도

(1) 행정절차

행정절차란 행정작용을 함에 있어서 거치게 되는 일련의 절차로 말하며, 행정작용의 발령절차, 행정심판절차, 그 집행절차가 포함된다.

(2) 청원

청원은 국민이 국가에 대하여 불만 또는 희망을 개진하고 시정을 요구하는 기본권의 하나로서 국가는 청원에 대하여 심사할 의무를 진다(헌법 제26조). 이에 관한 법률로서 "청원법"이 있다.

(3) 옴부즈만 제도

옴부즈만 제도란 의회에서 임명된 옴부즈만을 통하여 행정기관의 활동을 감시하고 위법적인 행정작용을 적발하여 의회에 보고함으로써 국민의 권익보호에 기여하는 제도를 말한다.

2) 사후적 구제제도

(1) 행정상의 손해전보제도

행정상 손해전보제도란 국가 또는 공공단체의 작용에 의하여 국민에게 발생한 손해 또는 손실을 전보하여 주는 제도를 말한다. 행정상 손해전보 제도는 행정상 손해배상과 손실보상이 있다.

① **행정상 손해배상제도:** 국가 등 행정기관이 위법한 행정작용으로 인하여 발생한 손해에 대하여 국가 등이 행정기관이 배상하여 주는 제도를 말한다.

② **행정상 손실배상제도:** 행정기관의 적법한 공권력 행사로 인하여 개인에게 발생한 특별한 희생에 대하여 사유재산권의 보장과 전체적인 평등부담의 차원에서 행해지는 재산적 보상제도를 말한다.

(2) 행정상의 쟁송제도

행정쟁송이란 행정법상 법률관계에 있어서 분쟁이 생겼을 때 심리·판단하는 절차를 말한다. 행정쟁송은 행정기관이 심리 판단하는 행정심판과 법원이 심리·판단하는 행정소송을 포함한다.

① **행정심판**

㉠ 의의 : 행정심판이란 행정청의 위법 · 부당한 행정처분이나 기타 공권력의 행사 · 불행사로 인하여 권리나 이익을 침해당한 자가 행정기관에 대하여 그 시정을 구하는 절차를 말한다.

㉡ 종류

ⓐ 취소심판

취소심판이란 행정청의 위법 또는 부당한 처분의 취소 또는 변경을 하는 심판을 말한다. 취소심판은 행정심판의 가장 대표적인 심판이다.

ⓑ 무효등 확인심판

무효등 확인심판이란 행정청의 처분의 효력 유무 또는 존재여부에 대한 확인을 하는 심판을 말한다. 무효등 확인 심판에는 취소심판과는 달리 청구기간이나 사정재결에 관한 규정이 적용되지 아니한다(행정심판법 제27조 제7항, 제44조 제3항).

ⓒ 의무이행심판

의무이행 심판이란 행정청의 위법 또는 부당한 거부처분이나 부작위에 대하여 일정한 처분을 하도록 하는 심판을 말한다.

의무이행심판은 행정청의 소극적인 행위로 인한 침해로부터 국민의 권익보호를 목적으로 한다.

② 행정소송

㉠ 의의 : 행정소송이란 행정작용으로 인해 위법하게 권리나 이익을 침해받은 자의 권익보호신청을 전제로 하여, 중립적인 지위에 있는 사법기관인 법원에 의해서 행해지는 쟁송절차를 말한다.

㉡ 종류

ⓐ 항고소송

항고소송이란 행정청의 처분 등이나 부작위에 대하여 제기하는 소송을 말한다(행정소송법 제3조 제1호). 항고소송은 취소소송, 무효등확인소송, 부작위위법확인소송 등 3가지로 나누고 있다(행정소송법 제4조).

ⓑ 당사자소송

당사자소송이란 행정청의 처분 등을 원인으로 하는 법률관계에 관한 소송, 그 밖에 공법상의 법률관계에 관한 소송으로서 그 법률관계의 한쪽 당사자를 피고로 하는 소송을 말한다(행정소송법 제3조 제2호).

ⓒ 민중소송

민중소송이란 국가 또는 공공단체의 기관이 법률에 위배되는 행위를 한 때에 사인이 직접 자기의 법률상 이익과 관계없이 그 시정을 구하기 위하여 제기하는 소송을 말한다(행정소송법 제3조 제3호).

민중소송은 법률적 쟁송에 해당하지 않으므로 법률에 명시적 규정이 있는 경우이만 허용된다(행정소송법 제45조) 일반 선거인이 제기하는 선거소송(공직선거법 제222조)과 일반 투표인이 제기하는 국민투표 무효소송(국민투표법 제92조)이 이에 속한다.

ⓓ 기관소송

기관소송이란 국가나 공공단체의 기관 상호간에 있어서의 권한의 존부 또는 그 행사에 관한 다툼이 있을 때에 제기하는 소송을 말한다(행정소송법 제3조 제4호).

제4절 행정조직법

행정권의 주체인 국가 또는 공공단체의 조직, 즉 그 기관의 설치·구성 및 권한 등에 관한 법을 말한다.

1. 국가행정조직법과 지방자치법

1) 국가행정조직법

국가행정조직의 개념에는 국가의 행정을 담당하는 모든 기관을 의미하는 광의의 개념과 국가의 행정에 관하여 국가의 의사를 결정하고 표시하는 기관인 행정기관을 의미하는 협의의 개념이 있다.

2) 지방자치법

지방자치법 특별행정법의 한 영역으로서 고찰할 때에는 지방자치에 관한 법적 문제 연구를 대상으로 하는 개별 행정법을 의미하며, 법의 내용에 따라서 고찰할 때에는 지방자치단체의 법적 지위, 조직과 기관의 구성, 그 의사결정과정, 자치권 행사의 범위와 그 형식 등에 관하여 규율하는 공적 법규의 총체를 의미한다.

(1) 지방자치단체의 장의 권한

① **사무의 관리집행권**

② **소속직원에 대한 감독권 및 임면권**

③ **하부 행정기관에 대한 권한 :** 당해 지방자치단체에 속하는 하부행정기관에 대해서 임명권과 감독권을 행사할 수 있다.

④ **재정에 관한 권한 :** 지방자치단체장은 채권발행과 채무부담 등의 행위를 할 수

있고, 예산 및 결산에 관한 권한을 행사한다.

⑤ **규칙제정권 :** 지방자치단체장은 법령이나 조례가 위임한 범위안에서 그 권한에 속하는 사무에 관하여 규칙을 제정할 수 있다.

⑥ **주민투표부의권**

(2) 지방의회의 권한

① **의결권 :** 지방의회는 지방자치단체의 주요사항에 대한 의결권을 갖는다.

② **집행기관에 대한 통제권 :** 지방의회는 행정사무감사와 조사권, 출석·답변 요구권, 서류제출요구권이 있다.

③ **의견제출권 :** 지방의회는 집행기관의 사무처리와 관련하여 비구속적인 성질의 의견을 제시할 수 있고, 당해 지방자치단체에 이해관계를 갖는 주요사무와 관련하여 국가의 행정기관에 대하여 의견을 진술할 수 있다.

④ **조직과 운영에 관한 자율권**

2. 행정기관

1) 행정기관의 의의

행정기관이란 행정주체인 국가나 지방자치단체 등의 행정조직을 구성하는 기본단위를 말한다.

2) 행정기관의 종류

(1) 행정관청

행정관청이란 행정주체를 위하여 그 의사를 결정하며 국민에 대해 표시할 수 있는 권한을 가진 행정기관을 말한다.

(2) 의결기관

의결기관이란 행정주체의 의사를 결정함에 그치고 이를 외부에 표시할 권한은 없는 행정기관을 말한다. 의결기관은 행정의사의 공정하고 신중한 결정을 위해 설치된 것으로 행정청이 아니기에 취소소송 등의 피고가 될 수 없다. 의결기관의 예는 지방자치단체의 교육위원회, 행정심판위원회 등이 있다.

(3) 보조기관

보조기관이란 행정조직의 내부기관으로서 행정청의 권한행사를 보조하는 것을 임무로 하는 행정기관을 말한다. 즉 행정각부의 차관·차관보, 국장·과장·계장 등이 있다.

(4) 자문기관

자문기관이란 행정청에 대하여 의견을 제시하는 것을 임무로 하는 행정기관을 말한다.

(5) 보좌기관

보좌기관이란 장관이 특히 지시하는 사항에 관하여 장관과 차관을 직접 보좌하기 위하여 차관보를 둘 수 있으며, 중앙행정기관에서 그 기관의 장·차관·차장·실장·국장 밑에 정책의 기획, 계획의 입안, 연구·조사, 심사·평가 및 홍보 등을 통하여 그를 보좌하는 기관을 말한다.

(6) 집행기관

집행기관이란 행정청의 명을 받아 행정청이 발한 의사를 집행하여 행정상 필요한 상태를 실현하는 기관을 말한다.

3. 공무원법

1) 공무원의 의의

공무원이란 일반적으로 국가나 지방자치단체에 대하여 공법적인 직무관계에 있는 사람을 총칭하는 개념으로 사용된다.

2) 공무원의 분류

(1) 국가공무원

국가공무원이란 국가공무원법상에 규정된 공무원을 말한다. 따라서 이에는 국가공무원법 규정에 따라 경력직 공무원과 특수경력직 공무원으로 나뉜다.

① **경력직 공무원**은 그 특성상 실적과 자격에 의하여 임명되고 그 신분이 보장되며, 원칙적으로 정년이 보장될 것이 예정되는 공무원을 말하며, 일반직 공무원, 특정직 공무원, 기능직 공무원이 해당된다.

② **특수경력직 공무원**은 정무직 공무원, 별정직 공무원, 계약직 공무원 및 고용직 공무원이 해당된다.

(2) 지방공무원

지방공무원이란 지방자치단체의 경비로써 부담되는 공무원으로서 지방공무원법상에 규정된 공무원을 말한다.

3) 공무원의 징계

(1) 징계의 의의

징계란 공무원의 의무위반 또는 비행이 있는 경우에 공무원관계의 질서를 유지하기 위하여 과하여지는 제재를 의미한다.

(2) 징계의 사유

① 공무원이 ㉮ 국가공무원법 및 국가공무원법에 따른 명령을 위반한 경우, ㉯ 직무상의 의무(다른 법령에서 공무원의 신분으로 인하여 부과된 의무를 포함한다)를 위반하거나 직무를 태만히 한 때, ㉰ 직무의 내외를 불문하고 그 체면 또는 위신을 손상하는 행위를 한 때에는 징계 의결을 요구하여야 하고 그 징계 의결의 결과에 따라 징계처분을 하여야 한다.

② 징계에 관하여 다른 법률의 적용을 받는 공무원이 국가공무원법의 징계에 관한 규정을 적용받는 공무원으로 임용된 경우에 임용 이전의 다른 법률에 따른 징계 사유는 그 사유가 발생한 날부터 국가공무원법에 따른 징계 사유가 발생한 것으로 본다.

③ 징계의결등의 요구는 징계 등의 사유가 발생한 날부터 3년(금품 및 향응 수수, 공금의 횡령·유용의 경우에는 5년)이 지나면 하지 못한다.

(3) 징계의 종류

징계는 파면·해임·강등·정직·감봉·견책으로 구분한다(국가공무원법 제79조).

① 파면과 해임은 공무원의 신분을 박탈하는 점에서 공통하나, 파면은 연금이 제한되어 지급된다는 점에서 연금에는 영향이 없는 해임과 다르다. 징계로 파면처분을 받은 때부터 5년이 지나지 아니한 자, 징계로 해임처분을 받은 때부터 3년이 지나지 아니한 자는 공무원에 임용될 수 없다(국가공무원법 제33조).

② 강등은 1계급 아래로 직급을 내리고(고위공무원단에 속하는 공무원은 3급으로

임용하고, 연구관 및 지도관은 연구사 및 지도사로 한다) 공무원신분은 보유하나 3개월간 직무에 종사하지 못하며 그 기간 중 보수의 3분의 2를 감한다(국가공무원법 제80조 제1항).

③ 정직은 1개월 이상 3개월 이하의 기간으로 하고, 정직 처분을 받은 자는 그 기간 중 공무원의 신분은 보유하나 직무에 종사하지 못하며 보수의 3분의 2를 감한다(국가공무원법 제80조 제3항).

④ 감봉은 1개월 이상 3개월 이하의 기간 동안 보수의 3분의 1을 감한다(국가공무원법 제80조 제4항).

⑤ 견책은 전과에 대하여 훈계하고 회개하게 한다(국가공무원법 제80조 제5항).

제 4 편

민 법

제1장 민법총칙
제2장 재산법
제3장 가족법(친족 · 상속법)

제4편 민법

제1장 민법총칙

제1절 민법의 의의

1. 민법

민법은 실질적 의미와 형식적 의미로 구분해 볼 수 있다. 실질적 의미의 민법이란 개인 상호간의 사적 생활관계를 규율하는 법이다. 형식적 의미로는 성문의 민법전을 말한다.

2. 민법의 구성

성문민법전은 제1편 총칙(제1조~제184조), 제2편 물권(제185조~제372조), 제3편 채권(제373조~제766조), 제4편 친족(제767조~996조), 제5편 상속(제997조~제1118조)로 구성되어 있다. 이렇게 우리민법이 따르는 총칙과 각칙의 체계로 짜여져 있는 것을 판덱텐체계 내지는 독일식 체계라 하는데, 이 체계는 전체를 유기적 결합관계에 따라 논리적 체계적으로 연관시키고 있으므로 어느 정도 공부가 되면 법의 명쾌함이 단번에 파악되게 하는 장점이 있지만, 처음 공부하는 초심자에게는 논리적 체계의 복잡성에 빠져 헤매게 하는 단점이 있다.

반면에 사람에 관한 법, 물건에 관한 법, 소송에 관한 법으로 짜여진 체계를 인스티투찌오넨식 또는 프랑스식 체계라 한다.

재산법은 합리적, 타산적, 이익사회적, 계수성이 농후하다는 특징이 있는 반면 가족법은 비합리적, 토속적, 습속성, 보수적, 공동사회적이고 계수성이 미약하다는 특징을 갖는다.

3. 민법의 지도원리와 수정

1) 근대민법의 지도원리

(1) 소유권 절대의 원칙

소유권 절대의 원칙이란 개인의 소유재산에 대하여 완전하고 배타적인 지배권을 인정하는 원칙을 말한다. 사유재산 자유의 원칙이라고도 한다. 따라서 국가나 사인은 어떤 명목으로든지 소유권을 제한하거나 간섭해서는 아니된다.

(2) 법률행위 자유의 원칙

법률행위 자유의 원칙이란 개인의 법률관계를 그의 자유로운 의사에 의해 형성할 수 있다는 원칙을 말한다. 이 원칙은 계약에서 중요성을 가지므로 계약자유의 원칙이라고도 한다.

이 계약자유의 원칙에 따라 계약당사자는 다음과 같은 선택의 자유가 부여된다. ① 계약체결의 여부의 자유, ② 계약 상대방 선택의 자유, ③ 계약내용결정의 자유, ④ 계약방식의 자유 등이다.

(3) 과실책임의 원칙

과실책임의 원칙이란 개인은 고의 또는 과실로 위법하게 타인에게 가한 손해에 대해서만 책임을 진다는 원칙을 말한다. 자기책임의 원칙이라고도 한다. 계약자유의 원칙이 적극적으로 개인의 활동의 자유를 보장하는 것이라면, 과실책임의 원칙은 소극적으로 이를 보장해 주려는 것이다.

2) 지도원리의 현대적 수정

(1) 소유권 공공의 원칙소유권의 사회적 구속성이 강조되어 소유권자유의원칙은 권리남용 금지의 법리에 의하여 그 자의적 행사가 억제되고 사적소유권과 공공복리의 조정이 중요하게 되었다.

(2) 계약공정의 원칙

계약자유의 원칙이 공서양속, 공정한 법률행위, 신의성실의 원칙 속에서만 유지되고 이러한 사회적 기준에 이르지 못하는 계약은 성립하지 못한다.

(3) 무과실책임의 원칙

과실책임의 원칙의 원칙에 있어서도 기업의 경우 고의·과실을 묻지 않고 손해배상 책임을 부담하게 하는 무과실 책임이 인정되고 있다.

제2절 권리의 주체 · 객체

1. 권리일반

권리란 이익을 향수하기 위하여 법이 인정하는 힘으로 ① 내용에 따라 재산권, 인격권, 가족권, 사원권으로 ② 작용에 따라 지배권, 청구권, 형성권, 항변권으로 ③ 의무자에 따라 절대권, 상대권으로 ④ 권리주체와의 관계에 따라 일신전속권과 비전속권으로 ⑤ 성립요건의 성부에 따라 완성권과 기대권으로 나누어 볼 수 있다.

2. 신의성실의 원칙

1) 의의

사회공동생활체의 일원으로서 서로 상대방의 신뢰를 헛되이 하지 않도록 성의있게 행동하여야 한다는 원리이다. 민법 제2조에 규정되어 직접적으로는 권리행사자유의 한계, 간접적으로는 권리의 공공성과 사회성을 인정하는 의미를 갖는다.

2) 연혁적으로 로마법에서 유래하는데 채권법에서의 원리로 시작되었지만 민법전체로, 공 · 사법전반으로 확장되어 일반화 되었으며 사법의 최고원리, 일반조항적 성질, 강행규정성을 갖는다.

3) 파생원칙

파생원칙으로는 사정변경의 원칙과 실효의 원칙을 들 수 있으며 특히 제2조 제2항 권리남용금지의 원칙과는 표리의 관계에 있어 민법의 최고이념으로서 공통점을 갖지만 발생사적으로는 신의칙은 채권법에서, 권리남용금지의 원칙은 물권법에서 주로 기능한다는 차이점이 있다.

(1) 사정변경의 원칙

사정변경의 원칙이란 법률행위의 전제가 된 어떤 상황이 처음부터 존재하지 않거나 변경 혹은 소멸된 경우에 법률행위의 효력을 그대로 관철시키는 것이 상대방에게 부당한 결과를 초래할 경우에 계약을 수정하거나 해제·해지할 수 있다는 원칙을 말한다.

(2) 실효의 원칙

권리자가 실제로 권리를 행사할 수 있는 기회가 있어서 그 권리행사의 기대 가능성이 있었음에도 불구하고 상당한 기간이 경과하도록 권리를 행사하지 아니하여 의무자인 상대방으로서도 이제는 권리자가 권리를 행사하지 아니할 것으로 신뢰할 만한 정당한 기대를 가지게 된 다음에 새삼스럽게 그 권리를 행사하는 것이 법질서 전체를 지배하는 신의성실의 원칙에 위반하는 것으로 인정되는 결과가 될 때에는 실효의 원칙에 따라 그 권리의 행사가 허용되지 않는다.

3. 권리의 주체

권리를 향유하고 의무를 부담하는 자를 권리의 주체라고 한다. 권리능력이란 권리의 주체가 될 수 있는 법률상의 지위 또는 자격을 의미하며 민법상 권리의 주체에는 자연인과 법인이 있다.

1) 자연인

(1) 권리능력

사람은 생존한 동안 권리와 의무의 주체가 된다(제3조).

① 시기

사람은 출생에 의하여 권리능력을 취득하는데 출생이 완료된 시기는 태아가 모체로부터 전부 노출된 때(전부노출설)이다.

태아는 불법행위로 인한 손해배상청구 · 재산상속 · 유증 등의 경우에 예외적으로 권리능력이 인정된다.

외국인의 경우에도 원칙적으로 내국인과 동일한 권리능력을 갖는데 광업권, 선박소유권, 특허권, 토지소유권 등의 일정한 경우에는 권리능력이 부인 또는 제한된다.

② 종기

사망에 의하여 권리능력을 상실하는데 사망시기는 맥박이 정지된 때(맥박종지설)이다.

(2) 의사능력

의사능력이란 자기 행위의 의미나 결과를 인식·판단함으로써 법률행위를 체결하는데 필요한 정상적인 의사결정을 할 수 있는 정신능력 또는 판단능력을 말한다.

(3) 행위능력

① 의의

행위능력이란 단독으로 완전 유효한 법률행위를 할 수 있는 능력을 말한다. 이러한 행위능력을 가지지 못한 자를 행위제한능력자라 한다.

② 제한능력자

㉠ 미성년자

ⓐ 미성년자란 만 19세 미만의 자를 말하며 미성년자가 법률행위를 함에는 법정대리인이 행하거나 법정대리인의 동의를 얻어야 한다(제4조, 제5조 제1항).

ⓑ 법정대리인의 동의 없이 미성년자가 단독으로 한 법률행위는 법정대리인은 물론 미성년자도 취소할 수 있다(제5조 제2항).

ⓒ 예외적으로 ⅰ) 권리만을 얻거나 의무만을 면하는 행위, ⅱ) 범위를 정하여 처분을 허락한 재산의 처분, ⅲ) 영업이 허락된 미성년자가 그 영업에 관하여 하는 행위, ⅳ) 대리행위, ⅴ) 유언행위(만 17세 이상), ⅵ) 법정대리인의 허락을 얻어 회사의 무한책임사원이 된 미성년자가 그 사원자격에서 한 행위, ⅶ) 근로계약 체결과 임금의 청구 ⅷ) 미성년자 자신이 법정대리인의 동의 없이 행한 법률행위를 취소하는 행위 등을 단독으로 할 수 있다.

ⓓ 이러한 미성년자도 혼인하면 성년에 달한 것으로 본다.

㉡ 피성년후견인

ⓐ 피성년후견인은 질병, 장애, 노령, 그 밖의 사유로 인한 정신적 제약으로 사무를 처리할 능력이 지속적으로 결여된 사람으로서 일정한 자(본인, 배우자, 4촌 이내의 친족, 미성년후견인, 미성년후견감독인, 한정후견인, 한

정후견감독인, 특정후견인, 특정후견감독인, 검사 또는 지방자치단체의 장)의 청구에 의하여 가정법원으로부터 성년후견개시의 심판을 받은 자를 말한다(제9조).

ⓑ 피성년후견인은 가정법원이 다르게 정하지 않는 한 원칙적으로 종국적·확정적으로 유효하게 법률행위를 할 수 없으며, 그의 법률행위는 원칙적으로 취소할 수 있다. 따라서 법정대리인인 성년후견인의 동의를 얻지 않고 한 행위뿐만 아니라 동의를 얻고서 한 행위도 취소할 수 있다.

ⓒ 예외적으로 i) 가정법원은 취소할 수 없는 피성년후견인의 법률행위의 범위를 정할 수 있다(제10조 제2항). 그리고 가정법원은 본인, 배우자, 4촌 이내의 친족, 성년후견인, 성년후견감독인, 검사 또는 지방자치단체의 장의 청구에 의하여 제2항의 범위를 변경할 수 있다(제10조 제3항). 이와 같이 취소할 수 없는 범위를 정한 경우에는 그 범위에서는 피성년후견인의 법률행위라도 취소할 수 없다. ii) 일용품의 구입 등 일상생활에 필요하고 그 대가가 과도하지 아니한 법률행위는 성년후견인이 취소할 수 없다.

㉢ 피한정후견인

ⓐ 피한정후견인은 질병, 장애, 노령, 그 밖의 사유로 인한 정신적 제약으로 사무를 처리할 능력이 부족한 사람으로서 일정한 자(본인, 배우자, 4촌 이내의 친족, 미성년후견인, 미성년후견감독인, 성년후견인, 성년후견감독인, 특정후견인, 특정후견감독인, 검사 또는 지방자치단체의 장)의 청구에 의하여 가정법원으로부터 한정후견개시의 심판을 받은 자를 말한다(제12조).

ⓑ 피한정후견인은 원칙적으로 종국적·확정적으로 유효하게 법률행위를 할 수 있다. 즉 피한정후견인은 원칙적으로 행위능력을 가진다. 다만, 가정법원이 피한정후견인으로 하여금 한정후견인의 동의를 받아야 할 행위의 범위를 정한 경우에는 예외이다.

ⓒ 가정법원은 피한정후견인이 한정후견인의 동의를 받아야 하는 행위의 범위를 정할 수 있다(제13조 제1항). 이를 한정후견인의 동의권의 유보라고 한다. 가정법원은 본인, 배우자, 4촌 이내의 친족, 한정후견인, 한정후견감독인, 검사 또는 지방자치단체의 장의 청구에 의하여 한정후견인의 동의를 받아야만 할 수 있는 행위의 범위를 변경할 수 있다(제13조 제2항). 한정후견인의 동의를 필요로 하는 행위에 대하여 한정후견인이 피한정후견인의 이익이 침해될 염려가 있음에도 그 동의를 하지 아니하는 때에는 가정법원은 피

한정후견인의 청구에 의하여 한정후견인의 동의를 갈음하는 허가를 할 수 있다(제13조 제3항). 한정후견인의 동의가 필요한 법률행위를 피한정후견인이 한정후견인의 동의 없이 하였을 때에는 그 법률행위를 취소할 수 있다. 다만, 일용품의 구입 등 일상생활에 필요하고 그 대가가 과도하지 아니한 법률행위에 대하여는 그러하지 아니하다(제13조 제4항).

㉣ 피특정후견인

ⓐ 피특정후견인은 질병, 장애, 노령, 그 밖의 사유로 인한 정신적 제약으로 일시적 후원 또는 특정한 사무에 관한 후원이 필요한 사람으로서 일정한 자(본인, 배우자, 4촌 이내의 친족, 미성년후견인, 미성년후견감독인, 검사 또는 지방자치단체의 장)의 청구에 의하여 가정법원으로부터 특정후견의 심판을 받은 자를 말한다(제14조의2 제1항). 피특정후견인은 1회적 · 특정적으로 보호를 받은 점에서 지속적 · 포괄적으로 보호를 받는 피성년후견인 · 피한정후견인과 차이가 있다.

ⓑ 특정후견은 1회적 · 특정적 보호제도이므로 후견의 개시와 종료를 별도로 심판할 필요가 없다.

ⓒ 특정후견의 심판이 있어도 피특정후견인은 행위능력에 전혀 영향을 받지 않는다.

㉤ 제한능력자의 상대방 보호 : 제한능력자의 상대방은 거래의 안전과 신속을 도모하기 위하여 확답촉구권 · 철회권 · 거절권 등이 인정된다.

ⓐ 상대방의 확답촉구권

i) 제한능력자의 상대방은 제한능력자가 능력자가 된 후에 그에게 1개월 이상의 기간을 정하여 그 취소할 수 있는 행위를 추인할 것인지 여부의 확답을 촉구할 수 있다. 능력자로 된 사람이 그 기간 내에 확답을 발송하지 아니하면 그 행위를 추인한 것으로 본다(제15조 제1항).

ii) 제한능력자가 아직 능력자가 되지 못한 경우에는 그의 법정대리인에게 촉구를 할 수 있고, 법정대리인이 그 정하여진 기간 내에 확답을 발송하지 아니한 경우에는 그 행위를 추인한 것으로 본다(제15조 제2항).

iii) 특별한 절차가 필요한 행위는 그 정하여진 기간 내에 그 절차를 밟은 확답을 발송하지 아니하면 취소한 것으로 본다(제15조 제3항).

ⓑ 상대방의 철회권과 거절권

i) 철회권 : 제한능력자가 맺은 계약은 추인이 있을 때까지 상대방이 그

의사표시를 철회할 수 있다. 다만, 상대방이 계약 당시에 제한능력자임을 알았을 경우에는 그러하지 아니하다(제16조 제1항).

ii) 거절권 : 제한능력자의 단독행위는 추인이 있을 때까지 상대방이 거절할 수 있다(제16조 제2항).

iii) 철회와 거절의 의사표시는 제한능력자에 대하여도 할 수 있다(제16조 제3항).

ⓒ 제한능력자의 속임수 : 제한능력자가 속임수로써 자기를 능력자로 믿게 한 경우, 미성년자나 피한정후견인이 속임수로써 법정대리인의 동의가 있는 것으로 믿게 한 경우에는 그 행위를 취소할 수 없다(제17조).

(4) 주소

① 의의

주소란 생활의 근거가 되는 곳으로 동시에 두 곳 이상 둘 수 있다. 정주의 의사는 요하지 않는다. 우리나라는 주소에 대하여 실질주의·객관주의·복수주의를 취한다.

② 구별개념

㉠ 거소는 사람과 장소의 밀접한 정도가 주소만 못한 곳을 말하며 주소를 알 수 없으면 거소를 주소로 본다(제19조).

㉡ 가주소란 생활의 근거되는 곳은 아니지만 거래의 편의를 위해 당사자가 설정한 것으로 어느 행위에 있어서 가주소를 정한 때에는 그 행위에 관하여는 가주소를 주소로 본다(제20조).

㉢ 주민등록지란 본적지 이외에서 30일 이상 거주할 목적으로 일정한 장소에 주소 또는 거소를 갖는 자가 주민등록법에 의해 등록한 장소로서 반증이 없는 한 주소로 추정된다.

(5) 부재와 실종

① 부재

㉠ **부재자:** 부재자란 종래의 주소나 거소를 떠나 쉽사리 돌아올 가망이 없는 자를 말한다.

㉡ **부재자의 재산관리:** 부재자가 재산관리인을 정하지 않은 때 또는 부재 중 권한이 소멸한 때에는 이해관계인 또는 검사가 (가정)법원에 청구하여 (가정)법원이 재산관리에 필요한 처분을 명하는 것으로, 본인이 그 후에 재산관리인

을 정한 때에는 법원은 본인, 재산관리인, 이해관계인 또는 검사의 청구에 의하여 명령을 취소하여야 한다.

② **실종:** 실종이란 사람의 소재 및 생사를 알 수 없는 생사불명의 상태를 말한다.

㉠ 실종선고

ⓐ 부재자로서 일정기간(보통실종: 5년, 특별실종: 1년)의 생사불명 상태가 계속될 때 이해관계인·검사가 청구하여 가정법원의 선고로 사망한 것으로 간주하는 제도이다(제27조 제1항).

ⓑ 전지에 임한 자, 침몰한 선박 중에 있던 자, 추락한 항공기 중에 있던 자 기타 사망의 원인이 될 위난을 당한 자의 생사가 전쟁종지 후 또는 선박의 침몰, 항공기의 추락 기타 위난이 종료한 후 1년간 분명하지 아니한 때에도 법원은 이해관계인이나 검사의 청구에 의하여 실종선고를 하여야 한다(특별실종: 제27조 제2항).

ⓒ 효 과: 실종기간 만료시 사망한 것으로 본다(제28조).

㉡ 실종선고의 취소

ⓐ 원칙(제29조 제1항 본문): 실종자의 생존한 사실 또는 전조의 규정과 상이한 때에 사망한 사실의 증명이 있으면 법원은 본인, 이해관계인 또는 검사의 청구에 의하여 실종선고를 취소하여야 한다. 그러나 실종선고 후 취소 전 선의로 한 행위(잔존배우자의 재혼, 상속인의 재산처분)의 효력에 영향을 미치지 않는다(제29조 제1항 단서).

ⓑ 실종선고의 취소가 있을 때에 실종의 선고를 직접 원인으로 하여 재산을 취득한 자가 선의인 경우에는 그 받은 이익이 현존하는 한도에서 반환할 의무가 있고 악의인 경우에는 그 받은 이익에 이자를 붙여 반환하고 손해가 있으면 이를 배상하여야 한다(제29조 제2항).

(6) 사망

① **동시사망의 추정:** 2인 이상이 동일한 위난으로 사망한 경우에는 동시에 사망한 것으로 추정한다(제30조). 이는 수인이 각각 다른 위난으로 사망한 경우에 준용된다.

② **인정사망:** 인정사망이란 사망의 확률이 대단히 높은 수난이나 화재 기타 사변에 있어서 사망의 확증이 없으나 사망한 것이 거의 확실한 경우 이를 조사한 관공서의 보고에 따라 사망한 것으로 인정하는 제도를 말한다.

2) 법인

(1) 의의 및 종류

① **의의:** 자연인 이외의 자로서 법에 의하여 권리능력이 인정된 자이다. 법인에는 공법인(국가, 공공단체)과 사법인(사단법인, 재단법인)이 있는데 공법인은 사법의 규율을 받지 않고 사법인만 사법의 규율을 받는다. 우리민법은 법인설립에 대하여 준칙주의, 인가주의, 허가주의, 특허주의, 강제주의를 취한다.

② **종류**

㉠ 사단법인: 사단법인이란 법인의 실체가 일정한 목적을 위하여 결합된 사람의 단체를 말한다. 경비업법에 의하면 경비업은 법인이 아니면 영위할 수 없으므로 경비협회도 법인으로서 민법의 사단법인에 관한 규정이 준용된다(경비업법 제22조 제4항).

㉡ 재단법인: 재단법인이란 법인의 실체가 일정한 목적을 위하여 바쳐진 재산인 경우를 말한다.

㉢ 영리법인과 비영리법인: 영리법인이란 영리를 목적으로 하는 법인이다. 그러므로 용역경비업체는 영리사단법인에 해당한다. 이에 반하여 비영리법인이란 학술·종교·자선·기예 및 그 밖의 공익 등을 목적으로 하는 사단 또는 재단으로 주무관청의 허가를 얻어 이를 법인으로 할 수 있는데 한국경비협회는 비영리사단법인에 속한다.

㉣ 공법인과 사법인: 공법인이란 그 설립 및 관리에 관하여 국가의 공권력이 관여하는 법인 이며 사법인이란 주로 경제적 목적을 위한 사적 또는 자치적인 조직체가 되는 법인이다.

<table>
<tr><td rowspan="6">법 인</td><td rowspan="5">내국법인</td><td rowspan="3">사단법인</td><td colspan="2">비영리 사단법인</td></tr>
<tr><td rowspan="2">영리사단법인</td><td>민사회사(제39조)</td></tr>
<tr><td>상사회사(상법)</td></tr>
<tr><td rowspan="2">재단법인</td><td colspan="2">비영리재단법인</td></tr>
<tr><td colspan="2">사립학교법인(사립학교법)</td></tr>
<tr><td colspan="4">외국법인</td></tr>
<tr><td colspan="5">권리능력 없는 사단·재단/중간(특수)법인</td></tr>
</table>

③ **법인의 능력**

㉠ **권리능력:** 법인은 법률의 규정에 따라 정관으로 정한 목적의 범위 내에서 권리와 의무의 주체가 된다(제34조).

㉡ **행위능력:** 권리능력의 범위 내에서 행위능력을 갖는다.

㉢ **불법행위능력**

ⓐ 법인은 이사 기타 대표자가 그 직무에 관하여 타인에게 가한 손해를 배상할 책임이 있다. 이사 기타 대표자는 이로 인하여 자기의 손해배상책임을 면하지 못한다(제35조 제1항).

ⓑ 법인의 목적범위 외의 행위로 인하여 타인에게 손해를 가한 때에는 그 사항의 의결에 찬성하거나 그 의결을 집행한 사원, 이사 기타 대표자가 연대하여 배상하여야 한다(제35조 제2항).

④ **법인의 주소:** 법인의 주소는 그 주된 사무소의 소재지에 있는 것으로 한다(제36조). 법인의 주소는 정관에 기재하고 등기하여야 한다(제40조, 제49조).

⑤ **법인의 기관**

㉠ 이사

ⓐ 이사는 대외적으로 법인을 대표한다(대표기관). 이는 이사의 행위가 법인의 행위로 취급된다는 의미이며 이사가 수인인 경우에는 각자가 단독으로 법인을 대표한다.

ⓑ 정관이나 사원총회의 결의로 이사의 대표권을 제한할 수 있지만, 이사의 대표권에 대한 제한은 등기하지 아니하면 제3자에게 대항하지 못한다.

ⓒ 이사는 대내적으로는 법인의 사무집행을 한다(업무집행기관).

ⓓ 이사는 자연인만이 될 수 있는 필수기관이다.

㉡ 감사

ⓐ 감사는 법인의 재산상황과 이사의 업무집행상황을 감사하는 임의기관이다.

ⓑ 법인은 법인 또는 사원총회의 결의로써 감사를 둘 수 있다.

㉢ 사원총회

ⓐ 사원총회는 사단법인의 전 사원으로 구성되는 최고의사결정기관이다(필수기관).

ⓑ 사원총회의 정관으로 이사 기타 임원에게 위임한 사항 외에는 사단법인의

일체의 사무에 대하여 결정권을 가진다.

ⓒ 총회의 결의는 민법 또는 정관에 다른 규정이 없으면 사원과반수의 출석과 출석사원의 과반수로 의결한다.

	이 사	감 사	청 산 인
의 의	대외적으로 법인을 대표하고, 대내적으로 법인의 업무를 집행하는 상설적 필요기관	이사의 직무집행을 감독하는 임의기관	이사에 갈음하는 청산법인의 업무집행기관
선 임	위임유사계약 임면방법: 정관의 필요적 기재사항	이사와 동일, 단 정관의 필요적 기재사항은 아님	① 정관 또는 총회의 결의 ② 해산 당시 이사, ③ 법원의 선임 순
해임·퇴임	① 정관 ② 위임규정 준용	이사와 동일	법원 해임(중요사유)
직무권한	① 대표권(각자대표) ② 업무집행권(이사과반수)	① 법인의 재산상황감사 ② 이사의 업무집행상황감사 ③ 위 상황을 총회 or 주무관청에 보고	① 해산의 등기와 신고 ② 현존사무의 종결 ③ 채권추심 · 채무변제 ④ 파산신청 등

4. 권리의 객체

1) 권리의 객체인 물건

(1) 권리의 객체

① **권리의 객체**란 권리가 미치는 대상을 말하나, 민법총칙에서는 권리의 객체에 대한 일반적 규정을 두지 않고, 다만 물건에 대한 규정만 두고 있다.

② **권리의 객체의 분류**

채권의 객체는 특정인의 행위(급부 : 매매에 있어 목적물 인도나 대금의 지급 등)이며, 물권의 객체는 대체로 물건이지만, 물건에 한정되지는 않으며 예외적으로 민법은 채권 기타의 권리도 물권의 객체로 삼는 것이 있다. 즉, 재산권의 준점유(제210조)·저당권이나 채권 등의 재산권을 목적으로 하는 권리질권(제345조)·지상권과 전세권을 목적으로 하는 저당권(제371조 제1항)의 경우이다. 그리고 발명·저작 등에 의한 정신적 창조물은 물건이 아니므로 물권의 객체로는 되지 못하며, 이들은 특허권·저작권 등의 지식재산권(무체재산권)의 객체가 된다.

(2) 물건의 의의

① 본법에서 물건이라 함은 유체물 및 전기 기타 관리할 수 있는 자연력을 말한다(제98조).

② 물건은 지배가능성이 있어야 하고 외계의 일부라야 한다.

2) 물건의 분류

분 류	기 준
융 통 물	거래의 객체가 될 수 있는가의 여부 [ex)불융통물: 공용물, 공공용물, 금제물]
불융통물	
가 분 물	물건의 성질, 가치의 손상없이 분할이 가능한가의 여부
불가분물	
대 체 물	거래상 물건의 개성이 무시되어 동종, 동질, 동량의 다른 물건으로 바꾸어도 영향이 없는가의 여부
불대체물	
소 비 물	반복적인 사용이 가능한가의 여부
비소비물	
특 정 물	당사자간의 물건의 대체가 가능한 상태인가의 여부
불특정물	

3) 물건의 종류

(1) 부동산과 동산

① **부동산:** 토지와 그 정착물(건물 등), 판례에 의한 토지정착물(수목의 집단, 미분리의 과실, 농작물)

② **동산:** 부동산 이외의 물건(자동차, 선박, 시계, 전기 등)

③ **취급상의 차이:** 물권변동의 공시방법(부동산-등기, 동산-인도) · 동산점유의 공신력 · 무주물선점 등에 차이가 있고, 용익물권은 부동산에만 설정되고 담보물권 중 저당권은 부동산에만 설정되며, 동산에는 유치권 · 질권만 설정되고, 시효취득의 요건 · 효과가 다르고, 재판관할권과 강제집행의 절차 · 방법이 다르다.

<table>
<tr><th colspan="2">내 용</th><th>부동산(§99①)</th><th>동산(§99②)</th></tr>
<tr><td colspan="2">공시방법</td><td>등기(§186)</td><td>인도(§188①)</td></tr>
<tr><td colspan="2">공신의 원칙</td><td>부정</td><td>인정(§249 이하)</td></tr>
<tr><td colspan="2">취득시효기간</td><td>20년·10년(§245)</td><td>10년·5년(§246)</td></tr>
<tr><td colspan="2">무주물선점(§252)</td><td>국고귀속(§252②)</td><td>선점자소유(§252①)</td></tr>
<tr><td colspan="2">유실물습득(§253)</td><td>성질상 대상 안됨</td><td>동산을 대상으로 함</td></tr>
<tr><td colspan="2">매장물발견(§254)</td><td colspan="2">부동산과 동산 모두 대상이 됨</td></tr>
<tr><td colspan="2">부합의 효과</td><td>부동산의 소유자가 부합한 물건의 소유권을 귀속(§256)</td><td>합성물의 소유권은 주된 동산의 소유자에게 귀속이 원칙(§257)</td></tr>
<tr><td colspan="2">혼화·가공</td><td>규정 없음
부동산에 가공의 법리유추적용(판례)</td><td>§258, §259</td></tr>
<tr><td colspan="2">점유권 · 소유권</td><td>인정</td><td>인정</td></tr>
<tr><td colspan="2">용익물권
(지상 · 지역 · 전세권)</td><td>인정</td><td>불인정</td></tr>
<tr><td rowspan="3">담보물권</td><td>유치권</td><td>인정</td><td>인정</td></tr>
<tr><td>질권</td><td>불인정</td><td>인정</td></tr>
<tr><td>저당권</td><td>인정</td><td>불인정</td></tr>
<tr><td colspan="2">환매기간</td><td>5년</td><td>3년</td></tr>
<tr><td colspan="2">재판관할의 특별규정</td><td>민소법 제18조</td><td>없음</td></tr>
<tr><td colspan="2">강제집행절차 · 방법</td><td>민사집행법 제78조 이하</td><td>민사집행법 제188조 이하</td></tr>
</table>

(2) 주물과 종물

물건의 소유자가 그 물건의 상용에 제공하기 위하여 자기소유인 다른 물건을 이에 부속하게 한 때 그 물건을 「주물」이라 하고 주물에 부속된 다른 물건을 「종물」이라 한다. 종물은 주물의 처분에 따른다(제100조). 종물은 주물의 경제적 효용에 이바지하는 것이므로 양자를 법률적으로 같은 운명에 놓이게 함으로서 사회·경제적 유용성을 증진시키려 하기 때문이다. 예컨대 배와 노, 건물 본체와 광, 시계와 시곗줄을 들 수 있다.

(3) 원물과 과실

어떤 물건에서 나오는 수익물을 과실이라 하고, 그 수익을 낳는 물건을 원물이라 한다. 과실에는 천연과실과 법정과실이 있다. 천연과실이란 물건의 용법에 따라 수취하는 산출물(우유, 야채, 달걀 등)을 말하고 법정과실이란 물건의 사용대가로 받는 금전 기타의 물건(이자, 집세 등)을 말한다.

제3절 법률행위

1. 법률행위 일반

1) 법률관계 · 권리의 변동 · 법률요건 · 법률효과

(1) 법률관계

인간의 생활관계 중에서 법률의 규율을 받는 생활관계를 법률관계(권리의무관계)라고 한다.

(2) 권리의 변동

권리의무관계는 항상 고정되어 있는 것이 아니라 우리들의 사회생활의 유동 · 변화와 함께 변동하는 것이며, 이것을 권리(의무)의 변동이라 한다. 권리의 변동은 권리의 발생 · 변경 · 소멸이다.

(3) 법률요건

권리의 변동은 반드시 일정한 원인이 있어야 하며 이러한 원인을 법률요건이라 한다.

(4) 법률효과

법률요건이 있을 때에 비로소 법이 인정하는 일정한 효과가 발생하게 되며 이 효과를 법률효과라고 한다.

2) 법률행위

(1) 권리변동을 일으키게 하는 법률요건 가운데 가장 중요한 것이 법률행위이다. 즉, 법률행위란 의사표시를 요소로 하는 사법상의 법률요건이다(매매 · 임대차 · 혼인 · 증여 · 유언 등).

(2) 의사표시란 일정한 법률효과의 발생을 의욕하는 의사의 표시로서, 법률행위에는 한 개의 의사표시로 성립하는 경우(취소 · 추인 · 유언), 두 개 이상의 의사표시로 성립하는 경우(매매계약 · 사단법인의 정관작성), 의사표시와 법률사실과의 결합에 의하여 성립하는 경우(질권설정)가 있다.

3) 법률행위의 종류

분류 기준	분 류	내 용 / 예
의사표시의 태양	단독행위	행위자 한사람의 의사표시만으로 성립하는 법률행위/ 유언
	계약	서로 대립하는 둘 이상의 의사표시의 합치에 의하여 성립하는 법률행위/ 매매·임대차
	합동행위	평행적·구심적으로 방향을 같이하는 두 개 이상의 의사표시가 합치하여 성립하는 법률행위/ 사단법인의 설립행위
의사표시에 일정한 방식을 요하는가	요식행위	의사표시가 서면이나 기타 일정한 방식에 따라 행하여질 때 효력이 부여되는 법률행위/ 혼인·유언
	불요식행위	일정한 방식을 요하지 않고 당사자의 합의만으로 법적 구속력이 생기는 법률행위
사인행위 여부	생전행위	사인행위 이외의 모든 행위
	사후행위	행위자의 사망으로 인하여 효력이 발생하는 행위

분류 기준	분 류	내 용 / 예
주종여부	주된행위	종된행위의 전제가 되는 법률행위
	종된행위	유효하게 성립하기 위하여 다른 법률행위의 존재를 전제로 하는 법률행위/ 채권행위를 전제로 한 담보계약, 혼인을 전제로 한 부부재산계약
발생하는 권리	채권행위	채권의 발생을 목적으로 하는 법률행위 / 매매 · 임대차
	물권행위	물권의 변동을 목적으로 하는 법률행위 / 소유권이전 · 저당권설정
	준물권행위	물권 이외의 권리의 종국적인 변동을 목적으로 하는 법률행위/ 채권양도 · 채무면제
출연재산의 대가유무	유상행위	출연행위 중 상대방으로부터 대가를 수반하는 행위/ 매매·임대차 (※출연행위란 자기의 재산을 감소시키고 타인의 재산을 증가하게 하는 효과를 발생시키는 법률행위)
	무상행위	출연행위 중 상대방으로부터 대가를 수반하지 않는 행위 / 증여
원인되는 법률관계의 영향유무	유인행위	원인되는 법률관계의 효력유무에 의하여 영향을 받는 법률행위
	무인행위	원인 법률관계의 효력유무에 의하여 영향을 받지 않는 법률행위

이 외에도 독립행위/보조행위, 재산행위/신분행위, 신탁행위/비신탁행위 등이 있다.

참 고

단독행위

(1) 의의

일방적 의사표시로 성립하는 법률행위이다.

(2) 종류

① 상대방 있는 단독행위

상대방이 있는 경우에 단독행위의 법률효과가 발생하려면 의사표시가 상대방에게 도달하여야 한다(예: 법정대리인의 동의, 채무면제, 추인, 취소, 상계, 해제, 해지).

② 상대방 없는 단독행위

의사표시가 어떤 특정한 상대방에게 행하여질 필요가 없는 단독행위이다. 이 경우에는 의사표시가 있은 때에 단독행위가 성립한다(예: 유언, 재단법인의 설립행위, 소유권의 포기, 상속포기, 공탁소에 대한 채권자의 공탁승인).

4) 법률행위의 요건

(1) 성립요건

일반적으로 ① 당사자 ② 목적 ③ 의사표시가 있어야 법률행위가 성립한다. 특별성립요건이란 각개의 법률행위에 관하여 그의 성립에 필요한 요건을 말하며, 법률규정에 의하여 정해진다. 예컨대 ① 요물계약(현상광고, 대물변제, 계약금계약, 보증금계약)에서의 물건의 인도, ② 요식행위(혼인, 입양, 유언, 유증, 법인설립행위)에 있어서의 방식 등이 있다. ③ 대리행위라는 법률행위로 성립하기 위한 특별성립요건으로 현명이 요구된다.

(2) 효력발생요건

① 당사자의 권리능력 · 행위능력 · 의사능력이 존재하고
② 목적의 확정성 · 가능성 · 적법성 · 사회적 타당성이 있어야 하며
③ 의사표시에 있어 의사와 표시가 일치하고 결함이 없어야 한다.

5) 법률행위의 목적(내용)

(1) 법률행위 내용의 확정(법률행위의 해석)

법률행위는 의사표시로 구성되므로 법률행위의 해석은 곧 의사표시의 해석이다. 이는 내심의 진의를 탐구하는 것이 아니라, 외부에 표시된 표시행위에 대한 사회적 평가를 하는 것이다. 해석의 기준으로는 ① 당사자가 기도하는 목적 ② 사실인 관습 ③ 임의규정 ④ 신의성실과 조리 등이 순서대로 적용된다.

(2) 해석의 종류

① 자연적 해석방법

자연적 해석방법이란 법률행위의 해석에 있어서 문자적·언어적 의미에 구속되지 아니하고 표의자의 내심적 효과의사를 탐구하는 해석으로서, 단독행위에 적합한 해석이다(표의자 시각에서 하는 해석).

② 규범적 해석방법

규범적 해석방법이란 내심적 효과의사와 표시행위가 일치하지 않는 경우 상대방의 입장에서 표시행위에 따라 법률행위의 성립을 인정하는 해석으로 자기책임의 원칙으로부터 도출된다(상대방 시각에서 하는 해석) → 상대방 없는 단독행위와 상대방을 보호할 필요가 없는 경우(상대방이 이미 표의자의 내심적 효과의사를 안 경우 또는 상대방이 신의칙상 요구되는 주의를 하지 아니한 경우)에는 규범적 해석의 대상이 되지 않는다.

③ 보충적 해석방법

보충적 해석방법이란 법률행위의 내용에 관한 약정의 공백이 있어 이를 보충할 필요가 생긴 경우에 하는 해석방법(제3자의 시각에 의한 해석). 보충적 해석에 의하여 의사표시의 틈이 보충되어 당사자의 가정적 의사(객관적으로 추정되는 정당한 이익조정의사: 판례)에 따른 효력이 인정되는 경우 착오취소의 법리는 적용되지 않는다.

(3) 목적의 가능

이는 해석으로 정해진 법률행위의 목적이 사실상 또는 법률상 그 실현이 가능한 것을 말하는데 그 목적이 불가능하면 무효로 한다.

(4) 목적의 적법

목적의 적법이란 그 내용이 강행규정에 반하지 않는 것을 말하며 이에 어긋나는 행위는 무효이다(제103조). 강행법규에는 위반시 ① 처벌만 될 뿐 그 사법상의 거래행위는 유효한 단속규정과 ② 처벌과 함께 사법상 효력도 부인되는 효력규정이 있다.

※ **탈법행위:** 탈법행위란 강행규정(엄밀히 말하면 효력규정)에 직접 위반하지는 않지만 강행규정이 금지하고 있는 실질적인 내용을 회피하는 다른 수단에 의하여 우회적으로 달성하려는 행위를 말한다(다수설). 탈법행위는 강행규정에 정면으로 위반하는 것은 아니지만, 법률이 허용하지 않는 결과의 발생을 목적으로 하

므로 원칙적으로 무효이다.

(5) 목적의 사회적 타당성

선량한 풍속 기타 사회질서에 위반한 사항을 내용으로 하는 법률행위는 무효로 한다(제103조). 당사자의 궁박, 경솔 또는 무경험으로 인하여 현저하게 공정을 잃은 법률행위는 무효로 한다(제104조). 법률행위가 반사회질서를 이유로 무효일 때 이에 의해 권리를 취득한 자는 이행을 청구하지 못하고 이미 이행한 자는 불법원인급여가 되어 그 반환을 청구하지 못한다(제746조).

2. 의사표시

1) 의사표시의 의의

의사표시란 일정한 법률효과를 발생시키기 위한 권리주체의 의사를 표시하는 행위로서 법률행위의 불가결한 요소가 되는 법률사실이다.

2) 의사표시가 행해지는 과정

먼저 일정한 법률효과의 발생을 의욕하는 의사(효과의사)를 결정하고, 다음으로 이 효과의사를 외부에 발표하고자 하는 의사(표시의사)를 가지고, 마지막으로 효과의사를 외부에 발표하는 행위(표시행위)로 구분된다.

3) 불완전한 의사표시

(1) 의사와 표시와의 불일치

내심의 의사와 표출된 표시행위가 일치하지 않는 경우이다.

① **진의 아닌 의사표시:** 진의 아닌 의사표시란 표의자가 진의 아님을 알면서 진의와 다른 표시를 한 때, 상대방이 이를 모르는 경우로, 예컨대 친구에게 노트북을 빌려주면서 주겠다고 했으나 그럴 생각은 없는 경우이다. 진의 아닌 의사표시는 표의자가 진의 아님을 알고 한 것이라도 그 효력이 있다. 그러나 상대방이 표의자의 진의 아님을 알았거나 이를 알 수 있었을 경우에는 무효로 한다(제107조 제1항).

② **허위표시:** 허위표시한 표의자가 진의 아님을 알면서 진의와 다른 표시를 한

때, 상대방과 합의한 경우로, 예컨대 친구에게 노트북을 빌려주면서 주겠다고 했으나 그럴 생각은 없고 친구도 그 사실을 알고 있는 경우이다. 통정허위표시는 무효이다. 그러나 의사표시의 무효는 선의의 제3자에게 대항하지 못한다(제108조).

③ **착오:** 표시된 내용과 의사의 내용이 일치하지 않음을 본인이 모르는 경우로, 예컨대 친구에게 노트북을 빌려줄 생각이었으나 주겠다고 말했고 본인은 그렇게 말한 사실을 모르는 경우이다. 의사표시는 법률행위의 내용의 중요부분에 착오가 있는 때에는 취소할 수 있다. 그러나 그 착오가 표의자의 중대한 과실로 인한 때에는 취소하지 못한다. 의사표시의 취소는 선의의 제3자에게 대항하지 못한다(제109조).

(2) 하자있는 의사표시

의사와 표시가 일치하지만 의사결정과정에 있어서, 타인의 사기나 강박이 개입하여 자유로운 의사결정을 하지 못한 상태에서 의사를 표시한 경우이다.

① **사기에 의한 의사표시:** 표의자를 기망하여 착오에 빠뜨리게 한 상태에서 의사표시를 한 경우를 말한다. 기망한다는 것은 적극적으로 허위사실을 진실이라고 하거나 또는 진실을 은폐, 침묵하여 허위사실을 믿게 하는 행위를 말한다.

② **강박에 의한 의사표시:** 표의자에게 공포심을 일으키게 한 상태에서 의사표시를 한 것을 말한다. 공포심은 물리적·무형적 힘에 의하여 심적 압박을 받는 경우를 말한다.

3. 법률행위의 대리

1) 대리의 의의

(1) 대리란 타인이(대리인)이 본인을 위하여 본인의 이름으로 의사표시(내지 법률행위)를 (능동적·적극적으로) 발하거나 또는 의사표시를 (소극적·수동적으로) 수령함으로써 그 법률효과가 직접 본인에 관하여 생기는 제도를 말한다. 예컨대 미국에 사는 A가 한국에 있는 자신의 토지를 팔려고 하는 경우에 자신이 직접 매매계약을 체결하기가 불편하므로 한국에 있는 친구 B에게 토지매각에 관한 대리권을 주어 B가 A의 이름으로 토지를 매입하고자 하는 C와 토지매매계약을 체결하는 것을 말한다.

(2) 대리인이 그 권한내에서 본인을 위한 것임을 표시한 의사표시는 직접 본인에게 대하여 효력이 생긴다(제114조 제1항). 제114조 제1항의 규정은 대리인에게 대한 제3자의 의사표시에 준용한다(제114조 제2항).

2) 대리와 구별되는 제도

(1) 간접대리

타인의 계산으로 그러나 (간접대리인인) 자기의 이름으로 법률행위를 하고, 그 효과도 행위자(간접대리인) 자신에게 생기되, 후에 그가 취득한 권리를 내부적으로 타인에게 이전하는 관계를 말한다.

(2) 사자

사자는 본인이 결정한 내심적 효과의사를 상대방에게 표시하거나 또는 전달함으로써 표시행위의 완성에 협력하는 자이며, 이에는 완성된 본인의 의사표시를 그대로 전달하는 것에 불과한 전달기관으로서의 사자(전달사자)와 본인이 결정한 의사를 상대방에게 표시하여 그 의사표시를 완성하는 표시기관으로서의 사자(표시사자)가 있다.

(3) 대표

대표기관 그 자신의 외관상의 직무행위가 법인의 행위로 간주되는 제도이다. 대표기관(이사, 임시이사, 청산인, 특별대리인, 직무대행자)은 법인의 기관으로서 법인 자체에 흡수되는 하나의 인격인데 비해, 대리는 본인과 대리인이라는 두 인격을 전제로 하는 점에서 차이가 있고, 대표에서는 법률행위뿐만 아니라 사실행위나 불법행위에 관하여도 성립한다. 법률행위의 대표에 대해서는 대리에 관한 규정을 준용한다(제59조 2항).

3) 대리행위

(1) 현명주의

① 대리인이 대리행위를 함에 있어서 본인을 위한 것을 표시하고 의사표시를 하여야 한다.

② 현명하지 아니한 행위는 대리인 자신의 의사표시로 효력이 발생한다.

③ 상대방이 대리인으로 한 것임을 알았거나 알 수 있었을 때에는 대리행위로서 효력이 생긴다.

(2) 대리인의 능력

① 대리인이 행한 행위의 효과는 직접 본인에게 귀속된다.

② 대리인은 의사능력만 있으면 족하고 행위능력자임을 요하지 않는다.

4) 대리의 종류

종 류	내 용
임의대리	본인의 수권행위에 의해 대리권이 발생하고 본인의 의사에 따라 대리인·대리권의 범위가 결정된다.
법정대리	법률의 규정에 의하여 대리권이 부여되는 것을 말한다.
유권대리	대리를 하는 자가 정당한 대리권을 가지고 하는 대리
무권대리	대리권 없이 행한 대리
능동대리	본인을 위하여 제3자에 대하여 의사표시를 할 수 있는 대리
수동대리	본인을 위하여 제3자의 의사표시를 수령하는 대리

5) 대리권의 발생원인과 소멸원인

(1) 대리권의 의의

대리권이란 타인(대리인)이 본인의 이름으로 의사표시를 하거나 또는 제3자의 의사표시를 수령함으로써 직접 본인에게 그 효과를 귀속시킬 수 있는 법률상의 지위 또는 자격을 말한다. 즉, 대리권은 권리가 아니라 권한에 해당한다.

(2) 대리권의 발생원인

① 임의대리권은 수권행위에 의하여 발생한다.

② 법정대리권은 법률의 규정에 의하여 일정한 자가 당연히 법정대리인이 되거나 또는 법원의 결정이나 선임 또는 일정한 사인의 지정에 의하여 발생한다.

(3) 대리권의 소멸원인

① 본인의 사망, 대리인의 사망 · 성년후견의 개시 및 파산선고를 받은 때(법정대리와 임의대리에 공통한 소멸원인)

② 본인과 대리인간의 내부관계의 소멸에 따라(임의대리의 경우)

③ 법원에 의한 대리인의 개임, 대리권 상실선고 등(법정대리의 경우)으로 소멸한다.

6) 대리권의 제한

(1) **자기계약의 금지:** 대리인이 한편으로는 본인을 대리하고, 다른 한편으로는 자기자신의 자격으로서 자기 혼자서 본인·대리인 사이의 계약을 맺는 자기계약은 금지된다.

(2) **쌍방대리의 금지:** 대리인이 한편으로는 본인을, 다른 한편으로는 상대방을 대리하여 자기만으로써 쌍방의 계약을 맺는 쌍방대리는 금지된다.

(3) 자기계약 · 쌍방대리금지의 예외

① **본인의 허락이 있는 경우**

본인이 자기계약과 쌍방대리를 허락하는 경우에는 유효하다(제124조). 따라서 사채알선업자는 어느 일방만의 대리인이 아니고, 채권자 쪽을 대할 때에는 채무자측의 대리인 역할을 하게 되는 것이고, 반대로 돌아서서 채무자 쪽을 대할 때에는 채권자측의 대리인으로서 역할을 하게 된다(대판 79다425).

② **채무이행의 경우**

새로운 이해관계로 인한 다툼을 발생시키는 것이 아닌 채무이행이라면 자기계약과 쌍방대리가 허용된다. 이미 확정되어 있는 법률관계를 결제하는 것에 불과하므로 당사자간에 새로운 이해관계를 만들어 내지 않고 본인의 이익을 부당하게 해하지 않기 때문이다. 따라서 (다툼없는)채무의 이행(기한도래후의 채무변제)과 동일시할 수 있는 새로운 이해관계를 발생시키지 않는 경우(상계, 등기신청, 주식의 명의개서 등)에도 예외적으로 허용된다.

③ **본인에게 이익만 되는 경우**

법정대리인인 친권자가 그의 부동산을 친권에 복종하는 미성년자에게 증여하는 행위는 미성년자에게 이익만 되므로 자기계약·쌍방대리의 금지규정(제124조)에도 불구하고 유효하다(대판 81다649).

(4) 자기계약 · 쌍방대리금지의 적용범위

자기계약 · 쌍방대리의 금지는 임의대리뿐만 아니라 법정대리에도 적용된다. 그리고 자기계약 · 쌍방대리의 금지는 계약에만 적용되는 것은 아니며 상대방 있는 단독행위에도 적용된다. 즉, 상대방없는 의사표시(상대방없는 단독행위·합동행위)에는 자기계약·쌍방대리금지규정이 적용되지 않는다(다수설).

(5) 공동대리

대리인이 수인인 때에는 각자가 본인을 대리함이 원칙이지만(제119조 본문), 법률 또는 수권행위에서 이와 다르게 정할 경우에는 수인의 대리인은 공동으로만 본인을 대리한다(제119조 단서).

7) 무권대리

무권대리란 대리권 없이 행한 대리행위, 즉 대리행위의 요건은 갖추고 있으나 대리권만 없는 행위이다.

(1) 표현대리

대리권이 없음에도 불구하고 마치 대리권이 있는 것과 같은 외관을 나타내는 경우에 그 무권대리행위에 대하여 본인이 책임을 지게 함으로써 그러한 외관을 신뢰한 선의 · 무과실의 제3자를 보호하고 거래의 안전을 보장하며 대리제도의 신용을 유지하기 위한 제도이다.

① **대리권수여의 표시에 의한 표현대리(제125조):** 제3자에 대하여 타인에게 대리권을 수여함을 표시한 자는 그 대리권의 범위내에서 행한 그 타인과 그 제3자간의 법률행위에 대하여 책임이 있다. 그러나 제3자가 대리권 없음을 알았거나 알 수 있었을 때에는 그러하지 아니하다.

② **권한을 넘는 표현대리(제126조):** 대리인이 그 권한외의 법률행위를 한 경우에 제3자가 그 권한이 있다고 믿을 만한 정당한 이유가 있는 때에는 본인은 그 행위에 대하여 책임이 있다.

③ **대리권 소멸 후의 표현대리(제129조):** 대리권의 소멸은 선의의 제3자에게 대항하지 못한다. 그러나 제3자가 과실로 인하여 그 사실을 알지 못한 때에는 그러하지 아니하다.

(2) 협의의 무권대리

무권대리 중에서 표현대리의 요건을 갖추지 않은 경우로서, 대리권 없는 자가 타인의 대리인으로 한 계약은 본인이 이를 추인하지 아니하면 본인에 대하여 효력이 없다(제130조).

4. 법률행위의 무효와 취소

1) 법률행위의 무효

(1) 의의

법률행위의 무효란 법률행위가 성립한 당초부터 법률상 당연히 그 효력이 생기지 아니하는 것으로 확정되어 있는 것을 말한다. 따라서 어느 누구의 주장도 필요치 않다.

(2) 무효의 종류

① 절대적 무효 · 상대적 무효

누구에게나 주장할 수 있는 무효를 「절대적 무효」라 하고(예 : 의사무능력자가 한 법률행위·원시적 객관적 불능인 법률행위 · 강행법규위반한 법률행위·반사회질서적 법률행위·불공정한 법률행위), 특정인에 대해서는 주장할 수 없는 무효를 「상대적 무효」라 한다. 전자가 원칙이고 후자는 특히 선의의 제3자를 보호하고 거래의 안전을 유지하기 위하여 예외로서 인정된다(예 : 진의 아닌 의사표시의 예외적인 경우(제107조) · 허위표시(제108조)). 구별실익은 절대적 무효인 경우에는 추인에 의하여 유효로 될 수 없으나, 상대적 무효의 경우에는 추인에 의하여 새로운 행위로서 유효성이 인정될 수 있다(제139조).

② 당연무효 · 재판상 무효

법률행위를 무효로 하기 위하여 어떤 특별한 행위나 절차를 필요로 하지 않는 무효를 당연무효라 한다. 그러나 법률행위의 무효가 소송상 법원의 직권탐지사항은 아니므로 소송상으로는 무효주장자가 이를 주장하여야 한다. 회사설립의 무효·회사합병의 무효(상법 제186조, 제236조)와 같이 소에 의하여만 무효를 주장할 수 있는 경우를 재판상의 무효라고 한다.

③ 확정적 무효 · 유동적 무효

㉮ 확정적 무효

법률행위의 무효는 확정적 · 계속적으로 효력이 발생하지 않으며 후에 추인을 하더라도 바로 그 행위자체가 유효로 되지 않는 경우를 말한다. 예컨대, 제

103조를 위반한 반사회적 행위, 제104조의 불공정한 법률행위, 강행규정(효력규정)위반한 법률행위, 비진의표시의 예외적인 경우(제107조 단서), 통정허위표시(제108조), 의사무능력자의 행위 등이 있다.

㉯ 유동적 무효

법률행위의 효력이 현재로서는 발생하지 않지만 추후에 허가·인가를 받거나, 추인을 얻거나, 정지조건이 성취되거나, 시기가 도래함으로써 법률행위시에 소급하여 또는 장래를 향하여 유효로 확정될 수 있는 법적 상태를 말한다. 유동적 무효에 해당하는 것으로는 ⅰ) 토지거래허가대상지역에서의(허가없이 체결한)매매(이 경우 채권행위와 물권행위 모두 유동적 무효이며, 허가조건부 소유권이전청구권 보전을 위한 가등기 불가), 사찰재산의 관할청 허가없는 양도행위, 재단법인의 기본재산 허가없이 처분한 행위(이 경우 채권행위와 물권행위 모두 유동적 무효이나, 소유권이전청구권보전을 위한 가등기 가능), ii) 무권대리인의 행위, 권한을 초과한 부재자재산관리인의 행위(대판 2001다41971) iii) 무권리자의 처분행위 iv) 정지조건부 법률행위 ⅴ) 시기부 법률행위 등이 있다.

④ 전부무효 · 일부무효

법률행위의 내용전부가 무효인 것이 「전부무효이고」, 그 일부가 무효인 것이 「일부무효」이다. 민법 제137조(양적 일부무효의 법리)는 특칙이 없는 경우에 적용되는 일반규정이다. 제137조는 임의규정이므로 그와 다른 당사자의 약정이 있을 경우에는 그 약정에 따라 처리될 것이며, 당사자의 약정이 없는 경우에도 그 일부무효에 관한 틈이 보충적 해석을 통하여 보충되는 경우에는 전부가 무효로 되지 않을 것이므로 제137조 규정이 적용되지 않을 것이다. 따라서 보충적 해석에 의해서도 보충되지 않는 경우에 제137조가 적용될 것이다.

2) 법률행위의 취소

(1) 의의

법률행위의 취소란 취소권자의 의사표시에 의하여 법률행위의 효과를 처음부터 소멸시키는 것을 말한다. 취소는 일방적 의사표시로써 기존의 법률관계에 변동을 가져오며 법률행위를 취소하기 위해서는 반드시 취소권의 법적 근거가 있어야 한다. 취소권은 형성권인 처분권에 속한다.

(2) 효력

취소할 수 있는 법률행위는 취소되기까지는 일단 유효하지만, 취소되면 소급하여 무효로 확정된다. 취소권자가 취소권을 포기하거나(추인) 취소권이 소멸하면 처음부터 유효로 확정된다. 취소한 법률행위는 처음부터 무효인 것으로 본다.

(3) 취소권자

취소권을 행사할 수 있는 자는 무능력자·하자있는 의사표시를 한 자·그 대리인 또는 승계인이다.

(4) 무능력자는 취소된 법률행위로 인하여 받는 이익이 현존하는 한도에서 상환할 책임이 있다. 취소의 효과는 누구에 대하여도 주장할 수 있는 것이 원칙이나 거래의 안전을 보호하기 위하여 착오·사기 또는 강박에 의한 의사표시의 취소는 선의의 제3자에게는 대항할 수 없다.

(5) 취소할 수 있는 행위

취소할 수 있는 행위로는 무능력자의 법률행위·착오로 인한 법률행위·사기 또는 강박에 의한 법률행위 등이다.

3) 무효와 취소의 비교

구 분	무 효	취 소
주장	누구나 무효를 주장 가능	취소권자만이 취소 가능
효력	당연무효가 원칙	취소권 행사 전에 일단유효
	절대적 무효가 원칙	상대적 취소가 원칙
	상대적 무효사유 있음	절대적 취소사유 있음
추인	원칙적으로 추인이 불가능하지만, 예외적으로 (상대적)무효임을 알고 추인하면 새로운 법률행위로 간주(제139조)	추인 가능(제143조 이하) (추인으로 유효인 효력이 그대로 확정된다.)
주장기간	제한 없음	제척기간 경과 전에 취소권 행사해야 함
방치한 경우	무효의 효과에 변동 없음	제척기간 경과로 유효로 확정됨

4) 취소와 구별되는 개념

(1) 철회

철회란 단독행위의 효과가 확정적으로 생기기 이전에 행위자 자신이 그 효과의 발생을 원하지 아니하여 장래를 향하여 그 행위가 없었던 것으로 하는 것이다. 효력발생 후 그 효력을 소급적으로 소멸시키는 취소와는 다르다. 제8조 영업허락의 취소는 철회의 의미를 가진다.

(2) 해제 · 해지

해제 · 해지는 법률행위 중 계약에만 적용되는 특유한 것이며, 해제란 일단 유효하게 성립한 계약의 후발적 사유에 의하여 효력을 처음에 소급하여 소멸하게 하는 의사표시이며, 해지는 일단 유효하게 성립한 계약의 효력을 단지 장래를 향하여 소멸하게 하는 의사표시이다.

5. 조건과 기한

1) 법률행위의 부관

(1) 법률행위의 부관이란 당사자의 의사표시에 의하여 법률행위성립과 동시에 그 내용으로 부가된 것으로 법률행위의 효과의 발생 또는 소멸에 관하여 제약을 가하는 것이다. 따라서 법률행위성립 후에 법률행위의 효력과 관련된 내용을 부가하는 것은 별도의 법률행위가 된다.

(2) 법률행위의 부관은 의사표시의 내용이 되는 것이므로 법률행위해석의 법리 등 의사표시의 일반이론이 적용되며, 사적자치의 원리상 부관을 붙이는 것은 가능하다.

(3) 법률행위의 부관을 광의로 볼 경우에는 협의의 부관인 조건과 기한 외에도 부담이 해당할 것이나, 민법은 조건과 기한에 대하여만 민법총칙에 일반적 규정을 두고 부담은 증여(제561조)와 유증(제1088조)에 관하여서만 특별규정을 두고 있다.

2) 조건

조건이란 법률행위의 효력의 발생 또는 소멸을 장래의 도래가 불확실한 사실의 성부에 의존시키는 부관이다. 이에는 정지조건과 해제조건, 기성조건과 불능조건이 있다.

	정 지 조 건	해 제 조 건
기성조건(제151조 제2항)	조건없는 법률행위	무 효
불능조건(제151조 제3항)	무 효	조건없는 법률행위

3) 기한

기한이란 법률행위의 효력의 발생·소멸 또는 채무의 이행을 장래 도래할 것이 확실한 사실의 발생에 의존시키는 부관이다. 이에는 확정기한·불확정기한, 시기·종기가 있다.

4) 조건 및 기한과 구별할 개념

(1) 부담

부담이란 증여나 유증을 받는 수증자나 수유자에게 부가된 일정한 의무이다. 부담부 법률행위는 부담부이기는 하지만 법률행위의 효력이 부담에 종속되는 것이 아니다. 즉, 부담이 법률행위(증여나 유증)의 효력을 좌우하지는 않으며, 증여나 유증의 효력발생요건(유증자의 사망과 수증자의 생존 등)에 의해 곧바로 완성된 권리를 발생시킨다.

(2) 동기

법률행위를 하게 된 동기나 연유는 조건과 기한과는 달리 원칙적으로 법률행위의 내용이 되지 않는다. 조건이 되기 위해서는 의사표시의 일반원칙에 따라 조건을 붙이고자 하는 자의 조건의사의 표시가 필요하며, 조건의사가 있더라도 그것이 외부에 표시되지 않으면 법률행위의 동기에 불과할 뿐이고, 그것만으로는 법률행위의 부관인 조건에 해당되지 않는다.

6. 기간

1) 의의

기간이란 1년, 1월, 1시간 등과 같이 한 시점에서 다른 시점으로 계속된 한정된 시간이다. 일시적인 기일 및 법률행위의 부관인 기한과 다르다.

2) 기간의 계산방법

(1) 기간의 계산방법에는 순간에서 순간까지 계산하는 '자연적 계산법'과 역에 의하여 계산하는 역법적 계산법이 있다.
(2) 기간을 시·분·초로 정한 때에는 즉시로부터 계산한다. 정하여진 시·분·초가 만료한 때를 만료점으로 한다(제156조). 예컨대, 4월 1일 오전 9시부터 10시간은 4월 1일 오후 7시이다.
(3) 일·주·월·년을 단위로 하는 기간의 계산은 초일을 산입하지 않고, 익일로부터 기산하는 것이 원칙이다(제157조). 따라서 평균임금의 계산에 있어서는 퇴직사유가 발생한 날인 초일은 산입하지 않는다.
(4) 그 기간이 오전 영시로부터 시작하는 경우에는 기간의 초일은 산입하며(제157조), 나이는 출생일을 산입하여 만(滿) 나이로 계산하고, 연수(年數)로 표시한다. 다만, 1세에 이르지 아니한 경우에는 월수(月數)로 표시할 수 있다(제158조). 예를 들면 1997년 4월 20일 오전 10시에 출생한 자는 2016년 4월 20일 오전 0시에 성년이 된다(만료일은 더한 날의 전일 오후 12시가 된다). 기타 특별법의 규정이 있으면 그에 의한다.
(5) 기간을 일·주·월·년으로 정한 경우에는 기간 말일의 종료, 즉 말일의 24시로 기간이 만료한다(제159조). 기간의 말일이 토요일 또는 공휴일에 해당한 때에는 기간은 그 익일로 만료한다(제161조). 이때의 공휴일은 임시 공휴일도 포함한다. 그러나 이 규정은 초일이 공휴일인 경우에는 적용하지 않으며, 공휴일이 기간 도중에 있는 때에도 적용하지 않는다.
(6) 민법 규정은 장래를 향한 기간계산에 규정하고, 역산에 관해서 규정하지 않는다. 그래서 역산에 관해서 민법규정을 유추적용하는 것이 통설이다.

7. 시효

1) 의의

시효란 일정한 사실상태가 일정한 기간 계속하는 경우에 이러한 사실상태가 진실의 권리관계에 합치하는가의 여부를 불문하고 오로지 그 사실상태를 그대로 권리관계로 인정하는 제도를 말한다. 시효와 구별되는 개념으로 제척기간이 있다. 제척기간이란 일정한 기간동안 형성권을 행사하지 않을 경우 장래를 향하여 더 이상 그 권리를 행사하지 못하게 하는 것을 말한다.

2) 종류

(1) 취득시효

권리행사의 외형인 점유 또는 준점유가 일정한 기간 계속됨으로써 권리취득의 효과가 생기는 시효로서 우리 민법은 물권편에서 규정하고 있다.

(2) 소멸시효

권리의 불행사라는 사실상태가 일정한 기간 계속됨으로써 권리소멸의 효과가 생기는 시효로서, 우리 민법은 총칙편에서 규정하고 있다.

3) 소멸시효의 기간

권 리	시 효
채권 및 소유권 이외의 재산권(제162조 제2항)	20년
보통의 채권, 판결·파산절차·재판상화해 기타 판결과 동일한 효력이 있는 것에 의하여 확정된 채권(제165조)	10년
상법상의 채권	5년
민법 제163조(특히 도급 받은 자), 근로기준법상의 임금채권	3년
민법 제164조(음식료, 숙박비, 노역비)	1년
불법행위로 인한 손해배상청구권	3년 or 10년

4) 소멸시효의 중단과 정지

(1) 시효의 중단

시효기간의 경과 중에 시효의 바탕이 되는 사실상태와 상반하는 사실이 생긴 때에 이미 진행한 시효기간을 전혀 무효로 하는 것을 의미한다(청구·압류 또는 가압류·가처분·승인 등).

(2) 시효의 정지

시효완성 직전에 그대로 시효를 완성시켜서 권리자에게 가혹하다는 사정이 있을 때 시효의 완성을 일정기간 유예하는 제도이다.

제2장 재산법

제1절 물권법

I. 물권법 총론

1. 물권법의 의의

물권은 특정의 물건을 직접 지배하는 배타적인 권리이다. 실질적 의미로는 이러한 물권적 지배관계를 규율하는 법규를 물권법이라고 한다. 형식적으로는 민법전 제2편(제185조~제372조)을 의미한다.

2. 물권의 객체

물권의 객체는 원칙적으로 「유체물 및 전기 기타 관리할 수 있는 자연력」을 말한다(제98조). 그러나 예외적으로 민법은 채권 기타의 권리도 물권의 객체로 삼는 것이 있다. 즉, 재산권의 준점유(제210조)·재산권을 목적으로 하는 권리질권(제345조)·지상권과 전세권을 목적으로 하는 저당권(제371조 제1항)의 경우이다.

3. 일물일권주의

물권의 배타성·절대성의 당연한 귀결로 하나의 물권은 하나의 독립한 물건을 그 객체로 한다는 원칙을 일물일권주의라 한다. 따라서 원칙적으로는 하나의 물건의 일부분에 대해서는 독립된 하나의 물권이 존재할 수 없고, 수개의 물건 전체 위에 하나의 물권이 있을 수 없다.

4. 물권의 종류

1) 물권법정주의

물권의 종류와 내용은 민법 기타의 법률이 정하는 것에 한하여 인정되며, 당사자가 그 밖의 물권을 자유로이 창설하는 것은 금지된다. 이와 같이 물권법은 물권법정주의를 취하므로 강행규정이 원칙이다.

2) 물권의 종류

(1) 점유권과 본권

① **점유권:** 물건을 지배할 수 있는 법률상의 권원의 유무에 관계없이 사실상 지배하고 있는 상태 그 자체를 보호하는 물권을 말한다.

② **본권:** 물건을 사실상 지배하고 있느냐의 여부와 관계없이 물건을 지배할 수 있는 권리를 말한다. 이에는 물권의 사용가치와 교환가치를 지배하는 완전물권인 소유권과 사용가치와 교환가치 중 한가지만을 지배하는 제한물권이 있다. 물건이 갖는 사용가치의 지배를 목적으로 하고 있는 용익물권에는 지상권 · 지역권 · 전세권 등이 있고, 채권의 담보를 위하여 물건이 갖는 교환가치의 지배를 목적으로 하는 담보물권에는 법정담보물권인 유치권과 약정담보물권인 질권 · 저당권이 있다.

(2) 부동산물권과 동산물권

① **부동산물권:** 객체가 부동산인 물권을 말한다. 이에는 점유권, 소유권과 지상권 · 지역권 · 전세권 등의 용익물권 전부와 및 유치권 · 저당권 등의 담보물권이 있다.

② **동산물권:** 객체가 동산인 물권을 말한다. 이에는 점유권, 소유권과 유치권 · 질권 등의 담보물권이 이에 속한다.

5. 물권의 효력

물권에는 여러 종류가 있고, 각종의 물권에는 특유한 효력이 있다. 그러나 물권은 물건을 배타적 · 직접적으로 지배할 수 있는 절대권이라는 일반적 효력을 가진다. 이러한 물권의 일반적 효력의 내용으로 우선적 효력과 물권적 청구권이 있다.

1) 우선적 효력

우선적 효력이란 동일물 위에 두 개 이상의 권리가 존재하는 경우 어느 하나의 권리가 먼저 우선하여 보호받는 효력을 의미한다.

2) 물권적 청구권

물권적 청구권이란 물권의 내용의 실현이 침해를 받거나 또는 받을 염려가 있는 경우에 물권자가 그 침해자에 대하여 그 침해의 배제 또는 예방을 청구할 수 있는 권리를 말한다. 이를 인정하는 취지는 물권의 효력을 확보하기 위해서이다.

6. 부동산물권의 변동

1) 법률행위에 의한 부동산물권의 변동

(1) 원칙

부동산에 관한 법률행위로 인한 물권의 득실변경은 등기하여야 그 효력이 생긴다. 따라서 법률행위에 의한 부동산 물권변동의 요건은 「물권행위」와 「등기」이다.

(2) 적용범위

점유권·유치권을 제외한 그밖에 민법이 인정하는 부동산물권(소유권, 지상권, 지역권, 전세권, 저당권, 저당권부 권리질권)의 법률행위에 의한 물권변동에 관하여 적용된다. 즉, 매매·교환·증여·대물변제 등에 의한 부동산물권의 취득 등이나 제한물권 설정행위에 의한 용익물권이나 저당권·저당권부권리질권 등의 취득 등에 적용된다. 또한 당연히 가등기담보권이나 부동산양도담보권에도 적용된다.

2) 법률행위에 의하지 않는(법률의 규정에 의한) 부동산물권의 변동

(1) 원칙

상속, 공용징수, 판결, 경매 기타 법률의 규정에 의한 부동산에 관한 물권의 취득은 등기를 요하지 아니한다. 그러나 등기를 하지 아니하면 이를 처분하지 못한다.

(2) 제187조의 적용범위

제187조는 물권의 취득이라고만 규정하고 있으나, 이는 물권의 취득뿐만 아니라 소멸까지도 포함한다.

① **상속:** 피상속인의 사망으로 상속은 개시된다. 이때 부동산물권변동이 일어나는 시기는 피상속인이 사망하는 순간이다. 포괄적 유증과 회사의 합병도 상속과 동일하므로 등기 없이 물권변동이 있게 된다.

② **공용징수:** 공익사업을 위하여 국민의 특정재산권을 법률의 힘에 의해서 강제적으로 취득하는 것을 말한다. 공용징수에는 협의수용과 재결수용이 있는데, 협의수용의 경우에는 협의에서 정하여진 시기에 물권의 변동이 있게 되고, 재결수용의 경우에는 보상금의 지급을 정지조건으로 하여 수용기일에 물권의 변동이 있게 된다.

③ **판결:** 판결의 확정으로 권리변동이 일어나는 것은 형성판결에 국한된다.

④ **경매:** 제187조에서 말하는 경매는 공경매를 의미한다. 여기에는 민사집행법의 강제집행절차에 의한 경매와 국세징수법에 의한 공매가 있다. 매수인이 매각대금을 완납한 때에 등기 없이도 물권변동이 일어난다(민사집행법 제135조, 제268조, 국세징수법 제77조).

(3) 민법 제187조의 예외

부동산물권의 점유취득시효은 법률규정에 의한 부동산소유권취득이지만 점유시효취득자는 등기함으로써 그 소유권을 취득한다(제245조 제1항).

7. 등기의 종류

1) 사실의 등기 · 권리의 등기

(1) 사실의 등기

부동산의 상황을 명시하는 등기를 말하는 것으로서, 표제부의 등기라고도 한다.

(2) 권리의 등기

부동산의 권리관계에 관한 등기를 말하는 것으로서, 이것은 甲구와 乙구에 기재된다.

2) 보존등기 · 권리변동의 등기

(1) 보존등기

미등기의 부동산에 관하여 소유자의 신청에 의하여 처음으로 행해지는 소유권의 등기(예 : 건물의 신축, 토지의 매립 등)를 말한다.

(2) 권리변동등기

소유권의 보존등기를 기초로 하여 그 후의 권리변동에 관한 등기를 말한다.

3) 등기의 효력에 따라 종국등기 · 예비등기로 분류

(1) 종국등기

종국등기는 물권변동의 효력을 발생케 하는 등기로서 예비등기에 대비하여 본등기라고도 부른다. 종국등기는 그 내용에 따라 다음과 같이 분류된다.

① 기입등기

기입등기란 새로운 등기원인에 의하여 등기용지에 새로운 사항을 기입하는 등기를 말한다(예 : 소유권보존등기, 소유권이전등기, 저당권설정등기 등).

② 경정등기

경정등기란 등기공무원의 착오로 인하여 등기와 실체관계의 원시적 일부불일치가 생기거나 또는 등기에 빠짐이 있는 때에 지방법원장의 허가를 얻어 이를 경정하는 등기를 말한다.

③ 변경등기

변경등기란 등기와 실체관계 간의 후발적 일부불일치를 시정하기 위하여 행하여지는 등기를 말한다.

④ 말소등기

말소등기란 기존의 등기의 전부를 말소하는 등기를 말한다.

⑤ 회복등기

회복등기란 등기가 부당하게 말소되거나 등기부가 멸실된 경우에 이를 부활하는 등기를 말한다. 이에는 등기의 전부 또는 일부가 불법말소된 경우 행하는 말소회복등기와 등기부의 전부 또는 일부가 멸실된 경우 멸실회복기간 내에 행하는 멸실회복등기가 있다.

⑥ 멸실등기

멸실등기란 부동산이 멸실된 경우에 행하여지는 등기로서, 표제부의 기재를 주말하고 그 등기용지를 폐쇄하는 방법으로 한다.

(2) 예비등기

① **가등기**

가등기란 부동산 물권변동을 일어나게 할 정지조건부 또는 시기부 채권적 청구권을 가지는 자의 보호를 위한 일시적·예비적 보전수단으로 인정되는 등기를 말한다. 따라서 물권적 청구권을 보존하기 위한 가등기는 할 수 없다.

② **예고등기**

예고등기란 등기원인의 무효 또는 취소로 인한 등기의 말소 또는 회복의 소가 제기된 경우에 제3자에게 경고하기 위하여 수소법원이 촉탁하여 행하여지는 등기를 말한다.

4) 등기번호부여방법에 따라 주등기·부기등기로 분류

(1) 주등기

주등기란 독립된 번호를 붙여서 하는 독립등기로서, 표시란에 등기 할 때에는 표시번호에 甲구나 乙구에 등기할 때에는 순위번호에 각 이어서 독립된 번호를 붙여서 행해진 등기이다.

(2) 부기등기

부기등기란 독립된 번호없이 주등기의 번호에 부기하는 형식으로 행해지는 등기를 말한다.

8. 등기의 효력

1) 권리변동적 효력(창설적 효력)

물권행위와 부합하는 등기가 있으면 부동산 물권변동의 효력이 생긴다. 그 효력이 발생하는 것은 실제로 등기부에 기재된 때이다.

2) 순위확정적 효력

동일한 부동산에 관하여 설정된 수개의 권리의 순위는 법률에 다른 규정이 없으면 등기의 전후에 의하여 정해진다. 등기의 전후는 등기용지 중 동구에서 한 등기는 순위번호에 의하고, 별구에서 한 등기는 접수번호에 의하여 정하여진다. 그러나 부기등기의 순위는 주등기의 순위에 의하고, 부기등기 상호간의 순위는 그 전후에 의한다. 가등기에 기한 본등기의 효력은 가등기의 순위에 의한다(부등법 제6조).

3) 대항적 효력

부동산 제한물권관련 임의적 기재사항(제한물권의 존속기간, 지상권의 지료 등)과 부동산을 목적물로 하는 채권(환매권·임차권)에 관하여는 일정한 사항을 등기할 수 있고, 이들을 등기하면 제3자에 대하여 대항 할 수 있다. 그리고 등기·등록 가능한 재산권에 관한 신탁등기(신탁법 제3조)와 20톤 이상의 선박에 대한 법률행위에 의한 등기는 대항요건인 등기이다.

4) 형식적 확정력(후등기 저지력)

등기가 일단 절차를 갖추어 이루어져 있는 이상 그 유효나 무효를 가리지 않고 등기절차상 이것을 전제로 삼아야 한다는 효력을 말한다.

5) 추정적 효력

어떤 등기가 형식적으로 존재하면 그에 부합하는 등기부상의 법률관계가 실체법상으로도 존재하는 것으로 추정하는 효력을 말한다.

9. 동산물권의 변동

1) 권리자로부터의 취득

(1) 제188조 제1항

동산에 관한 물권의 양도는 그 동산을 인도하여야 효력이 생긴다. 즉 물권적 합의와 인도의 두 요소가 갖추어져야 비로소 물권변동의 효력이 생긴다.

(2) 인도

① **의의:** 인도란 물건에 대한 사실상의 지배인 점유의 이전을 말한다. 인도는 물권행위와 별개의 물권변동의 요건으로서 사실행위이다.

② **종류**

㉠ **현실의 인도** : 동산에 관한 물권의 양도는 그 동산을 인도하여야 효력이 생긴다(제188조 제1항). 현실의 인도란 실제로 물건의 사실상의 지배를 양도인으로부터 양수인에게 이전하는 것을 말한다.

㉡ **간이인도** : 양수인이 이미 그 동산을 점유한 때에는 당사자의 의사표시만으로 그 효력이 생긴다(제188조 제2항). 이러한 인도방식을 간이인도라 한다. 예컨대 甲이 乙에게 빌려주었던 시계를 乙에게 매각하는 경우에 甲이 乙에게 시계의 점유를 이전하는 의사표시를 하는 것만으로 乙은 인도를 받은 것이 되고, 乙이 甲에게 시계를 반환하고 다시 甲으로부터 현실의 인도를 받지 않아도 된다.

㉢ **점유개정** : 동산에 관한 물권을 양도하는 경우에 당사자의 계약으로 양도인이 그 동산의 점유를 계속하는 때에는 양수인이 인도받은 것으로 본다(제189조). 이러한 인도방식을 점유개정이라 한다. 예컨대 甲이 乙에게 시계를 매각한 후에도 乙로부터 이를 임대 등(점유매개관계설정)으로 계속 점유하는 경우가 이에 속한다.

㉣ **목적물반환청구권의 양도** : 제3자가 점유하고 있는 동산에 관한 물권을 양도하는 경우에는 양도인이 그 제3자에 대한 반환청구권을 양수인에게 양도함으로써 동산을 인도한 것으로 본다(제190조). 이러한 인도방식을 목적물반환청구권의 양도라 한다. 예컨대 甲이 乙에게 빌려 준 시계를 丙에게 매도하면서 乙에 대한 반환청구권을 丙에게 양도하면 丙은 시계의 인도를 받은 것으로 된다.

2) 무권리자로부터의 취득(선의취득)

(1) 의의

선의취득이란 동산에 대하여 상대방의 점유를 신뢰하여 평온·공연·선의·무과실로 그 물건을 거래상 양수한 자는 설사 상대방이 무권리자라 할지라도 그 동산의 소유권 또는 질권을 유효하게 취득하는 제도를 말한다.

(2) 요건

① **목적물에 관한 요건:** 목적물은 동산에 한한다. 따라서 지상권·저당권과 같은 부

동산에 대한 권리는 선의취득의 대상이 될 수 없다.

② 양도인에 관한 요건

㉠ 전주가 점유하고 있을 것

㉡ 전주는 무권리자일 것

③ 양수인에 대한 요건

㉠ 동산을 양수할 것

㉡ 선의취득자의 점유가 평온 · 공연 · 선의 · 무과실일 것

㉢ 선의취득자가 점유를 취득하였을 것

(3) 효과

취득할 수 있는 동산물권은 소유권과 질권에 한한다.

10. 물권의 소멸

물권의 소멸에는 상대적 소멸과 절대적 소멸이 있다. 상대적 소멸은 물권의 이전을 전주의 입장에서 본 것을 말한다. 물권의 절대적 소멸원인에는 모든 물권에 공통한 것과 각종 물권에 특유한 것이 있는데, 그 중 공통의 소멸원인에는 물권의 포기, 목적물의 멸실 · 소멸시효 · 공용징수 · 혼동 · 몰수 등이 있다.

1) 물권의 포기

물권의 포기는 물권을 소멸시킬 것을 목적으로 하는 물권적 단독행위이다. 점유권 · 소유권 포기는 상대방 없는 단독행위로 보고, 제한물권의 포기는 상대방 있는 단독행위로 보는 견해가 다수설이다.

2) 목적물의 멸실

목적물이 멸실하면 그 물권도 소멸한다. 멸실 여부는 사회통념에 의한다. 그러나 멸실물의 물질적 변형물이 남게 된 경우(무너진 공장의 자재)에는 물권의 효력이 그 변형물에 미친다. 반면에 가치적 변형물이 남는 경우(건물멸실시 그 보험료)에는 소유권이나 용익물권은 소멸하지만, 물건의 교환가치를 지배대상으로 하는 담보물권은 가치적 변형물에 효력을 미치는 바 이를 물상대위하고 한다.

3) 소멸시효

민법 제162조에서 채권과 소유권 외의 재산권은 20년간 행사하지 않으면 소멸시효에 의하여 소멸된다고 규정하고 있으나, 물권 중 소멸시효에 걸리는 것은 지상권·지역권·전세권의 3개뿐이다. 그러나 전세권은 최장기가 10년이므로 소멸시효의 적용을 생각할 여지가 없다. 소유권은 항구성의 특질상 소멸시효의 대상이 되지 않는다. 또한 점유권과 유치권은 각각 점유의 존속을 그 성립요건으로 삼으므로 소멸시효가 적용될 여지가 없다. 담보물권은 피담보채권이 존속하는 한 담보물권만이 독립하여 소멸시효에 걸리지는 않는다.

4) 몰수 · 공용징수

범죄의 반복방지나 범죄에 의한 이익취득을 방지하기 위해 범죄와 관련된 재산의 박탈을 내용으로 하는 재산형의 형벌이 몰수인데, 이에 의해서도 개인의 물권은 소멸된다(형법 제49조). 재결수용의 경우 수용에 의한 권리취득은 원시취득이며 피수용자(수용당하는 자)의 권리소멸은 권리의 절대적 소멸(객관적 상실)에 해당한다.

5) 혼동

혼동이란 서로 대립하는 두 개의 법률상의 지위 또는 자격이 동일인에게 귀속하여 물권이 소멸하는 것을 말한다(제191조). 혼동은 사건이고, 물권과 채권의 공통된 소멸사유이다.

II. 점유권과 소유권

1. 점유권

1) 점유권의 의의

물건을 사실상 지배하는 경우에 그 지배를 정당화시켜 주는 법률상의 권리가 있느냐 여부를 묻지 않고서 현재 그 사실상의 지배 상태에 대해 일정한 법률효과를 부여하려는 것이 점유제도이다.

2) 간접점유

(1) 간접점유의 의의

지상권, 전세권, 질권, 사용대차, 임대차, 임치 기타의 관계로 타인으로 하여금 물건을 점유하게 한 자는 간접으로 점유권이 있다(제194조). 간접점유는 어떤 자가 타인과 일정한 법률관계에 기하여 그 타인에게 점유를 이전한 경우에 그 자에게 인정되는 점유이다.

(2) 간접점유의 성립요건

① 특정인의 직접점유가 있어야 한다.
② 점유매개관계가 있어야 한다.

(3) 간접점유자의 지위

① **대내적 관계 :** 간접점유자는 직접점유자에게 점유보호청구권이나 자력구제권을 행사할 수 없고, 다만 점유매개관계 또는 본권에 기한 청구권을 행사할 수 있을 뿐이다. 반면에 직접점유자는 간접점유자에게 점유매개관계에 기한 청구권을 행사할 수 있을 뿐만 아니라 점유보호청구권과 자력구제권을 행사할 수 있다.

② **대외적 관계** : 직접점유자가 제3자에 의하여 그 점유를 침탈당하거나 방해당하고 있는 경우에 간접점유자도 점유보호청구권을 갖는다(제207조 제1항). 이와 관련하여 간접점유가 직접점유자에 의하여 침해된 경우에도 간접점유자의 제3자에 대한 점유보호청구권이 인정되는지가 문제되나, 다수설은 이러한 경우에는 간접점유자의 점유보호청구권은 인정되지 않는다고 한다.

(4) 간접점유의 소멸

점유매개자가 점유를 상실한 경우와 점유매개관계가 소멸한 경우에 간접점유는 소멸한다.

3) 점유보조자

(1) 점유보조자의 의의

가사상, 영업상 기타 유사한 관계에 의하여 타인의 지시를 받아 물건에 대한 사실상의 지배를 하는 때에는 그 타인만을 점유자로 한다(제195조). 타인의 지시를 받아 물건을 사실상 지배하고 있지만 점유자가 되지 못하는 자를 점유보조자라고 한다. 예컨대 상점의 점원, 가정부 등은 물건에 대한 사실상의 지배를 하고 있더라도 점유자가 아니며, 점주, 주인이 점유자이다.

(2) 점유보조관계의 요건

① 사실상의 지배가 있을 것

② 점유보조관계의 존재

(3) 점유보조자의 지위

점유주만이 점유자이고 점유보조자는 점유자가 아니다. 따라서 점유권에 관한 일반적인 보호가 점유보조자에 대해서는 주어지지 않는다. 그러므로 점유방해자에 대한 점유보호청구권의 행사는 점유보조자에게 인정되지 않는다. 다만 점유보조자도 점유주를 위하여 자력구제권은 행사할 수 있다(통설). 또한 점유보조관계가 종료하면 점유보조자의 지위도 상실되지만 이는 외부에서 명백하게 인식할 수 있을 정도로 표시되어야 한다.

4) 점유권의 효력

(1) 점유의 추정적 효력

① **점유태양의 추정:** 점유자는 소유의 의사로 선의·평온하게 점유한 것으로 추정한다. 그러나 선의의 점유자라도 본권에 관한 소에 패소한 때에는 그 소가 제기된 때로부터 악의의 점유자로 본다(제197조). 따라서 이에 대한 입증책임은 상대방에게 있다.

② **점유계속의 추정:** 전후 양시에 점유한 사실이 있는 때에는 그 점유는 계속한 것으로 추정한다(제198조).

③ **권리적법의 추정:** 점유자가 점유물에 대하여 행사하는 권리는 적법하게 보유한 것으로 추정한다(제200조). 권리의 적법추정은 점유자의 이익뿐만 아니라 불이익을 위해서도 인정된다. 점유추정의 효과는 제3자도 이를 원용할 수 있다.

(2) 점유자와 회복자의 관계

① **과실취득권**

㉠ 선의점유자의 과실취득권: 선의의 점유자는 점유물의 과실을 취득한다.

㉡ 악의점유자의 과실반환의무: 악의점유자란 과실취득권이 없는 본권에 관하여 오신한 자, 폭력 또는 은비에 의한 점유자(제201조 제3항) 등 선의의 점유자가 아닌 점유자를 말한다. 본권에 관한 소가 계속 중인 점유자는 선의라 하더라도 패소한 때에는 소가 제기된 때로부터 악의의 점유자가 된다.

② **점유물의 멸실 · 훼손에 대한 책임:** 악의점유자란 과실취득권이 없는 본권에 관하여 오신한 자, 폭력 또는 은비에 의한 점유자(제201조 제3항) 등 선의의 점유자가 아닌 점유자를 말한다. 본권에 관한 소가 계속 중인 점유자는 선의라 하더라도 패소한 때에는 소가 제기된 때로부터 악의의 점유자가 된다(제197조 제2항). 악의의 점유자는 수취한 과실을 반환하여야 하며 소비하였거나 과실로 인하여 훼손 또는 수취하지 못한 경우에는 그 과실의 대가를 보상하여야 한다(제201조 제2항).

③ **점유자의 비용상환청구권**

㉠ 필요비의 상환청구: 점유자는 선의 · 악의 또는 소유의 의사 유무를 묻지 않고서 전액의 상환을 청구할 수 있다. 그러나 점유자가 과실을 취득한 경우에는 필요비 중 목적물의 평상의 보존을 위한 통상의 필요비는 청구할 수 없다.

㉡ 유익비의 상환청구: 그 가액의 증가가 현존한 경우에 한하여 회복자의 선택에 좇아 그 지출금액이나 증가액의 상환을 청구할 수 있다. 단, 사치비는 그 액수가 상당한 고액이라도 반환청구를 할 수 없다. 법원은 유익비에 대하여 회복자의 청구에 의하여 상당한 상환기간을 허여할 수 있다.

④ **점유보호청구권:** 점유보호청구권은 본권의 유무를 불문하고 점유 그 자체를 보호하기 위한 물권적 청구권의 일종이다. 점유보호청구권의 주체는 점유자이다. 여기의 점유자에는 직접점유자뿐만 아니라 간접점유자도 포함된다(제207조). 즉, 직접점유자의 점유가 제3자에 의하여 침해된 경우 직접점유자는 물론 간접점유자도 점유보호청구권을 행사할 수 있다. 점유보호청구권의 유형으로는 점유물반환청구권, 점유물방해제거청구권, 점유물방해예방청구권이 있다.

5) 준점유

준점유란 물건이 아닌 재산권을 사실상 행사하는 경우를 말한다(제210조). 점유를 수반하는 재산권에 관하여는 준점유가 성립할 여지가 없으므로, 준점유의 객체는 점유를 수반하지 아니하는 재산권에 한한다. 예컨대, 채권·지적재산권, 물권 중 저당권 · 지역권, 형성권인 해제권 · 취소권, 물권에 준하는 광업권 등이 이에 속한다.

2. 소유권

1) 소유권의 의의

법률의 범위내에서 그 소유물을 사용·수익·처분할 수 있는 권리를 말한다.

2) 소유권의 취득

소유권의 일반적 취득원인으로서 법률행위(제186조)와 상속 · 토지수용 등의 법률규정(제187조)이 있다. 또한 민법 제245조 이하 소유권편에서 규정하는 특수한 (법률규정에 의한)취득원인으로서는 취득시효 · 선의취득 · 선점 · 습득 · 발견 · 부합 · 혼화 · 가공 등의 원시취득이 있다.

(1) 취득시효

취득시효라 함은 권리를 행사하고 있는 것과 같은 외관이 일정한 기간동안 계속하는 경우에 권리취득의 효과가 생기는 것으로 하는 시효제도를 말한다. 취득시효제도는 일정한 기간 계속된 사실관계를 진실한 권리관계와의 일치여부를 불문하고 그 사실관계를 존중하여 진실한 권리관계로 인정함으로써 법질서를 안정(거래안전) 시키고, 즉, 영속된 기존의 사실상태에 대한 신뢰를 보호하며, 증거에 의한 입증곤란(채증곤란)을 구제하고, 권리위에 잠자는 자는 법이 보호하지 않아야 한다는 점을 이유로 한다. 시효로 취득되는 권리로 민법이 인정하는 것은 부동산과 동산에 대한 소유권과 그 밖의 재산권이다(제248조). 그 밖의 재산권에는 지상권 · 계속되고 표현된 지역권 · 전세권 · 질권 · 광업권 · 어업권 · 무체재산권(지적재산권) · 분묘기지권 등이 있다. 반면에 시효취득되지 않는 권리로는 점유를 수반하지 않는 저당권, 계속되지 않고 표현되지 않은 지역권, 법률규정에 의하여 당연히 성립하는 유치권 · 점유권, 한 번 행사하면 소멸하는 형성권에 해당하는 취소권 · 해제권 · 환매권 등이 있다. 또한, 인격적 이익을 내용으로 하는 인격권 · 생명권, 가족관계를 전제로 한 친족권 · 상속권 · 부양청구권 등도 시효취득의 대상이 되지 않는다. 물론 채권도 시효취득의 대상이 되지 않는다.

(2) 무주물선점

무주의 동산을 소유의 의사로 점유한 자는 그 소유권을 취득한다(제252조 제1항). 무주물선점은 혼합사실행위에 해당한다.

(3) 유실물습득

유실물은 법률에 정한 바에 의하여 공고한 후 1년 내에 그 소유자가 권리를 주장하지 아니하면 습득자가 그 소유권을 취득한다(제253조).

(4) 매장물발견

매장물은 법률에 정한 바에 의하여 공고한 후 1년내에 그 소유자가 권리를 주장하지 아니하면 발견자가 그 소유권을 취득한다. 그러나 타인의 토지 기타 물건으로부터 발견한 매장물은 그 토지 기타 물건의 소유자와 발견자가 절반하여 취득한다(제254조). 이는 순수사실행위에 해당한다.

3) 첨부

첨부란 물건과 물건 또는 물건과 노력이 결합되는 것으로서 부합·혼화·가공을 말한다. 이중에 부합과 혼화는 사건에 해당하고 가공은 순수사실행위에 해당한다.

(1) 부합

소유자를 달리하는 수개의 물건이 결합하여 1개의 물건으로 되는 것을 부합이라 한다. 민법은 부동산에의 부합과 동산간의 부합에 관하여 규정하고 있다.

(2) 혼화

물건이 다른 물건과 쉽게 섞여져서 원물을 식별할 수 없는 것을 말한다. 이에는 곡물·금전과 같은 고형종류물의 혼합과 술·기름과 같은 유동종류물의 융화가 있다.

(3) 가공

가공이란 타인의 재료를 써서 또는 타인의 물건에 변경을 가하여 새로운 물건을 만드는 것을 말한다(제259조). 예컨대 甲이 乙의 종이에 멋진 동양화를 그리는 것이 이에 속한다.

4) 공동소유

(1) 공유

공유란 물건이 지분에 의하여 수인의 소유로 되는 것을 말한다(제262조 제1항). 공유의 법률적 구성에 대하여 수인이 각자 1개의 소유권을 가지나 각 소유권은 일정한 비율로 서로 제한을 받는다는 견해(다수소유권경합설)도 있으나, 1개의 소유권이 분량적으로 분할되어 수인에게 속하는 상태라는 견해(양적분할설)가 통설이다.

(2) 합유

합유란 수인이 조합체를 이루어 물건을 소유하는 공동소유의 한 형태를 말한다(제271조 제1항). 여기서 조합체란 수인이 동일한 목적으로 결합되어 있으나 구성원의 개별성이 강하여 아직 단체로서의 체제를 갖추지 못한 수인의 결합체를 말한다. 민법상 조합계약은 2인 이상이 상호 출자하여 공동으로 사업을 경영할 것을 약정하는 계약으로서, 특정한 사업을 공동경영하는 약정에 한하여 이를 조합계약이라 할 수 있고, 공동의 목적 달성이라는 정도만으로는 조합의 성립요건을 갖추었다고 할 수 없다. 따라서 부동산의 공동매수인들이 전매차익을 얻으려는 '공동의 목적 달성'을 위해 상호 협력한 것에 불과하고 이를 넘어 '공동사업을 경영할 목적'이 있었다고 인정되지 않는 경우, 이들 사이의 법률관계는 공유관계에 불과할 뿐 민법상 조합이 아니다

(3) 총유

총유란 법인이 아닌 사단(예컨대, 종중, 교회, 동·리와 같은 자연부락, 친목계, 채권자들로 구성된 청산위원회, 아파트입주자대표회의, 사단법인대한약사회 서울지도부 분회 등)의 사원이 집합체로서 물건을 소유하는 공동소유형태를 말한다(제275조). 예컨대 종중재산, 교회재산, 촌락단체의 재산 등이 이에 속한다. 또한 주택조합이 신축하여 일반인에게 분양하는 아파트는 조합원 전원의 총유에 속한다.

	공유	합유	총유
의 의	한 개의 소유권이 수인에게 양적으로 분할되어 귀속하는 형태	수인이 조합체로서 물건을 소유하는 형태 (조합의 소유형태)	법인이 아닌 사단의 사원이 집합체로서 물건을 소유하는 공동소유형태
연 혁	개인주적 로마법의 소산	게르만공동상속인단체	게르만 촌락공동체
인적 결합형태	× 공동목적 없는 우연적 결합	○ 공동목적위해 결합	○ 단체의 실질이 있는 결합
	법률행위에 의한 공유 법률규정에 의한 공유	법률행위(조합계약) 법률규정(신탁법상 수탁자가 수인인 등)	문중재산·종중재산·교회재산·동리재산, 동창회·친목회·정당
경제적 결합	○	○	○

	공유	합유	총유
등 기	공유등기 (공유지분과 공유자명의 전부를 기재)	합유등기(합유취지와 합유자 명의 기재)	권리능력없는 사단명의로 등기(종중은 명의신탁 허용됨)
지 분	공유지분 (§262 ①)	합유지분(§271①)	총유는 지분없음
지분의 처분	자유	전원의 동의	총유는 지분없어 처분 ×
보존행위	단독	단독	사원총회의 결의
관리행위 (이용·개량)	지분의 과반수	계약으로 정함이 없으면 지분 과반수로 결정	사원총회의 결의
목적물의 변경·처분	전원의 동의 (§264)	전원의 동의(§272)	사원총회의 결의(§276①)
목적물의 사용·수익	지분의 비율에 따라 공유물 전부를 사용·수익	합유물 전부에 미침 (§271① 후단)	정관 기타 규약 (§276②)
분할의 청구	┌ 자유 └ 5년간 금지특약가능	합유관계존재하는 한 분할청구 ×	총유는 지분이 없으므로 분할청구 ×
종료사유	┌ 공유물의 양도 └ 분할	┌ 조합체의 해산 └ 합유물의 양도	┌ 총유물의 양도 └ 사원지위의 상실(§277)
상속여부	상속 가능	상속 안됨	상속 안됨이 원칙이나(임의규정), 규약으로 달리정할 수 있음

III. 제한물권

1. 용익물권

1) 지상권

(1) 의의

지상권이란 타인의 토지에 건물 기타의 공작물이나 수목을 소유하기 위하여 그 토지를 사용할 수 있는 권리를 말한다(제279조).

(2) 지상권과 임차권의 비교

	지상권	임차권
성질	물권(법률행위에 의한 경우 등기하여야 성립)	채권(등기없이도 성립)
대항력	있음	없음(등기하면 있음)
지료·차임	지료는 요소가 아님(§279)	차임은 그 요소(§618)
양도성	자유	임대인의 동의 없이 양도·전대 불가
존속기간	최단기간 제한	장기 20년을 넘지 못함(원칙)
소멸사유	2년 이상의 지료연체시 소멸청구	차임연체액이 2기에 달하면 해지가능
비용상환청구	유익비만을	필요비와 유익비 모두
갱신청구권	규정 있음	규정 있음
묵시의 법정갱신	규정 없음	규정 있음

(3) 구분지상권

구분지상권이란 토지의 지상 또는 지하의 일정한 공간에 대하여 상하의 범위를 정하여 건물 그 밖의 공작물(지하상가 · 지하도 · 지하철 · 지하주차장 · 고가도로 등)을 소유하기 위한 지상권을 말한다(제289조의 2).

(4) (관습법상)법정지상권

(관습법상)법정지상권이란 동일 소유자의 토지와 건물 중 어느 하나가 저당권이나 가등기담보권의 실행에 의하지 않고 매매 기타의 원인으로 소유자를 달리할 경우에 그 건물의 철거 등의 약정이 없는 한 당연히 건물소유자에게 인정되는 지상권을 말한다.

(5) 분묘기지권

분묘기지권이란 타인의 토지에 그 내부에 사람의 유골이나 유해 등의 시신을 안장한 분묘라는 특수한 공작물을 설치한 자가 그 분묘를 소유하기 위하여 분묘의 기지부분인 토지를 사용할 수 있는 지상권 유사의 물권을 말한다. 즉, 분묘기지권은 토지소유권이 아니라 분묘를 소유하기 위한 분묘와 그 주변의 토지를 사용할 수 있는 권리로 분묘소유자에게 취득되는 지상권 유사의 관습상의 권리이다.

2) 지역권

(1) 의의

지역권이란 어느 토지의 편익을 위하여 타인의 토지를 이용하는 용익물권의 일종이다(제291조). 예컨대 甲이 자기 토지의 편익을 위하여 乙의 토지를 거쳐 물을 끌어오는 경우가 이에 속한다.

(2) 특수지역권

특수지역권이란 어느 지역의 주민이 집합체의 관계로 일정한 토지에서 초목 및 토사의 채취·야생물의 방목 그 밖의 수익을 공동으로 하는 권리를 말한다(제302조).

3) 전세권

전세권이란 전세금을 지급하고서 타인의 부동산을 그 용도에 좇아 사용·수익하는 용익물권이며, 전세권이 소멸하면 목적 부동산으로부터 전세금의 우선변제를 받을 수 있는 효력이 인정되는 권리를 말한다(제303조). 우리 민법에 특유한 전세권은 타인의 부동산을 사용 · 수익한다는 용익물권적 기능과 함께 담보물권적 기능도 가지고 있는 특수용익물권이다. 그러나 전세권의 주된 기능은 용익물권성에 있고, 전세금반환확보를 위한 담보물권성은 부수적인 것이다.

(1) 타물권

전세권은 타인의 부동산을 목적으로 하는 권리이다. 전세권의 객체인 부동산은 반드시 1필의 토지 또는 1동의 건물이어야 할 필요는 없고, 1필의 토지 또는 1동의 건물의 일부라도 무방하다. 그러나 농경지는 전세권의 목적이 될 수 없다(제303조 제2항).

(2) 용익물권

전세권은 목적부동산을 점유하여 그 용도에 따라 사용·수익하는 권리이다. 이와 관련하여 전세권자는 지상권과 동일한 목적을 위하여 전세권을 설정할 수 있는가가 문제되나, 통설은 이를 인정한다.

(3) 담보물권

우리민법은 부동산에 대하여 질권을 인정하지 않으나 전세권이 부동산질권의 작용을 한다. 전세권에는 원칙적으로 담보물권의 통유성인 부종성 · 수반성 · 불가분성 · 물상대위성과 담보물권의 효력인 우선적 효력 · 유치적 효력 · 수익적 효력 · 경매신청권 · 별제권이 있다.

2. 담보물권

1) 담보의 의의 및 종류

채권자가 채권의 일반적 효력에 만족하지 않고, 채권의 일반적 효력을 더 보강하여 채권의 실현을 확보하기 위한 수단을 담보라고 한다. 담보의 종류에는 인적 담보과 물적 담보가 있다.

2) 담보물권의 성질

(1) 부종성

① 부종성이란 피담보채권의 존재를 전제로 하면서 담보물권이 존재할 수 있는 성질을 말한다. 따라서 채권이 성립하지 않으면 담보물권이 성립하지 않고, 채권이 소멸하면 담보물권도 소멸한다.

② 부종성은 유치권과 같은 법정담보물권에서 엄격하게 요구되지만, 질권과 저당권과 같은 약정담보물권에서는 상당히 완화되어 있다. 즉 민법은 근저당권을 인정하고 있다.

(2) 수반성

수반성이란 담보물권이 피담보채권의 이전에 따라 이전하고, 피담보채권 위에 부담이 설정되면 그 부담에 복종하는 성질을 말한다.

(3) 불가분성

불가분성이란 담보물권은 피담보채권 전부에 대한 변제가 있을 때까지 목적물 전부에 대하여 그 효력을 미친다는 성질을 말한다. 유치권과 질권·저당권에 모두 인정된다(제321조, 제343조, 제370조).

(4) 물상대위성

물상대위성이란 담보물권의 목적물이 멸실·훼손·공용징수에 의하여 그 목적물에 갈음하는 기타의 물건이 목적물소유자에게 귀속하게 된 경우에 그 목적물에 갈음하는 금전 기타의 물건에 관하여 존속하는 성질로서 질권과 저당권에만 인정되고 유치권에는 그 적용이 없다(제342조, 제370조).

3) 유치권

유치권이란 타인의 물건 또는 유가증권을 점유하는 자가 그 물건이나 유가증권에 관하여 생긴 채권을 가지는 경우에 그 채권의 변제를 받을 때까지 그 물건이나 유가증권을 유치할 수 있는 권리를 말한다(제320조). 예컨대 甲이 乙의 시계를 수선하였으나 乙이 수선비를 지급하지 않고 있는 경우에 甲은 乙이 수선비를 지급할 때까지 그 시계를 유치할 수 있는 권리를 말한다.

4) 질권

질권이란 채권자가 채무의 변제를 받을 때까지 그 채권의 담보로 채무자 또는 제3자로부터 인도받은 물건 또는 재산권을 유치함으로써 채무의 변제를 간접적으로 강제하다가, 변제가 없으면 그 매각대금으로부터 우선적으로 변제를 받을 수 있는 담보물권을 말한다.

5) 저당권

저당권이란 채권자가 채무담보를 위하여 채무자 또는 제3자가 제공한 부동산 기타 목적물의 점유를 이전받지 않은 채 그 목적물을 관념상으로만 지배하다가, 채무의 변제가 없으면 그 목적물로부터 우선변제를 받을 수 있는 담보물권을 말한다. 저당권이 설정되더라도 저당목적물에 대한 점유 및 사용·수익은 저당권자에게 있지 않고 여전히 저당권설정자에게 있다는 점에서, 저당권은 그 저당목적물의 교환가치로부터 우선변제를 받는데 불과한 전형적인 가치권이다.

(1) 근대적 저당권의 특질과 우리민법

① **공시의 원칙:** 저당권의 존재는 반드시 등기 · 등록에 의하여 공시되어야 한다는 원칙이다. 저당권은 점유를 수반하지 아니하므로 등기없이 저당권에 대세적 효력을 인정하게 되면 거래의 안전을 해칠 염려가 있기 때문이다. 우리민법도 공시의 원칙을 엄격히 준수하고 있다. 다만 극히 제한된 경우에 법정저당권이 인정되고 있다(제649조).

② **특정의 원칙**: 저당권은 특정·현존의 목적물 위에만 성립할 수 있다는 원칙이다. 이는 저당권에 의하여 파악되는 가치에 대해서 객관성을 부여함과 동시에 채무자의 전재산 위에 인정되는 일반저당권을 배척하기 위한 것이다. 우리 민법도 특정의 원칙을 인정한다. 다만 법정저당권이나 조세우선특권에 있어서는 관철되지 않는다.

③ **순위확정의 원칙**: 동일한 목적물 위에 여러 개의 저당권이 존재할 때에는 각 저당권은 확정된 순위를 가지고 있어 서로 침범하지 않는다는 원칙이다.

㉠ 순위 불승진의 원칙: 한 번 주어진 저당권의 순위는 선순위의 저당권이 소멸하더라도 그 순위가 상승하지 않는다는 원칙을 말한다. 그러나 우리 민법은 1번저당권이 소멸하면 2번저당권은 그 순위가 자동적으로 올라가서 1번저당권으로 되는 순위승진의 원칙을 인정하고 있다.

㉡ 순위 불하강의 원칙: 저당권의 순위는 등기의 선후에 의하여 결정되고, 먼저 등기된 저당권은 후에 등기된 저당권에 의하여 그 순위가 내려가지 않는다는 원칙을 말한다. 이 원칙은 우리 민법에도 인정되고 있다.

④ **독립의 원칙**: 저당권을 특정채권의 담보라는 종된 지위에서 해방시켜 재화의 교환가치를 지배하는 가치권으로서 금융거래의 객체로서의 독자적인 지위를 확보하게 하려는 원칙이다. 우리 민법은 독립의 원칙을 인정하지 않는다.

(2) 근저당

근저당이란 계속적인 거래관계로부터 발생하는 다수의 불특정의 채권을 장래의 결산기에서 일정한 한도액까지 담보하는 저당권을 말한다(제357조). 예컨대 상인 甲과 乙간에 계속적 상품공급계약 등에 기하여 채권액이 증감·변동하다가 결산기에 남아 있는 채권액을 최고액의 범위 내에서 담보하는 계약이 이에 속한다. 이는 계속적인 거래관계에서는 다수의 채권·채무가 발생·소멸하는데 그때마다 저당권을 설정하여야 한다면 불편하고 번잡하므로 이러한 점을 제거하여 주기 위하여 인정되고 있다.

(3) 공동저당

공동저당이란 동일한 채권을 담보하기 위하여 수 개의 부동산 위에 저당권을 설정하는 것을 말한다. 예컨대 A가 B에게 1억원의 금전채권을 가지고 있는데 그 담보로 B소유의 토지와 건물에 대하여 저당권을 가지고 있는 경우가 이에 속한다. 공동저당은 담보범위를 확대하여 채권자의 위험을 분산시키는 기능과 채무자에게 신용을 용이하게 확보시키는 기능을 가지고 있다.

제2절 채권법

I. 채권총론

1. 채권의 의의

특정인이(채권자) 다른 특정인(채무자)에 대하여 특정의 행위(급부)를 청구할 수 있는 권리이다.

2. 채권의 목적

1) 특정물채권

특정물채권이란 특정물의 인도를 목적으로 하는 채권을 말한다.

2) 종류채권

종류채권이란 일정 종류에 속하는 물건의 일정량을 인도를 목적으로 하는 채권으로 불특정물채권이라고도 한다.

3) 금전채권

금전채권이란 금전의 급부를 목적으로 하는 채권을 말한다. 금전채권은 법률행위 또는 법률의 규정에 의해서 성립한다.

4) 선택채권

선택채권이란 채권의 목적이 선택적으로 정하여져 있는 채권을 말한다.

5) 임의채권

임의채권이란 채권의 목적은 하나의 급부에 특정되어 있으나 채권자 또는 채무자가 다른 급부로 본래의 급부에 갈음할 수 있는 권리(대용권)를 가지는 채권을 말한다. 외화채권은 임의채권의 일종이다.

3. 채권의 효력

1) 채무불이행

(1) 이행지체

이행지체란 채무가 이행기에 있고, 그 이행이 가능함에도 불구하고 채무자가 그에게 책임있는 사유로 채무의 내용에 좇은 이행을 하지 않는 것을 말한다.

(2) 이행불능

이행불능이란 채권이 성립한 후에 채무자에게 책임있는 사유로 이행이 불능으로 되는 것을 말한다.

(3) 불완전이행

불완전이행이란 채무자가 채무의 이행으로 일정한 급부를 하였으나 급부의 목적에 하자가 있거나 또는 채무불이행과 관련된 주의의무를 위반함으로써 채권자에게 손해를 끼친 경우를 말한다.

(4) 채권자지체

채무의 이행에 있어 채권자의 수령 기타의 협력을 필요로 하는 경우에 채무자가 채무의 내용에 좇은 이행의 제공을 하였음에도 불구하고 채권자가 필요한 협력을 하지 않는 것을 말한다. 수령지체라고도 한다.

2) 채권자대위권

채권자가 자기의 채권을 보전하기 위하여 그의 채무자에 속하는 권리를 행사할 수 있는 권리를 말한다.

3) 채권자취소권

채무자가 채권자를 해하는 사해행위를 한 경우 그 행위를 취소하고 재산을 원상회복할 수 있는 권리를 말한다.

4. 수인의 채권자 및 채무자

1) 분할채권관계

1개의 급부에 관하여 채권자 또는 채무자가 다수 있는 경우에 특별한 의사 표시 없으면 그 채권 또는 채무가 수인의 채권자나 채무자사이에서 분할되는 다수 당사자의 채권관계이다.

2) 불가분 채권관계

1개의 급부를 목적으로 하는 수개의 독립된 채권인데, 다만 급부가 불가분적으로 각 채권자는 전부의 급부를 청구할 수밖에 없다.

3) 연대채무

연대채무란 수인의 채무자가 각각 전액을 변제할 의무를 지고, 그중의 1인이 변제하면 다른 자도 전부 채무를 면하는 제도를 말한다.

4) 보증채무

보증채무란 채권자와 보증인 사이에 맺어지는 보증계약에 의하여 성립하는 채무로서 주채무자가 그의 채무를 이행하지 않는 경우에 보증인이 이를 이행할 책임을 지고, 그러함으로써 주채무자에 대한 채권을 담보하는 것을 말한다.

5. 채권양도

(1) 채권양도란 채권의 동일성을 유지하면서 계약에 의하여 채권을 이전하는 것을 말한다.

(2) 채권의 이전은 ① 법률상(배상자대위, 변제자의 법정대위), ② 법원의 전부명령, ③ 유언으로 발생하기는 하나 이는 채권양도가 아니고 오직 「계약」에 의한 채권 이전만이 채권양도이다.

6. 채무인수

1) 의의

채무를 그의 동일성을 유지하면서 그대로 인수인에게 이전하는 것을 목적으로 하는 계약을 말하며, 면책적 채무인수라고도 한다.

2) 채무인수와 유사한 제도

(1) 병존적 채무인수

병존적 채무인수(중첩적 채무인수)란 종래의 채무자의 채무를 면제시키기 아니하고 인수인이 채무자와 병존적으로 새로이 동일한 채무를 부담하는 계약을 말한다. 종래의 채무자와 채권자 사이의 채권관계는 아무 변화가 없으며, 인수인이 부가적으로 채무를 부담하게 되므로 병존적 채무인수는 담보적 기능을 가진다.

(2) 이행인수

이행인수란 인수인이 채무자에 대해 채무자의 채무를 이행할 것을 약정하는 채무자·인수인 사이의 계약을 말한다.

(3) 계약인수

계약인수란 계약 당사자로서의 지위의 이전을 목적으로 하는 계약을 말한다. 즉 고용관계에서의 사용자의 지위를 이전하는 경우와 같이 계약 당사자 중 일방이 포괄적으로 당사자의 지위를 제3자에게 이전하면서 자신은 계약관계로부터 탈퇴하고, 그 제3자가 당사자의 지위를 승계하는 것을 목적으로 하는 계약을 말한다.

7. 채권의 소멸

1) 변제

(1) 의의

변제란 채무자 또는 제3자의 급부행위에 의하여 채권이 만족을 얻어 채권의 소멸이라는 법률효과를 발생시키는 법률요건을 말한다.

(2) 변제의 제공

채권의 협력을 필요로 하는 채무에 있어서 급부의 실현에 필요한 준비를 하여 채권자의 협력을 요구하는 것을 변제의 제공이라고 한다.

(3) 대물변제

① **의의**

채무자가 부담하고 있는 본래의 급부에 갈음하여 다른 급여를 현실적으로 함으로써 채권을 소멸시키는 채권자·변제자 사이의 계약을 말한다(제466조).

② **법적 성질:** 특수한 요물·유상계약

③ **요건**

㉠ 당사자 사이에 합의 내지 계약이 있을 것.

ⓐ 채무자가 채권자의 승낙을 얻어, 이행에 갈음한다는 것이 밝혀져야 한다.

ⓑ 대물변제는 계약이기에 당사자는 능력이 있어야 한다.

㉡ 채권이 존재할 것: 채권이 존재하지 않거나 무효, 취소된 경우의 대물변제는 비채변제에 해당한다.

㉢ 본래의 급부와 다른 급부를 할 것.

ⓐ 본래의 급부와 대물급부는 동가치일 것을 요하지 않는다.
단, 대물변제가 폭리행위에 해당할 경우 제104조 위반으로 인하여 무효가 될 수 있다.

ⓑ 부동산소유권을 이전하는 경우에는 등기까지 완료하여야 대물변제가 성립하며, 점유의 이전을 요하지 않는다, 동산의 경우에는 인도하여야 하고, 증권적채권의 경우 배서, 교부 등의 공시방법을 갖추어야 한다.

④ **효과**

㉠ 변제와 같은 효력이 있어 채권·담보권이 모두 소멸한다(제466조).

㉡ 대물변제로 급부된 목적물에 하자가 있는 경우
대물변제는 유상계약이므로 매도인의 담보책임에 관한 규정(제567조)이 준용된다. 따라서 채권자는 계약해제 또는 손해배상을 청구 할 수 있다.

(4) 변제의 충당

변제의 충당이란 채무자가 동일한 채권자에 대하여 같은 종류를 목적으로 한 수개의 채무를 지는 경우에, 변제의 제공이 그 채무전부를 소멸케 하지 못하는 때에는, 그 급부를 가지고 어느 채무에 충당할 것인가 문제되며, 이때 그 충당의 순위를 정하는 것을 말한다.

2) 공탁

공탁이란 변제자가 금전·유가증권 기타의 물건을 공탁소에 임치하는 것으로, 공탁자와 법률이 정하는 공탁기관과의 사이에 체결되는 임치계약을 말한다(제487조).

3) 상계

상계란 채권자와 채무자가 서로 동종의 채권·채무를 가지는 경우에 그 채권과 채무를 대등액에 있어서 소멸케 하는 일방적 의사표시를 말한다(제492조).

4) 경개

경개란 채무의 요소를 변경함으로써 신채무를 성립시키는 동시에 구채무를 소멸케 하는 일종의 채권계약이다(제500조).

5) 면제

면제란 채무자에 대한 채권자의 일방적 의사표시에 의하여 채무를 소멸시키는 단독·무상행위이다(제506조).

6) 혼동

채권과 채무가 동일인에게 귀속되어 채권이 소멸하는 것을 말한다(제507조).

II. 계약총론

1. 계약의 의의

계약이란 사법상의 일정한 법률효과의 발생을 목적으로 하는 2인 이상의 당사자의 의사표시의 합치, 즉 합의에 의하여 성립하는 법률행위를 말한다.

2. 계약의 종류

1) 전형계약 · 비전형계약

(1) 전형계약

채권법에서 규정하는 14종의 계약을 전형계약이라 하며 유명계약이라고도 한다.

① **재산권이전을 목적으로 하는 전형계약:** 증여 · 매매 · 교환계약이 이에 속한다.

② **재산권이용을 목적으로 하는 전형계약:** 소비대차 · 사용대차 · 임대차계약이 이에 속한다.

③ **노무이용을 목적으로 하는 전형계약:** 고용 · 도급 · 현상광고 · 위임 · 임치계약이 이에 속한다.

(2) 비전형계약

① **의의:** 민법전에 규정되어 있지 않은 그 밖의 계약을 비전형계약 또는 무명계약이라 한다.

② **혼합계약:** 혼합계약이란 비전형계약의 일종으로서 전형계약과 비전형계약, 전형계약과 전형계약의 내용이 혼합되어 있는 계약유형을 말한다.

2) 유상계약 · 무상계약

(1) 유상계약

계약당사자가 서로 대가적 의미를 가지는 출연을 하는 계약을 말한다. 매매 · 교환 · 임대차 · 고용 · 도급 · 조합 · 화해 · 현상광고 등이 이에 속한다.

(2) 무상계약

당사자 일방만이 급부를 할 뿐이거나 쌍방 당사자가 급부를 하더라도 그 급부 사이에 대가적 의미 있는 의존관계가 없는 계약을 말한다. 증여·사용대차 등이 이에 속한다.

(3) 유 · 무상계약

소비대차 · 위임 · 임치 · 종신정기금은 이자 또는 보수의 유무에 따라 유상계약이 될 수도 무상계약이 될 수도 있다.

(4) 구별실익

유상계약에는 매매의 규정이 준용되어 담보책임을 지며(제567조), 무상계약인 경우에는 증여에 관한 담보책임의 규정이 적용된다(제559조). 특히 유상계약의 채무불이행책임에 있어서는 채무자의 과실은 추상적 경과실을 기준으로 하지만, 무상계약의 경우에는 구체적 경과실을 기준으로 한다.

3) 쌍무계약 · 편무계약

(1) 쌍무계약

계약당사자가 서로 대가적 의미를 가지는 채무를 부담하는 계약을 말한다. 매매 · 교환 · 임대차 · 고용 · 도급 · 조합 · 화해 등이 이에 속한다. 또한 소비대차 · 위임 · 임치도 유상인 때에는 쌍무계약이다.

(2) 편무계약

당사자의 일방만이 채무를 부담하거나, 또는 쌍방이 채무를 부담하더라도 그 채무가 서로 대가적 의미를 갖지 않는 계약을 말한다. 증여 · 사용대차 등이 이에 속한다. 또한 소비대차 · 위임 · 임치도 무상인 때에는 편무계약이다.

(3) 구별실익

쌍무계약에서는 동시이행항변권 · 위험부담 등의 문제가 생기지만, 편무계약에는 이러한 문제가 생길 여지가 없다.

4) 낙성계약 · 요물계약

(1) 낙성계약

당사자의 합의만으로 성립하는 계약을 말한다. 민법상 전형계약 중 현상광고를 제외한 모든 계약이 이에 속한다.

(2) 요물계약

당사자의 합의 이외에 당사자의 일방이 물건의 인도 기타의 급부를 하여야 성립하는 계약을 말한다. 현상광고계약 · 보증금계약 · 계약금계약 · 동산질권계약 등이 이에 속한다. 채권의 소멸원인 중의 하나인 대물변제의 경우에 이를 변제의 변칙적 방법의 하나라는 견해도 있으나, 이를 계약이라고 보는 견해가 다수설이다.

5) 일시적 계약 · 계속적 계약

(1) 일시적 계약

급부의 실현, 즉 이행이 어느 시점에서 행하여지는 것으로 끝나는 것을 말한다. 매매 · 증여 · 교환 · 도급 등이 이에 속한다.

(2) 계속적 계약

① **의의:** 어느 기간 동안 계속해서 행하여져야 하는 것을 말한다. 소비대차 · 사용대차 · 고용 · 위임 · 조합 · 종신정기금 등이 이에 속한다.

② **계속적 계약의 특성**

㉠ 급부가 시간적 계속적 실현을 요하므로 존속기간이 정해지고, 존속간의 약정이 있으면 해지가 인정된다.

㉡ 기본채권과 지분채권이 존재한다.

㉢ 당사자간의 신뢰성이 중요하므로 당사자의 착오는 법률행위의 중요부분의 착오가 된다.

㉣ 신의성실의 원칙이 강하게 적용되어 사정변경의 원칙이 적용되기 쉽다.

㉤ 당사자간의 지배관계가 성립할 수가 있으므로 법적 규제의 필요성이 크다. 주택임대차보호법, 근로기준법 등에서 이에 대하여 규제하고 있다.

③ **광의의 계속적 계약에 포함되는 것**

㉠ 계속적 공급계약: 일정기간이나 기간의 정함이 없이 정하여진 종류의 물건을 대가를 받고 계속적 공급을 약정한 때에 성립하는 계약을 계속적 공급계약이라 한다.

㉡ 회귀적 채권관계: 일정기간에 걸쳐 반복적으로 급부를 실현할 것을 내용으로 하는 계약으로 광의의 계속적 계약에 포함된다.

④ **분할공급계약**

당사자간의 합의된 총급부량을 단지 분할하여 공급하는 계약을 말한다. 예컨대 책상 100개를 총 5회에 나누어 공급하는 계약이 이에 속한다. 이는 계속적 계약은 아니다.

3. 계약의 효력

1) 쌍무계약의 효력

(1) 쌍무계약의 특질

① **성립상의 견련성:** 일방의 채무가 불능·불법 등의 이유로 성립하지 않거나 무능력 또는 착오·사기·강박 등의 이유로 취소된 때에는 그것과 의존관계에 있는 상대방의 채무도 성립하지 않는다(유인성).

② **이행상의 견련성:** 쌍무계약의 각 채무는 일방의 채무가 이행될 때까지는 타방의 채무도 이행하지 않아도 좋다는 관계에 서게 된다. 이를 공평의 이상을 반영한 동시이행의 항변권이라 한다.

③ **존속상의 견련성:** 쌍무계약의 각 채무가 완전히 이행되기 전에, 하나의 채무가 채무자의 책임 없는 사유로 인하여 이행불능으로 되어 소멸한 경우 다른 채무는 어떠한 영향을 받느냐가 문제된다. 이를 위험부담의 문제라고 한다.

2) 동시이행의 항변권

쌍무계약으로부터 생기는 각 채무는 서로 대가적 의미를 가지고 연결되어 있으므로 쌍무계약의 당사자 일방은 상대방이 채무의 이행을 제공할 때까지 자기의 채무의 이행을 거절할 수 있는 권리를 말한다. 예컨대 甲이 자신의 토지를 乙에게 매매하는 계약을 체결한 경우에 乙은 甲이 토지의 소유권을 이전해 줄 때까지 대금의 지급을 거절할 수 있는 권리가 이에 속한다.

3) 위험부담

쌍무계약의 당사자 일방의 채무가 당사자 쌍방의 책임 없는 사유로 후발적 불능이 되어 소멸한 경우에, 그에 대응하는 타방의 채무의 운명은 어떻게 될 것인가의 문제가 이른 바 위험부담의 문제이다. 즉, 계약당사자 일방만이 채무를 부담하는 편무계약에서는 반대급부가 존재하지 않으므로 성질상 위험부담이 문제되지 않는다. 그러나 부담부 증여의 경우에는 제561조에서 위험부담의 법리를 준용한다.

4) 제3자를 위한 계약

(1) 의의

계약당사자가 아닌 제3자로 하여금 직접 계약당사자의 일방에 대하여 채권을 취득케 하는 계약을 말한다. 계약당사자 중에서 제3자에게 그 계약상의 의무를 부담하는 자를 낙약자, 그 상대방을 요약자, 그 제3자를 수익자라고 한다.

(2) 제3자를 위한 계약과 구별되는 개념

① **계약인수**

계약인수란 계약당사자의 지위(매수인 또는 임대인지위 등)승계를 목적으로 하는 계약에 해당하는 것으로, 이에 관하여 민법이 명문으로 인정하는 규정은 없지만, 계약자유의 원칙상 인정하는 것이 일반적이며, 수택임대차보호법·상가건물임대차보호법상의 임대인지위승계에 관한 규정(주임법 · 상임법 제3조 2항)이 대표적인 계약인수에 의한 당사자지위변경규정이다. 계약인수에 의하여 계약당사자의 변경이 있는 경우에는 새로운 당사자에 계약의 해제권 · 해지권 · 취소권도 귀속된다.

② **이행인수**

채무자와 인수인간의 계약에 의하여 채무자가 부담하는 채무내용 중 이행만을 이전하는 것이다. 따라서 계약관계는 여전히 종전의 채권자와 채무자간에 존재하므로 채권자가 이행인수인에게 이행을 청구하지는 못한다.

4. 계약의 해제 · 해지

1) 계약의 해제

계약의 해제란 당사자 일방의 의사표시에 의하여 유효하게 성립한 계약을 소급적으로 소멸시키고, 당초부터 계약이 체결되지 않았던 것과 마찬가지의 상태로 회복시키는 것을 말한다.

2) 계약의 해지

계속적 계약에서 당사자의 일방적 의사표시만으로 그 효력을 장래에 대하여 소멸시키는 것을 해지라고 한다. 해지를 하기 위해서는 해지권이 주어져야 하지만, 해지권은 해제권과는 달리 해지권의 유보가 있거나 채무불이행이 있는 경우에만 주어지는 것이 아니다.

3) 합의해제(해제계약)

합의해제는 계약당사자가 새로운 해제 청약과 해제승낙에 따른 계약에 의하여 계약의 효과를 소멸시키는 해제계약이며, 이는 해제권자의 일방적 의사표시로 계약을 소멸시키는 단독행위인 해제와는 구별된다.

4) 해제조건과 실권조항(실권약관)

해제조건이란 조건성취에 의하여 법률행위의 효력을 장래를 향하여 소멸게 하는 법률행위의 부관이다. 그 중에서 일방당사자의 채무불이행이 있으면(즉, 해제조건에 성취되면) 채권자측의 특별한 의사표시가 없어도 당연히 계약의 효력이 소멸하고, 채무자의 계약상 권리가 상실된다는 취지의 약관을 실권약관(실권조항)이라 한다.

III. 계약각론

1. 증여

당사자의 일방이 대가없이 재산권을 준다는 의사를 표시하고 상대방이 승낙함으로써 성립하는 무상·낙성·불요식·편무계약이다.

2. 매매

매매는 당사자 일방 상대방에게 재산권을 이전할 것을 약속하고, 상대방이 이에 대하여 대금의 지급을 약정함으로써 성립하는 계약이다.

1) 유상 · 쌍무계약

매매계약은 재산권의 이전의무와 대금의 지급의무가 서로 견련관계에 있으므로 쌍무계약이며, 양 급부의 이행은 서로 대가성을 갖는 출연관계에 있기 때문에 유상계약이다. 특히 매매는 유상계약 가운데 가장 대표적인 계약으로서 매매에 관한 규정은 다른 유상계약에 준용된다(제567조).

2) 낙성 · 불요식계약

매매계약은 당사자간의 의사의 합치만의로 성립하는 낙성계약이다. 또한 매매계약은 어떠한 방식도 요구하지 않는다.

3) 현실매매

계약과 동시에 목적물과 대금이 교부되는 매매를 현실매매라고 한다. 현실매매도 매매이다. 단, 현실매매는 채권행위와 물권행위가 하나로 합체되어 행하여진다.

4) 매매의 예약

장차 본계약을 체결할 것을 약속하는 계약을 예약이라 한다. 매매의 예약은 보통 매수청구권을 확보하기 위하여 활용되며, 또한 채권을 담보하는 수단으로서 대물변제의 예약 및 재매매의 예약에 이용되고 있다. 이때 예약은 채권계약의 성질을 가지지만, 그에 의한 본계약은 채권계약에 한하지 않고 물권계약·준물권계약·가족법상의 계약일 수 있다.

5) 환매

환매란 매도인이 매매계약과 동시 특약으로 환매할 권리를 유보하고 일정기간내 매매의 목적물을 다시 사는 것을 말한다(제590조). 환매는 신용의 수수를 매매의 형식으로 하여 목적재산권을 이전하는 매도담보에 속하는 것으로 채권담보의 경제적 기능을 가진다(비전형담보의 일종인 매도담보의 한 유형).

3. 교환

교환이란 당사자 쌍방이 금전이외의 재산권을 서로 이전할 것을 약정함으로써 성립하는 계약을 말한다. 교환도 법률행위이므로 민법총칙에서 설명되는 법률행위의 성립요건을 구비하여야 할 것이며, 계약이므로 청약과 승낙의 합의가 있어야 할 것이다. 또한 유상계약이므로 매매의 성립에 관한 규정(예약과 계약금에 관한 규정)이 준용된다(제567조). 교환에 있어서 급부와 반대급부의 내용은 금전 이외의 재산권이어야 한다. 어느 일방이 금전을 지급하는 경우에는 매매이다. 교환의 일방당사자가 반대급부로서 물건 또는 권리의 양도와 더불어 일정한 금액의 금전을 보충적으로 지급할 것을 약정하는 경우에도 교환계약이 성립한다(제597조).

4. 소비대차

소비대차란 당사자의 일방이 금전 기타의 대체물의 소유권을 이전할 것을 약정하고, 상대방은 동종 · 동질 · 동량의 물건을 반환할 것을 약정함으로써 성립하는 낙성 · 무상 · 편무(무이자의 경우) 혹은 유상 · 쌍무(이자부의 경우)·불요식계약이다.

5. 사용대차

사용대차란 당사자 일방(대주)이 상대방(차주)에게 무상으로 사용 · 수익케 하기 위하여 목적물을 인도할 것을 약정하고, 상대방은 이를 사용 · 수익한 후 그 물건을 반환할 것을 약정함으로써 성립하는 계약을 말한다.

6. 임대차

임대차란 당사자 일방이 상대방에게 목적물을 사용, 수익하게 할 것을 약정하고 상대방이 이에 대하여 차임을 지급할 것을 약정함으로써 성립하는 계약을 말한다.

7. 고용

고용이란 당사자의 일방(노무자)이 상대방(사용인)에 대하여 노무를 제공할 것을 약정하고 상대방이 이에 대해서 보수의 지급을 약정하는 유상·쌍무·낙성·불요식의 계약이다.

8. 도급

도급이란 당사자의 일방(수급인)이 어떤 일을 완성할 것을 약정하고 상대방(지급인)이 그 일의 결과에 대하여 보수를 지급할 것을 약정함으로써 성립하는 노무공급계약의 일종으로 낙성 · 유상 · 쌍무 · 불요식의 계약이다.

9. 현상광고

현상광고란 당사자의 일방(광고자)이 특정의 행위를 한 자에게 일정한 보수를 지급할 것을 표시하고 이에 응한 자가 지정된 행위를 완료함으로써 성립되는 유상·편무·요물계약이다(계약설의 입장).

10. 위임

위임이란 당사자의 일방(위임인)이 상대방(수임인)에 대하여 사무의 처리를 위탁하고 상대방이 이를 승낙함으로써 성립하는 편무·무상계약이다(제680조).

11. 임치

임치란 당사자 일방(임치인)이 상대방에 대하여 금전이나 유가증권 기타의 물건의 보관을 위탁하고 상대방(수치인)이 이를 승낙함으로써 성립계약이다.

12. 조합

조합이란 2인 이상의 특정인이 서로 출자하여 공동사업을 경영할 목적으로 결합한 단체를 말한다.

13. 종신정기금

종신정기금이란 당사자 일방(정기금채무자)이 자기나 상대방 또는 제3자의 사망시까지 정기로 금전 기타의 물건을 상대방 또는 제3자에게 지급할 것을 약정함으로 성립하는 유상·낙성·불요식계약이다.

14. 화해

화해란 당사자가 서로 양보하여 그들 사이의 분쟁을 종지할 것을 약정함으로써 성립하는 계약을 말한다.

15. 사무관리

사무관리란 법률상 의무없이 타인을 위하여 사무를 관리하는 행위로 그 법적 성질은 준법률행위의 일종인 혼합사실행위이다.

16. 부당이득

부당이득이란 법률상 원인없이 타인의 재산 또는 노무로 이익을 얻고 이로 인하여 타인에게 손해를 가한 자에 대하여 그 이익의 반환을 명하는 제도를 말하며, 법적 성질은 사건이다.

17. 불법행위

1) 의의

불법행위란 고의 또는 과실로 인한 위법행위로 타인에게 손해를 가하는 것을 말한다.

2) 성립요건

① 가해자의 고의 또는 과실에 의한 행위일 것
② 가해자가 책임능력이 있을 것
③ 가해행위가 위법할 것
④ 가해행위로 인해 손해가 발생할 것

제3장 가족법(친족 · 상속법)

제1절 의의

가족이나 친족과 같이 특정한 관계에 있는 사람들간의 권리와 의무를 규정하는 법으로 친족법과 상속법이 있다

제2절 친족과 가족

I. 친족

1. 친족의 종류

배우자, 혈족 및 인척을 친족으로 한다.

2. 친족의 범위

8촌 이내의 혈족, 4촌 이내의 인척 및 배우자

II. 가족

1. 가족의 의미

종래 민법상 가족이란 가의 구성원으로 호주 아닌 자를 말하였다. 그러나 2005년 개정에 의하여 호주제도가 폐지됨에 따라 새로운 가족개념이 도입되었다. 즉 제779조는 배우자, 직계혈족 및 형제자매 및 생계를 같이하는 직계혈족의 배우자, 배우자의 직계혈족 및 배우자의 형제자매가 가족의 범위에 속한다고 한다.

2. 가족의 범위

1) 당연가족형

(1) 본인을 기준으로 당연히 가족에 포함되는 자는 배우자, 직계혈족 및 형제자매이다(제779조 제1항 제1호).

(2) 배우자는 현재 혼인관계에 있는 자를 의미하고, 사별한 또는 이혼한 배우자는 제외된다.

(3) 직계혈족은 생존하고 있는 한 모두 가족으로 되며, 부계와 모계를 모두 포함한다.

(4) 본인을 기준으로 부계 및 모계의 혈연관계 있는 자는 모두 형제자매에 포함된다.

2) 생계공동형

(1) 직계혈족의 배우자, 배우자의 직계혈족 및 배우자의 형제자매도 생계를 같이하는 경우에 가족으로 편입된다(제779조 제1항 제2호, 제2항).
(2) 직계혈족의 배우자에는 혈연관계를 같이하지 않는 재혼한 배우자(가령 계부나 계모), 며느리나 사위가 포함된다.
(3) 배우자의 직계혈족에는 배우자가 전혼에서 출생한 자녀, 시부모와 장인 등이 포함된다.
(4) 배우자의 형제자매로는 시숙, 시누이, 처남, 처제 등이 있으며, 여기서의 형제자매도 부계와 모계를 가리지 않는다.

제3절 가족법상의 주요개념

가족법이란 친족과 상속에 관한 법률을 말한다.

1. 약혼

남여가 장차 혼인할 것을 약정하는 신분상의 무상·낙성·불요식의 계약이다.

2. 혼인

사회적으로 정당하다고 평가되고 국가의 법질서에 의하여 승인·보호되는 남녀간의 정신적·육체적 결합이다.

3. 성년의제

미성년자가 혼인한 때(민법상의 법률행위를 하는 때)에 성년자로 본다(제826조의2).

4. 혼인의 해소

완전유효하게 성립된 혼인이 사후적으로 종료하는 것으로 이에는 배우자의 사망과 이혼(협의이혼과 재판상이혼)이 있다.

재판상이혼사유로 (1) 배우자에 부정한 행위가 있었을 때, (2) 배우자가 악의로 다른 일방을 유기한 때, (3) 배우자 또는 그 직계존속으로부터 심히 부당한 대우를 받았을 때, (4) 자기의 직계존속이 배우자로부터 심히 부당한 대우를 받았을 때, (5) 배우자의 생사가 3년 이상 분명하지 아니한 때, (6) 기타 혼인을 계속하기 어려운 중대한 사유가 있을 때이다.

5. 재산분할청구권

재산분할청구권이란 혼인 중에 취득한 재산의 일부를 이혼하는 일방이 타방에게 분할하여 줄 것을 청구하는 권리로서, 이는 신분관계를 기초로 하여 법이 인정한 일종의 법정채권이다.

6. 사실혼

혼인의 실질은 존재하지만 법률이 정하는 혼인신고를 하지 않았기 때문에 법률상의 부부로 인정되지 않는 관계를 사실혼이라 한다.

7. 친생자

친생자란 출생시부터 혼인 중의 출생자의 신분을 가지는 자를 말한다.

8. 인지(認知)

인지란 혼인 외 출생자를 그 생부 또는 생모가 자기의 子라고 인정하는 행위로서, 혼인 외의 출생자와 그 夫의 법률상의 부자관계는 인지만으로 생긴다.

9. 준정(準正)

준정이란 혼인 외의 출생자가 부모의 혼인을 원인으로 하여 혼인 중의 출생자의 신분을 취득하는 것을 말한다.

10. 양자(養子)와 파양(罷養)

자연적인 혈연관계나 친자관계가 없는 사람들 사이가 법률에 의하여 창설된 친자관계를 양자라 하고 이를 깨뜨리는 경우가 파양(협의파양과 재판상 파양)이다.

11. 친족

친족에는 자기를 기준으로 일정한 혈연관계(자연혈족과 법정혈족=양자)가 있거나 혼인에 의한 배우자 및 인척이 있다. 자연혈족에는 직계혈족과 방계혈족이 있고, 인척에는 혈족의 배우자, 배우자의 혈족, 배우자혈족의 배우자가 있다. 친족관계로 인한 법률상의 효력은 일반적으로 8촌 이내의 혈족, 4촌 이내의 인척, 배우자에 미친다(제777조).

12. 상속

상속이란 피상속인의 사망에 의하여 상속인이 피상속인의 재산상의 지위를 포괄적으로 승계받는 것을 말한다.

[상속순위(제1000조)]

제1순위 - 직계비속

제2순위 - (제1순위 상속권자가 없을 때) 직계존속

제3순위 - (제2순위 상속권자도 없을 때) 피상속인의 형제자매

제4순위 - (제3순위 상속권자도 없을 때) 피상속인의 4촌 이내의 방계혈족

배우자의 상속순위는 제1순위 상속권자가 있다면 그와 공동상속하고, 제1순위 상속권자가 없다면 제2순위 상속권자와 공동상속하며, 제1순위·제2순위 상속권자가 없다면 배우자가 단독상속한다.

13. 대습상속(代襲相續)

대습상속이란 상속인이 될 직계비속 또는 형제자매가 상속개시 전에 사망하거나 결격자가 된 경우에 그 직계비속이나 배우자가 있는 때에는 그 직계비속이나 배우자가 사망하거나 결격된 자의 순위에 갈음하여 상속인이 되는 것을 말한다(민법 제1001조, 제1003조 제2항).

14. 유류분(遺留分)

유류분이란 피상속인의 유언에 의한 재산처분으로 상속인에로의 상속이 되지 않는 경우에 상속인에게 상속분의 일정비율을 보장함으로써 유언에 의한 재산처분을 제한함으로서 상속인을 보호하기 위한 것이다. 피상속인의 직계비속이나 배우자는 상속분의 2분의 1, 피상속인의 직계존속이나 형제자매는 상속분의 3분의 1이 유류분이다(제1112조).

15. 유언

유언이란 유언자가 생전에 일정한 방식(자필증서, 녹음, 공정증서, 비밀증서, 구수증서)에 따라 행한 재산처분의 효력을 유언자의 사망과 동시에 발생하게 하는 상대방 없는 단독행위를 말한다(제1060조 이하에 규정).

유언의 방식에는

(1) 자필증서에 의한 유언은 유언자가 그 전문과 연월일, 주소, 성명을 자서하고 날인하여야 한다(민법 제1066조 제1항).

(2) 공정증서에 의한 유언은 유언자가 증인 2인이 참여한 공증인의 면전에서 유언의 취지를 구수하고 공증인이 이를 필기낭독하여 유언자와 증인이 그 정확함을 승인한 후 각자 서명 또는 기명날인 하여야 한다(민법 제1068조).

(3) 비밀증서에 의한 유언은 유언자가 필자의 성명을 기입한 증서를 엄봉날인하고 이를 2인 이상의 증인의 면전에 제출하여 자기의 유언서임을 표시한 후 그 봉서표면에 제출 연월일을 기재하고 유언자와 증인이 각자 서명 또는 기명날인 하여야 한다(민법 제1069조 제1항).

(4) 구수증서에 의한 유언은 질병 기타 급박한 사유로 인하여 다른 유언 방식에 의할 수 없는 경우에 유언자가 2인 이상의 증인의 참여로 그 1인에게 유언의 취지를 구수하고 그 구수를 받은 자가 이를 필기낭독하여 유언자의 증인이 그 정확함을 승인한 후 각자 서명 또는 기명날인하여야 한다(민법 제1070조 제1항).

16. 유증

유증이란 유언자가 유언에 의하여 자기의 재산을 수유자에게 사후에 무상으로 양도되게 하는 상대방 없는 단독행위를 말한다.

제 5 편

상 법

제1장 서 론
제2장 상법의 내용

제5편 상법

제1장 서론

제1절 상법의 의의

1. 상법

1) 실질적 의미의 상법

보통 상법이라 할 때에는 기업을 중심으로 하는 생활관계를 규율하는 법을 가리키며, 결국 상법이란 기업에 관한 특별사법이라 할 수 있다.

2) 형식적 의미의 상법

상법전만을 가리켜 상법이라고 할 때 이 경우의 상법을 형식적 의미의 상법이라고 말한다.

2. 상법의 이념과 특성

1) 상법의 이념

(1) 기업의 유지강화

기업의 유지강화를 구체화한 것으로 영리성의 보장, 자본집중의 촉진, 자금조달의 원활화, 인력의 보충, 위험부담의 완화, 기업의 독립성의 확보, 소유와 경영의 분리, 기업소멸의 회피 등을 들 수 있다.

(2) 기업활동의 왕성과 거래의 안전

기업활동의 왕성을 위하여 기업거래는 간이·신속함과 정형화를 요구하고 있으며,

거래객체는 그 유통성의 확보를 위한 조치를 요구하고 있다. 또한 기업과 거래하는 제3자를 보호하기 위하여 기업활동의 왕성을 위한 조치와 함께 거래의 안전을 위한 조치도 필요하여 기업에 공시의무 · 외관존중 및 책임가중 등을 부여하고 있다.

2) 상법의 특성

상법의 특성으로는 유동적·진보적 경향과 세계적 · 통일적 경향으로 나타나고 있다.

II. 상법의 구성

상법은 제1편 총칙, 제2편 상행위, 제3편 회사법, 제4편 보험, 제5편 해상으로 구성되며 특별법으로 어음법과 수표법이 있다.

제2장 상법의 내용

제1절 총칙 및 상행위

상법총칙은 상인 · 상업사용인 · 상호 · 상업장부 · 영업소 · 상업등기 · 영업양도 등을 규율하며 상행위법에서는 영리에 관한 행위인 상행위에 관한 통칙과 대리상 · 운송업 등에 관하여 규율하고 있다.

1. 상인

상행위의 여하를 기준으로 자기명의로 상행위를 영업으로 하는 당연상인과 상행위를 영업으로 하지 않더라도 경영의 형식 내지 기업적 설비에 착안하여 상인으로 의제되는 의제상인으로 구분될 수 있다. 소상인이란 자본금액이 1,000만원에 달하지 못하는 소규모의 상인으로서 회사가 아닌 자를 말한다(상법 시행령 제2조). 이러한 소상인에 대하여는 지배인, 상호, 상업장부, 및 상업등기에 관한 규정이 적용되지 않는다(상법 제9조).

2. 상업사용인

대리권의 범위를 기준으로 하여 지배인, 부분적 포괄대리권을 가진 사용인, 물건판매점포의 사용인이 있다.

3. 상호

상호란 상인이 영업상 자기를 표시하기 위하여 사용하는 명칭으로서, 상인은 상호자유의 원칙의 적용을 받는다.

4. 상업장부

상업장부란 상인이 모든 거래를 기록·정리하는 장부를 말한다. 상법상의 상업장부에는 「회계장부」와 「대차대조표」가 있다(상법 제29조 제1항, 제30조). 회계장부란 상인이 거래와 기타 영업상의 재산에 영향이 있는 사항을 기재한 장부이다(상법 제30조 제1항). 여기에는 전표, 분개장, 원장 등이 있다. 또한 마이크로 필름 기타의 전산처리조직에 의하여 전산화된 자료도 회계장부가 될 수 있다(상법 제33조 제3항).

5. 상업등기

상업등기란 일정한 사항을 공시한 목적으로 상법·비송사건절차법 등이 규정하는 바에 따라 영업에 관한 중요한 사항을 상업등기부에 하는 등기를 말한다. 상업등기제도는 기업의 공시제도 중 가장 대표적인 제도로서 기업의 대외적 거래를 원만히 하게하고, 이해관계인을 보호하는 기능을 한다.

6. 대리상

대리상이란 상업사용인이 아니면서 일정한 상인을 위하여 상시 그 영업부류에 속하는 거래의 대리 또는 중개를 영업으로 하는 자를 말한다. 대리상은 그 자신이 상인이다.

7. 중개업

중개업이란 타인간의 상행위의 중개를 영업으로 하는 것이며, 이러한 영업을 하는 자를 중개인이라 한다.

8. 위탁매매업

위탁매매업이란 자기명의로써 타인의 계산으로 물건 또는 유가증권의 판매 또는 매입을 하는 영업이며, 이러한 영업을 하는 자를 위탁매매인이라 한다.

9. 운송주선업

운송주선업이란 송하인의 위탁을 받아 자기의 이름으로 운송인과 운송계약을 체결함으로써 운송에 대한 송하인과 운송인의 수급을 연결해 주는 영업을 말한다(상법 제114조).

10. 운송업

운송업이란 육상, 호천 또는 항만에서 물건 또는 여객을 운송하는 영업을 말한다. 이러한 영업을 하는 자는 운송인이라 한다(상법 제125조).

※ 화물상환증

운송인이 운송물의 수령을 증명하고 목적지에서 이를 증권소지인에게 인도할 의무(소지인 측에서 보면 운송물반환청구권)를 표창하는 유가증권을 화물상환증이라 한다.

11. 공중접객업자

공중접객업이란 공중의 집래에 적합한 물적·인적 설비를 갖추어 이 시설의 이용에 의한 거래를 업으로 하는 영업을 말한다. 이러한 영업을 하는 자를 공중접객업자라 한다(상법 제151조).

12. 창고업자

창고업이라 함은 타인(임치인)을 위하여 창고에 물건을 보관함을 목적으로 하는 영업을 말한다. 이 영업을 하는 자를 창고업자라 한다(상법 제155조).

13. 금융리스업자

금융리스이용자가 선정한 기계, 시설, 그 밖의 재산을 제3자로부터 취득하거나 대여 받아 금융리스이용자에게 이용하게 하는 것을 영업으로 하는 자를 금융리스업자라 한다.

14. 가맹상

자신의 상호·상표 등을 제공하는 것을 영업으로 하는 자로부터 그의 상호 등을 사용할 것을 허락받아 가맹업자가 지정하는 품질기준이나 영업방식에 따라 영업을 하는 자를 가맹상이라 한다.

15. 채권매입업자

타인이 물건·유가증권의 판매, 용역의 제공 등에 의하여 취득하였거나 취득할 영업상의 채권(이하 이 장에서 "영업채권"이라 한다)을 매입하여 회수하는 것을 영업으로 하는 자를 채권매입업자라 한다.

제2절 회사법

상행위 기타 영리를 목적으로 하여 설립된 사단법인인 회사에 관하여 상법 제3편에 규정된 법을 말한다.

1. 회사의 의의

상법상 회사라 함은 상행위 기타의 영리를 목적으로 설립된 사단 법인을 말한다(상법 제169조, 제171조 제1항). 회사의 개념에는 다음의 요소가 포함되어야 한다.

1) 영리성

회사는 상행위 기타의 영리를 목적으로 하여야 한다. 따라서 회사의 영리성 때문에 재단법인이나 공법인은 회사가 될 수 없다. 또한 협동조합이나 상호회사도 회사가 아니다(정찬형, 개론, 136).

2) 사단성

사단이란 공동목적을 위한 복수인의 결합체이므로 회사는 2인 이상의 사원이 존재하여야 한다. 상법 제169조는 「본법에서 회사라 함은 상행위 기타 영리를 목적으로 하여 설립한 사단을 이른다.」고 규정하여 「사단성」을 회사의 요소로 하고 있다.

3) 법인성

상법은 모든 회사를 법인으로 규정하고 있다(상법 제171조 제1항). 회사는 법인이므로 그 내부 구성원인 사원과는 별개의 인격을 지니므로 사원으로부터 독립하여 권리의무를 취득한다.

2. 회사설립의 원칙

회사의 설립이란 회사라는 단체를 형성하여 법률상의 인격체로서 존재하기에 이르는 절차를 말한다. 상법은 준칙주의를 채택하고 있다. 즉 법률이 규정하고 있는 요건을 구비하면 법인격을 취득 한다는 것이다. 여기에서 법률이 요구하는 요건은 합명회사 · 합자회사 · 주식회사 · 유한회사에 따라 각각 다르다. 합명회사가 가장 간단하고, 주식회사가 가장 복잡하다.

이 법인을 성립시키는 여러 가지 행위는 정관의 작성에서 시작하여 설립등기에서 끝난다.

3. 설립절차

사단결성→ 정관작성→ 설립행위→ 설립등기

4. 회사의 종류

1) 합명회사

(1) 합명회사는 2인 이상의 무한책임사원으로 구성되며, 합명회사의 각 사원은 회사에 대한 출자의무 이외에도 회사가 채무를 부담하여 회사재산으로써 완제하지 못하게 될 때에는 회사채권자에 대하여 직접·연대·무한책임을 진다.

(2) 합명회사의 설립절차는 다른 종류의 회사보다 매우 간단하고 용이하다. 즉, 2인

이상의 사원이 되고자 하는 자가 정관을 작성하고 설립등기를 하면 합명회사는 설립하다.

2) 합자회사

합명회사의 사원과 동일한 책임을 지는 무한책임사원과 회사채권자에 대하여 직접·연대책임을 지지만 출자액을 한도로 하여 유한책임을 지는 유한책임사원으로 구성된 회사이다.

3) 유한책임회사

업무집행조합원과 유한책임조합원으로 구성된 합자조합을 신설하고, 사원에게 유한책임을 인정하면서도 회사의 설립·운영과 기관 구성 등의 면에서 사적 자치를 폭넓게 인정하는 회사이다.

4) 주식회사

그 구성원인 사원의 출자에 의해 구성되는 자본을 가지고, 주주는 그가 가진 주식의 인수가액을 한도로 하여 회사에 대하여만 책임을 질뿐이고, 회사채권자에 대해서는 아무런 책임을 지지 않는 회사를 말한다. 따라서 주식회사의 세 가지 요소는 자본, 주식, 주주의 유한책임이라고 볼 수 있다.

상법상 주식회사의 기관은 필요기관과 임시기관으로 분류될 수 있다.

(1) 필요기관

① 주주총회 - 의사결정기관

② 이사회와 대표이사 - 의사결정, 업무집행감독 + 회사대표, 업무집행

③ 감사 또는 감사위원회 - 이사의 업무 및 회계에 대한 감사기관

(2) 임시기관 (필요한 때에만 존재하는 기관)

① 주식회사 설립 시 검사인(**상법 제298조, 제299조, 제310조**)

② 회사업무·재산상태 조사위한 검사인(**상법 제366조**)

③ 주식회사의 외부감사에 관한 법률에 따른 일정규모 이상의 주식회사에 대한 회계감사기관으로서 외부감사인

5) 유한회사

주식회사의 주주와 같이 회사채권자에 대하여는 직접 아무런 책임을 지지 않고 회사에 대하여만 일정한 범위의 출자의무만을 부담하는(간접 · 유한책임) 사원만으로 구성된 회사이다.

구 분 / 회 사	구 성	업무집행	지위의 양도	성 격
합명회사	무한책임사원 (2인이상)	사원전원	전사원의 동 의	인적 회사
합자회사	무한·유한 책임사원	무한책임사원	무한책임사원 전원의 동의	인적 회사
유한책임회사	업무집행조합원과 유한책임조합원	정관으로 사원 또는 사원이 아닌 자를 업무집행자로 정함	전사원의 동 의	인적 회사
주식회사	주 주 (유한책임)	이사회, 대표이사	주식양도의 자 유	물적 회사
유한회사	유한책임사원	이 사	사원총회의 동 의	물적 회사

4. 회사의 정관의 필요적 기재사항과 변태성립사항

1) 합명회사의 정관의 필요적 기재사항

- 목적
- 상호
- 사원의 성명 · 주민등록번호 및 주소
- 사원의 출자의 목적과 가격 또는 그 평가의 표준
- 본점의 소재지
- 정관의 작성 년 월 일

2) 합자회사의 정관의 필요적 기재사항

- 목적
- 상호
- 사원의 성명 · 주민등록번호 및 주소
- 사원의 출자의 목적과 가격 또는 그 평가의 표준
- 본점의 소재지
- 정관의 작성 년 월 일
- 각 사원의 무한책임 또는 유한책임인

3) 유한책임회사의 정관의 필요적 기재사항

- 목적
- 상호
- 사원의 성명 · 주민등록번호 및 주소
- 본점의 소재지
- 정관의 작성 년 월 일
- 사원의 출자의 목적 및 가액
- 자본금의 액
- 업무집행자의 성명(법인인 경우에는 명칭) 및 주소

4) 주식회사의 정관의 필요적 기재사항과 변태설립사항

절대적 기재사항(상법 제289조)	변태설립사항(상법 제290조)
• 목적 • 상호 • 회사가 발행할 주식의 총수 • 액면주식을 발행하는 경우 1주의 금액 • 회사의 설립 시에 발행하는 주식의 총수 • 본점의 소재지 • 회사가 공고를 하는 방법 • 발기인의 성명·주민등록번호 및 주소	• 발기인이 받을 특별이익과 이를 받을 자의 성명 • 현물출자를 하는 자의 성명과 그 목적인 재산의 종류, 수량, 가격과 이에 대하여 부여할 주식의 종류와 수 • 회사 성립 후에 양수할 것을 약정한 재산의 종류, 수량, 가격과 그 양도인의 성명 • 회사가 부담할 설립비용과 발기인이 받을 보수액

5) 유한회사의 정관의 필요적 기재사항과 변태설립사항

절대적 기재사항(상법 제543조)	변태설립사항(상법 제544조)
• 목적 • 상호 • 사원의 성명·주민등록번호 및 주소 • 자본금의 총액 • 출자1좌의 금액 • 각 사원의 출자좌수 • 본점의 소재지	• 현물출자를 하는 자의 성명과 그 목적인 재산의 종류, 수량, 가격과 이에 대하여 부여하는 출자좌수 • 회사의 설립후에 양수할 것을 약정한 재산의 종류, 수량, 가격과 그 양도인의 성명 • 회사가 부담할 설립비용

5. 회사의 해산과 청산

1) 해산의 의의

해산이란 회사의 법인격을 소멸시키는 법률요건을 말한다.

2) 해산사유

(1) 합명회사의 해산사유

합명회사의 해산사유는 ① 존립기간의 만료 기타 정관으로 정한 사유의 발생, ② 총사원의 동의, ③ 사원이 1인으로 된 때, ④ 합병, ⑤ 파산, ⑥ 법원의 명령 또는 판결이다(제227조).

(2) 합자회사의 해산사유

합명회사의 해산사유와 대체로 같다(제269조, 제227조). 그러나 다른 점은 무한책임사원 또는 유한책임사원의 전원이 퇴사한 때에는 해산사유가 된다(제285조 제1항)는 점이다.

(3) 유한책임회사의 해산사유

유한책임회사의 해산사유는 존립기간의 만료 기타 정관으로 정한 사유의 발생, 총사원의 동의, 합병, 파산, 법원의 명령 또는 판결, 사원이 없게 된 경우이다(제287조의38, 제227조).

(4) 주식회사의 해산사유

합명회사의 해산사유와 대체로 같다(제517조, 제227조). 그러나 다른 점은 ① 합명회사의 경우에는 사원이 1인으로 된 때가 해산사유이나, 주식회사의 경우에는 주주가 1인으로 되어도 해산사유가 되지 않는다(제517조 제1호). ② 주주총회의 특별결의가 있으면 해산할 수 있다(제517조 제2호, 제518조). ③ 휴면회사의 해산의제는 주식회사에만 있는 해산사유이다(제520조의2). ④ 회사의 분할 또는 분할합병은 주식회사에만 있는 해산사유이다(제517조 제1의2호).

(5) 유한회사의 해산사유

합명회사의 해산사유와 대체로 같다(제609조 제1항 제1호, 제227조). 그러나 다른 점은 ① 총사원의 동의가 있어야 해산할 수 있는 것이 아니라 사원총회의 특별결의만 있으면 해산할 수 있다는 점, ② 사원이 1인인 경우 회사가 해산되지 않는다는 점이다.

3) 청산

청산이란 회사가 해산한 후 그 재산관계를 원만히 종결하고 회사의 법인격을 소멸시키는 절차를 말한다. 청산인은 제1차적으로 자치적으로 선임되는데, 이렇게 자치적으로 선임되지 않으면 제2차적으로 해산 전의 회사의 업무집행기관이 된다(인적회사의 경우 : 업무집행사원, 물적회사의 경우 : 이사). 예외적으로 사원이 1인이 되어 해산한 경우와 해산명령 또는 해산판결에 의해 해산되는 경우에는 회사의 자치는 인정되지 않고 법원이 이해관계인이나 검사의 청구에 의하여 또는 직권으로 청산인을 선임한다.

제3절 보험 · 해상법

1. 보험법

1) 보험의 의의

보험이란 장래의 위험에 대비하여 다수의 사람들이 일정액의 보험료를 미리 부담하여 공동 준비 재산을 형성하고, 사고 발생시에 재산적 급여(보험금)를 받는 제도를 말한다.

2) 보험의 종류

(1) 손해보험: 손해보험이란 당사자의 일방(보험자)이 우연한 사고로 인하여 발생되는 재산상의 손해를 보상할 것을 약정하고, 상대방(보험계약자)이 이에 대하여 보수(보험료)를 지급하는 보험이다. 손해보험에는 화재보험·운송보험·해상보험·책임보험·자동차보험 등이 있다.

(2) 인보험: 인보험이란 사람의 생명이나 신체에 관한 사고로 인하여 생기는 손해에 대하여 보험금액 기타의 급여를 지급할 것을 목적으로 하는 보험으로, 인보험에는 생명보험·상해보험 등이 있다.

2. 보험계약

1) 의의

당사자 일방이 약정한 보험료를 지급하고 상대방이 재산 또는 생명이나 신체에 관하여 불확정한 사고가 생길 경우에 일정한 보험금액 기타의 급여를 지급할 것을 약정함으로써 효력이 생기는 계약을 말한다.

2) 보험계약의 요소

보험계약은 보험계약당사자, 보험의 목적, 보험사고, 보험료와 보험금액, 보험기간, 보험료기간과 같은 여러 가지 요소가 필요하다.

3) 보험계약의 특징

(1) 보험계약은 보험자가 보험금지급의무를 지고, 보험계약자가 이에 대하여 보험료지급의무를 지는 유상·쌍무계약이다.
(2) 보험계약은 당사자 쌍방의 합의에 의하여 성립하고 보험증권의 작성이 성립요건이 아니기 때문에 불요식의 낙성계약이다.
(3) 보험계약은 우연한 사고의 발생을 전제로 하는 사행계약이다.
(4) 보험계약은 계약관계자에게 선의 또는 신의성실이 요구되는 선의계약 또는 최대선의계약이다.
(5) 보험계약은 보험사업자가 많은 보험계약자를 상대로 미리 계약의 내용을 보험

약관에 의하여 정하고 이에 부합되어야 성립하는 부합계약이다.

4) 보험자의 의무

(1) 보험증권교부의무

보험자는 보험계약이 성립한 때에는 지체없이 보험증권을 작성하여 보험계약자에게 교부하여야 한다(상법 제640조 제1항).

(2) 보험금지급의무

보험자는 보험사고가 생긴 경우에 피보험자 또는 보험수익자에게 보험금을 지급할 의무를 진다(상법 제638조 참조).

(3) 보험료반환의무

보험자는 보험계약이 무효 또는 해지된 경우에 일정한 보험료의 반환의무를 진다.

(4) 이익배당의무

보험자는 보험약관으로써 그 이익의 일부를 보험계약자에게 배당할 것을 정한 경우에는 그 약관에 따라 이익배당을 할 의무를 부담하고, 이 경우에는 그 지급을 위하여 준비금으로 적립하여야 한다.

5) 보험계약자의 의무

(1) 고지의무

고지의무제도는 보험계약에서 인정되는 특유한 제도로서 고지의무란 보험계약자 또는 피보험자가 보험계약의 체결 당시에 보험자에 대하여 중요한 사항을 고지하거나 부실고지를 하지 아니할 의무를 말한다.

(2) 보험료지급의무

보험계약자는 계약 체결 후 지체 없이 보험료의 전부 또는 제1회 보험료를 지급하여야 한다(상법 제650조 제1항).

(3) 위험변경 · 증가의 통지의무

보험기간 중에 보험계약자 또는 피보험자가 사고발생의 위험이 현저하게 변경 또는 증가된 사실을 안 때에는 지체없이 보험자에게 통지하여야 한다(상법 제652조 제1항).

(4) 위험유지의무

보험계약자, 피보험자 또는 보험수익자는 보험자의 동의 없이 보험기간 중에 그의 고의 또는 중대한 과실로 인하여 보험사고발생의 위험을 현저하게 변경하거나 또는 증가시키지 않을 의무를 부담하는데, 이를 보험계약자 등의 위험유지의무라고 한다.

6) 보험가액과 보험금액과의 관계

(1) 초과보험

초과보험이란 보험금액이 보험가액을 현저하게 초과한 보험을 말한다.

(2) 중복보험

중복보험에는 광의의 중복보험과 협의의 중복보험이 있다. 광의의 중복보험이란 동일한 보험의 목적에 관하여 피보험이익 및 보험사고가 동일하고, 피보험자의 보험기간을 공통으로 하는 보험계약을 체결함으로써 수인의 보험자와의 수개의 손해보험계약이 병존하는 경우를 말하고, 협의의 중복보험이란 광의의 중복보험 중에서 각 계약의 보험금액의 합계가 보험가액을 초과하는 중복보험을 말한다.

(3) 일부보험

일부보험이란 보험금액이 보험가액에 미달한 보험을 말하고, 보험금액이 보험가액과 동일한 보험을 전부보험이라고 한다.

3. 해상법

해상법은 해상기업에 특유한 사법적 법규이다. 즉, 해상법이란 선박에 의해서 행하여지는 해상운송업을 규정의 중심적 대상으로 하는 법규의 총체이다.

해상에서 선박에 의해 활동하는 해상기업에 특유한 사법적 규정으로서 상법 제5편에서 규율하고 있다.

제4절 어음 · 수표법

1. 환어음(換어음)

환어음이란 어음의 발행인이 지급인에게 만기에 일정한 어음금액을 수취인 또는 그로부터 어음을 취득한 자에게 지급할 것을 무조건으로 위탁하는 유가증권을 말한다.

2. 약속어음(約束어음)

약속어음이란 발행인이 직접 만기에 일정한 어음금액을 수취인 또는 그로부터 어음을 취득한 자에게 지급할 것을 무조건으로 약속하는 유가증권을 말한다.

3. 수표

수표란 수표의 발행인이 지급인(은행)에게 일정금액(수표금액)을 수표상의 권리자에게 지급할 것을 무조건으로 위탁하는 유가증권을 말한다.

참 고

당좌수표

당좌수표란 사업을 하는 자가 은행과 당좌거래계약을 체결하고 은행에 있는 수표자금의 범위 내에서 발행하는 수표를 말한다. 수표법에서 규정하는 전형적인 형식의 수표이다.

참 고

유가증권(有價證券)

유가증권이라 함은 재산적 권리(가치)가 표창된 증서로서 유통을 원활히 하기 위하여 권리를 증권으로 표시한 것을 말한다. 유가증권에는 기명증권, 지시증권, 무기명증권, 선택무기명증권이 있다. 기명증권은 특정인이 권리자로 기재되어 있는 것으로서 배서할 수 없는 증권으로 기명사채권, 배서금지어음 등이 있다. 지시증권은 특정인 또는 그 특정인이 지정하는 자에게 권리의 행사를 인정하는 유가증권으로 수취인을 기재한 어음이나 수표 또는 화물상환증이 등이 있다. 무기명증권은 증권에 권리자의 기재가 없이 증권의 소지인을 권리자로 인정하는 증권으로 무시명식으로 발행하는 수표나 선하증권이 대표적인 증권이다. 선택무기명증권은 특정인 또는 그 증권의 소지인에게도 권리행사를 인정하는 뜻을 기재한 증권으로 무기명증권과 동일한 효력을 갖는 증권을 말한다.

제6편

형 법

제1장 서 론
제2장 범죄론
제3장 죄수론
제4장 형벌론
제5장 형법각론

제6편 형법

제1장 서론

제1절 형법의 기초개념

1. 형법의 의의

1) 형법의 개념

형법이란 범죄와 범죄에 대한 법률효과인 형벌 또는 보안처분을 규정하는 법규범의 총체를 말한다.

2) 형법의 범위

① **협의의 형법:** 형법전을 의미 → 형식적 의미의 형법

② **광의의 형법:** 협의의 형법외에 형벌과 보안처분을 그 제재효과로 규정한 모든 법규범 → 실질적 의미의 형법

2. 형법의 성격

1) 형법의 체계적 지위

공법 · 사법법 · 실체법 · 형사법

2) 형법의 규범적 성격

① 가언규범
② 행위규범과 재판규범
③ 평가규범과 의사결정규범

3. 형법의 기능

1) 보호적 기능

보호적 기능은 형법이 범죄에 대해서 형벌을 과함으로써 법익을 보호하고 사회윤리적 행위가치를 보호하는 기능을 한다.

형법이 법익보호의 기능을 다하기 위해서는 법익의 보호가치, 보호의 필요, 보호의 능력이 고려되어야 한다.

2) 보장적 기능

국가형벌권의 한계를 명백히 하여 자의적인 형벌로부터 국민의 자유와 권리보장(죄형법정주의 근본원리)

3) 사회보호적 기능(사회보전적 기능 또는 예방적 기능)

형벌과 보안처분을 수단으로 범죄로부터 사회질서 유지보호. 이에는 일반예방적 기능과 특별예방적 기능이 있다.

제2절 죄형법정주의

1. 의의

'법률 없으면 범죄 없고 형벌 없다'는 원리로 보장적 기능과 적극적 일반예방기능을 한다.

2. 죄형법정주의의 내용

1) 관습형법금지의 원칙

관습법에 의하여 형을 가중하거나 가벌성인정의 근거로 하여서는 안된다는 원칙을 말한다.

2) 소급효금지의 원칙

형벌법규시행 이전의 행위에는 소급하여 적용하지 않는다는 원칙을 말한다.

3) 명확성의 원칙

구성요건과 그 법적 결과를 명확하게 규정해야 한다는 원칙(구성요건의 명확성과 재제의 명확성), 절대적 부정기형은 불가능하나 상대적 부정기형은 가능하다.

4) 유추해석금지의 원칙

법률에 규정이 없는 사항에 대하여 그것과 유사한 성질을 가지는 사항에 관한 법률을 적용하는 것을 금지한다는 원칙이다. 그러나 피고인에 유리한 유추해석과 소송법규정의 유추해석은 가능하다.

5) 적정성의 원칙

범죄와 형벌을 규정하는 법률의 내용은 기본적 인권을 실질적으로 보장할 수 있도록 적정해야 한다는 원칙을 말한다.

제3절 형법의 적용범위

1. 형법의 시간적 적용범위

1) 원칙

행위시법주의와 재판시법주의가 있으며, 형법은 범죄의 성립과 처벌은 행위시의 법률에 의한다고 규정하여 행위시법주의를 취한다.

2) 행위시법주의의 예외

행위시법보다 재판시의 법이 경한 형으로 변경된 때와 처벌법규가 없어진 때에는 예외가 인정된다.

2. 형법의 장소적 적용범위

입법주의(우리형법)	범죄지	범죄자의 국적
속지주의(제2조)	대한민국 내	내국인, 외국인
속인주의(제3조)	대한민국 외	내국인
기국주의(제4조)	대한민국 외 (한국선박·항공기내)	외국인
보호주의(제5·6조)	대한민국 외	외국인

▶ 세계주의: 통화위조, 해적행위, 항공기납치, 국제테러, 민족학살 등의 범죄에는 국적, 범죄지 여하를 불문하고 처벌

※ 통화위조죄와 관련하여 우리 형법은 세계주의에 입각

▶ 외국에서 받은 형의 집행(제7조) → 임의적 감면사유일 뿐이다.

3. 형법의 인적 적용범위

1) 국내법상 직무 특권에 의한 예외

(1) 대통령은 내란 또는 외환의 죄를 제외하고는 재직중 형사소추 받지 않는다.

(2) 국회의원은 국회에서 직무상 행한 발언·표결에 관하여 국회 외에서 책임지지 않는다.

2) 국제법상 외교특권에 의한 예외

국제법상 치외법권을 가진 자는 ① 외국의 원수 그 가족 및 내국인 아닌 종자 ② 신임받은 외교사절, 부수원, 그 가족 및 내국인 아닌 종자 ③ 승인을 받고 체류하고 있는 외국군대 및 외국군함의 소속원 등이 있다.

제2장 범죄론

제1절 범죄의 기본개념

1. 범죄의 의의

1) 형식적 범죄개념

구성요건에 해당하고 위법 · 유책한 행위를 말한다.

2) 실질적 범죄개념

사회에 유해하거나 법익을 침해하는 반사회적 행위를 말한다.

2. 범죄행위의 체계적 기본개념

1) 행위

(1) 범죄체계 구성의 초석
(2) 모든 가벌적 인간행태는 먼저 행위로서 존재하여야 한다.

2) 범죄의 성립요건

(1) 구성요건 해당성: 구체적 사실이 추상적인 구성요건에 해당하는 성질

(2) 위법성: 구성요건에 해당하는 행위가 법률상 허용되지 않는 성질

(3) 책임: 당해 행위를 한 자에 대한 비난가능성을 말한다.

3) 범죄의 처벌조건

(1) 의의

범죄의 처벌조건이란 범죄가 성립한 경우에 형벌권의 발생을 위한 필요조건(가벌요건)을 말한다.

(2) 종류

① **객관적 처벌조건:** 범죄의 성립여부에 영향을 미치지 않고 일단 성립한 범죄의 가벌 성만을 좌우하는 외부적·객관적 사정(적극적 가벌요건). 이에는 진정객관적 처벌조건과 부진정 객관적 처벌조건(초과된 외적 경향, 초객관적 요소)이 있다.

② **인적 처벌조건:** 이미 성립한 범죄에 관하여 행위자의 특별한 신분관계(인적처벌조각사유) 또는 태도(인적처벌 소멸사유)로 형벌권의 발동을 저지시키는 인적 사정(소극적 가벌요건)

4) 범죄의 소추조건

(1) 의의

객관적 처벌조건 및 인적 처벌조건은 실체법적 요건이지만, 형사소송법(절차법)적 관점에서 공소제기 및 소추와 관련된 조건이 소추조건이다.

(2) 종류

① **친고죄:** 친고죄란 공소제기를 위하여 피해자 기타 고소권자의 고소를 요하는 범죄를 말한다. 예) 모욕죄, 사자명예훼손죄, 비밀침해죄

② **반의사불벌죄:** 피해자의 의사와 관계없이 공소를 제기할 수 있으나 피해자가 명백하게 처벌을 희망하지 않을 때에는 처벌할 수 없는 범죄를 말한다. 예) 폭행죄, 협박죄, 명예훼손죄, 과실치상죄

(3) 효과

소추조건이 결여된 경우에는 공소기각 등의 형식판결을 한다.

3. 범죄의 종류

1) 결과범과 형식범

(1) **결과범**이란 구성요건이 결과의 발생을 요건으로 하고 있는 범죄, 즉 행위뿐만 아니라 결과의 발생도 구성요건에 속하는 범죄로서 실질범이라고도 한다. 예) 살인죄, 상해죄, 강도죄, 손괴죄 등의 대부분의 범죄

(2) **형식범**이란 구성요건이 결과의 발생을 요하지 않고 법에 규정된 행위를 함으로써 충족되는 범죄로서 거동범이라고 한다. 예) 주거침입죄, 무고죄, 위증죄

(3) 결과범과 형식범을 구별하는 실익
결과범에 있어서는 행위와 결과 사이에 인과관계를 요한다는 점이다.

2) 침해범과 위험범(보호법익의 침해정도에 따른 구별)

(1) **침해범** : 구성요건이 법익의 현실적 침해를 요하는 범죄이다. 예) 살인죄, 상해죄 등

(2) 위험범

① **구체적 위험범** : 법익침해의 구체적 위험, 즉 현실적 위험의 발생을 요건으로 하는 범죄이다. 예) 자기소유일반건조물 등 방화죄, 일반물건 등 방화죄, 자기소유일반건조물실화죄, 일반물건실화죄, 중손괴죄, 중권리행사방해죄 등

② **추상적 위험범** : 법익침해의 일반적 위험이 있으면 구성요건이 충족되는 범죄이다. 예) 현주건조물방화죄, 공용건조물방화죄, 위증죄, 무고죄, 낙태죄, 유기죄 등

※ 중체포 · 감금죄는 침해범이다(구체적 위험범이 아니다).

3) 즉시범 · 상태범 · 계속범(행위에 의해 야기된 위법상태의 계속성유무에 따른 구별)

(1) **즉시범**: 법익의 침해 또는 위험의 야기로 기수에 이름과 동시에 종료되는 범죄이다.

(2) **상태범**: 구성요건적 행위가 기수이후에도 위법상태가 계속되는 범죄이다. → 불가벌적 사후행위

(3) **계속범**: 행위에 의해 야기된 위법상태가 원하는 시점까지 계속됨으로써 행위의 계속과 위법상태의 계속이 일치하는 범죄이다(체포감금죄, 주거침입죄 등).

4) 일반범과 신분범 및 자수범

(1) 일반범: 누구나 정범이 될 수 있는 범죄

(2) 신분범: 구성요건적 행위의 주체에 일정한 신분, 즉 범인의 인적관계인 특수한 지위나 상태를 요하는 범죄

① **적극적 신분범**

㉠ 진정신분범: 행위자의 신분이 가벌성의 존부를 결정(구성적 신분)하는 범죄로 직무유기 등 공무원범죄, 수뢰죄, 위증죄, 허위공문서작성죄, 허위진단서작성죄, 유기죄, 업무상비밀누설죄, 횡령죄, 배임죄, 배임수재죄 등이 있다.

㉡ 부진정신분범: 신분이 범죄의 가벌성의 정도를 가감시키는 범죄(가감적 신분)로 업무상과실치사상죄, 업무상낙태죄, 영아유기죄, 업무상횡령죄, 업무상배임죄, 불법체포감금죄, 영아살해죄, 존속살해죄, 불법체포감금죄 등이 있다.

② **소극적 신분범**

㉠ 위법조각적 신분: 일반인에게 금지된 행위를 특정신분자에게만 허용하는 경우의 신분(불구성적 신분)을 말한다.

㉡ 책임조각적 신분: 특정신분자의 행위도 구성요건에 해당하고 위법하지만 책임을 조각시키는 신분을 말한다.

㉢ 형벌조각적 신분: 범죄자체는 성립하지만 특정신분의 존재로 형벌이 면제되는 신분(처벌조각신분)을 말한다.

(3) 자수범: 행위자 자신이 실행해야 범할 수 있는 범죄

① **진정자수범:** 신분자 혼자만이 당해범죄를 저지를 수 있는 범죄를 말한다.

② **부진정자수범:** 신분자는 비신분자를 도구로 하여 간접정범이 될 수 있으나, 비신분자는 신분자를 이용하여서 간접정범이 될 수 없는 범죄를 말한다. 단지 교사·방조범이 될 수 있다.

5) 목적범, 경향범, 표현범(Mezger의 분류)

(1) 목적범: 초과된 내적 경향을 가진 범죄로 진정목적범과 부진정목적범이 있다.

(2) 경향범: 강화된 내적 경향을 가진 범죄(감경)를 말한다.

(3) 표현범: 내심적 상태의 모순된 표현을 가진 범죄를 말한다.

6) 단일범과 결합범 / 행위의 단복에 따른 구별

(1) 단일범: 하나의 구성요건이 한 개의 법익보호

(2) 결합범: 하나의 구성요건이 다수의 법익 보호

7) 작위범과 부작위범(행위의 적극성 · 소극성에 따른 분류)

(1) 작위범: 행위자가 적극적인 행위로 구성요건을 실현시키는 범죄를 말한다.

(2) 부작위범

① **진정부작위범:** 구성요건에 부작위가 가벌적인 것으로 규정된 것을 말한다.

② **부진정부작위범:** 작위범을 전제한 구성요건을 부작위로 실현한 것을 말한다.

8) 기수범과 미수범

(1) 구성요건 실현행위의 결과충족의 정도에 따른 분류이다.
(2) 원칙적으로 기수범만 처벌, 예외적으로 형사정책상 미수범처벌(제29조)

제2절 행위론

1. 행위론의 의의

행위개념은 형법적 평가의 대상인 행위와 비행위를 구별하는 기준이 되며, 범죄성립요건(구성요건해당성, 위법성, 책임)에 논리적으로 선행한다.

2. 행위개념의 기능

1) 기초요소로서의 기능(분류기능 · 상위개념)

모든 종류의 인간행위를 하나의 통일개념으로 파악할 수 있어야 한다.

2) 결합기능(체계적 기능)

행위-구성요건해당성-위법성-책임-형벌의 순서로 이어지는 형법체계안에서 불법과 책임판단에 결합될 수 있는 것이어야 한다.

3) 한계기능

행위론은 행위와 비행위를 구별, 처벌의 대상이 되지 않는 거동은 행위에서 제외시킬 수 있어야 한다.

3. 행위론의 내용

1) 인과적행위론

행위란 인간의 의사에 지배된 행동에 의한 외부세계의 변동(유의성 거동성)를 말한다. → 과실범 설명에 가장 적합하다.

2) 목적적행위론

행위란 인간의 의사에 의하여 지배되고 목적지향적인 인간활동를 말한다. → 고의범, 작위범설명에 적합하다.

3) 사회적행위론

행위란 인간의 의사에 의하여 지배되거나 사회적으로 의미있는 인간의 행태를 말한다. → 부작위범 설명에 가장 적합하다.

4) 인격적행위론

행위란 인격의 발현(Roxin)·의사에 의해 지배할 수 있는 인과적 결과를 가진 유책적이며 의미부합적인 현실의 형성(Kaufmann)을 말한다.

제3절 범죄체계론

1. 행위의 주체와 객체

1) 행위의 주체

(1) 형법에서 행위의 주체는 원칙적으로 자연인에 한하나 오늘날 양벌규정의 증가에 따라 법인의 범죄능력유무가 문제된다.

(2) 법인의 범죄능력(범죄주체로서의 법인)

① **법인의 본질과 범죄능력**

㉮ 독일은 법인실재설을 취하나 법인의 범죄능력 부정한다.
㉯ 영미는 법인의제설을 취하나 법인의 범죄능력 인정한다.
㉰ 양자는 필연적 관계없다

② **법인의 범죄능력 인정여부**

㉮ 부정설: 법인은 의사와 육체가 없어 행위능력이 없기에 법인의 기관인 자연인 처벌로 족하다.
㉯ 긍정설: 법인실재설의 견지에서 법인의 범죄능력이 인정하며 법인도 기관을 통하여 행위 할 수 있다고 한다.

(3) 법인의 수형능력

① **범죄능력부정설(통):** 양벌규정 근거로 형벌능력을 인정하다(다수설). - 무과실책임설

② **범죄능력 긍정설:** 논리적 귀결로 형벌능력 인정하다. - 과실책임설

2) 행위의 객체

(1) 의의
구성요건적 행위수행의 구체적 대상을 의미한다.

(2) 성질

① 물질적 · 외형적 대상으로서 감각적으로 지각할 수 있는 존재이다.

② 법률에 규정되어 있고 객관적 구성요건요소가 된다.

③ 행위의 객체가 없는 범죄도 있다(단순도주죄, 퇴거불응죄, 다중불해산죄 등).

제4절 구성요건

1. 구성요건 일반론

1) 구성요건의 의의

법상 금지 또는 요구되는 행위가 무엇인가를 추상적 · 일반적으로 기술해 놓은 것으로 구체적으로 개개의 행위가 구성요건에 합치됨을 구성요건해당성이라 한다.

2) 구성요건이론의 발전

(1) Beling의 구성요건론(고전적 구성요건개념)

① 위법성·책임에 앞서는 독립된 범죄체계상의 한 범주로 파악한다.

② 범죄유형의 윤곽을 기술한 것으로 객관적·몰가치적 개념으로 본다.

(2) 주관적 구성요건표지의 발견

마이어는 목적 · 경향 등의 내심적 · 주관적 요소를 책임요소가 아니라 위법성 여부를 확정하는 위법요소, 즉 주관적 불법요소로 인정한다.

(3) 규범적 구성요건 표지의 발견

마이어에 의하면 구성요건은 원칙적으로 몰가치적이지만 예외적으로 규범적 구성요건요소에 대해서는 법률이 이를 고의의 대상으로 만들었기 때문에 위법성요소이면서 구성요건요소로도 인정한다.

2) 구성요건과 위법성의 관계

(1) 인식근거설

구성요건에 해당하는 행위는 위법성을 징표한다는 견해이다. 마이어는 연기와 불의 관계로 비유하였다.

(2) 존재근거설

구성요건해당성은 그 자체가 유형화된 위법성이기 때문에 구성요건에 해당하는 행위는 위법성을 근거지우는 것이라는 견해이다.

※ **소극적 구성요건표지이론(2단계 범죄체계론):** 구성요건을 위법성의 존재근거로 인정하지만, 구성요건요소를 적극적 구성요건표지로, 위법성조각사유를 소극적 구성요건표지로 이해하는 입장이다.

3) 구성요건의 구분

(1) 기본적 구성요건과 변형된 구성요건

① **기본적 구성요건:** 형법이 규정한 일정한 불법유형에 속하는 여러 형태 중 가장 본질적이고 공통된 표지의 구성요건이다.

② **변형된 구성요건:** 기본적 구성요건에 범죄가중요소나 범죄감경요소를 포함하는 구성요건이다.

(2) 폐쇄적 구성요건과 개방적 구성요건

① **폐쇄적 구성요건:** 폐쇄적 구성요건이란 범죄형태에 관한 개별표지를 남김없이 기술한 구성요건을 말한다.

② **개방적 구성요건**: 개방적 구성요건이란 구성요건표지의 일부만 기술하고 법관에 의해 보충·구체화될 것이 요구되는 구성요건을 말한다.

4) 구성요건표지의 구분

(1) 기술적 구성요건표지와 규범적 구성요건 표지

① **기술적 구성요건표지:** 물적·대상적으로 기술되어 사실의 확정만으로 그 의미를 알 수 있는 표지를 말한다.

② **규범적 구성요건 표지:** 법관에 의한 구체적 가치판단을 필요로 하는 구성요건 표지를 말한다.

(2) 기술된·기술되지 않은 구성요건표지

① 기술된 구성요건표지
② 기술되지 않은 구성요건표지

2. 부작위범

1) 부작위의 의의

부작위란 규범적으로 요구되는 일정한 행위를 하지 않는 소극적 행위를 말한다.

2) 부작위범의 종류

(1) 진정부작위범

진정부작위범이란 구성요건이 부작위로 실현되도록 규정된 범죄를 말한다. 예컨대 적법하게 주거에 들어온 자가 주인의 퇴거요구를 받고도 이유없이 응하지 않은 경우의 퇴거불응죄(제319조 제2항)같은 경우이다. 진정부작위범의 예로서는 전시군수계약불이행죄(제103조 제1항), 전시공수계약불이행죄(제117조 제2항), 다중불해산죄(제117조), 집합명령위반죄(제145조 제2항) 등이 있다

(2) 부진정부작위범

부진정부작위범이란 작위범의 구성요건을 부작위에 의하여 실현한 범죄를 말한다. 예컨대 유모가 유아를 아사시킬 의도하에 젖을 주지 않았기 때문에 유아가 굶어 죽은 경우에 유모가 살인죄의 죄책을 지는 경우이다.

3) 부작위범의 처벌

진정부작위범의 처벌은 형법 각칙에 규정되어 있다. 그러나 부진정부작위범에 대한 독립된 처벌규정은 없다. → 작위범과 동일하게 처벌한다.

3. 인과관계와 객관적 귀속

1) 의의

(1) 구성요건상 일정한 결과를 필요로 하는 결과범에서는 객관적 구성요건에서의 귀속은 두가지 단계를 거쳐 판단한다. 제1단계는 인과관계의 존부판단이고 제2단계는 객관적 귀속에 관한 판단이다.

(2) 결과범에 있어서 인과관계와 객관적 귀속가능성의 여러 기준들은 기술되지 아니한 구성요건요소이다(통설).

2) 인과관계론(인과관계의 존부에 관한 이론)

(1) 조건설

행위와 결과사이에 조건만 있으면 인과관계를 인정하는 이론이다(등가설). → 절대적 제약공식(C공식)

(2) 원인설

결과발생에 중요한 영향을 준 조건과 단순한 조건을 구별하여 전자를 원인이라 하고, 원인이 될 조건에 대하여만 결과관계에 대한 인과관계를 인정하려는 이론이다.

(3) 상당인과관계설

행위당시 주의 깊은 일반인이면 인식할 수 있었던 사정과 행위자가 특히 인식하고 있던 사정을 기초로 판단하여 상당성이 있으면 인과관계를 인정하려는 이론이다.

(4) 합법칙적 조건설

합법칙성이 있을 때, 즉 결과가 행위에 시간적으로 뒤따르면서 자연법칙으로 연관이 있을 때 인과관계를 인정하려는 이론이다.

3) 객관적 귀속이론

(1) 의의

'인과관계가 인정되는 결과를 행위자의 행위에 객관적으로 귀속시킬 수 있는 가를 확정하는 이론'으로 법적 규범적 문제에 속하는 것이다.

(2) 객관적 귀속의 판단기준

① **회피가능성의 이론(Honig):** 결과에 대한 객관적 지배가능성(회피가능성)이 있었으면 객관적 귀속을 인정하는 이론을 말한다.

② **위험실현의 이론(Roxin)**

㉮ 허용되지 않는 위험을 창출하고 그 위험이 구성요건적 결과로 실현된 때에 객관적 귀속을 인정할 수 있다는 이론을 말한다.

㉯ 허용되지 않는 위험을 창출했으나 그 결과가 구체적인 경우에 구성요건의 범위나 규범의 보호목적에 포함되지 않는 때에는 객관적 귀속이 부정된다.

4) 형법 제17조 해석

(1) '어떤 행위라도 … 그 결과로 인하여': 합법칙적 조건설로

(2) '죄의 요소 되는 위험발생에 연결되지 아니하는 때에는': 「객관적 귀속이 부정되면」의 의미

(3) '그 결과로 인하여 벌하지 아니한다': 「결과를 이유로 기수범으로 벌할 수 없다」는 의미이다. 따라서 미수로는 처벌 가능

4. 구성요건적 고의

1) 서론

(1) 고의의 의의

고의란 구성요건의 객관적 요소에 해당하는 사실을 인식하고 구성요건의 실현을 의욕 내지 인용하는 것을 말한다.

(2) 고의 개념의 구성요소

① **지적 요소(구성요건 인식)** → 결여시 구성요건적 착오의 문제 발생

② **의지적 요소(구성요건실현의사)** → 결여시 인식있는 과실의 문제 발생

2) 고의의 종류

(1) 확정적 고의(직접고의)

구성요건적 결과의 실현을 행위자가 인식하였거나 확실히 예견한 경우의 고의를 말한다.

(2) 불확정적 고의

구성요건적 결과에 대한 행위자의 인식 또는 예견이 불명확한 경우의 고의를 말한다.

① **택일적 고의:** 결과 발생은 확정적이나 객체가 택일적인 경우의 고의를 말한다.

② **개괄적 고의**

㉮ 결과자체가 발생하는 것은 확정적이나 객체가 불특정인 경우의 고의를 말한다(행위자가 사람을 살해하였다고 믿고 강물에 던졌으나 사실은 익사한 경우).

㉯ 인과관계의 착오(사람을 익사시키려고 교각 밑으로 던졌는데 교각에 부딪쳐 사망한 경우)와 구별된다.

③ **미필적 고의:** 행위자가 결과발생이 가능한 것으로 인식하고 그것을 감수 내지 용인하는 의사를 가진 경우의 고의로 용인설에 따라 인식있는 과실과 구별한다.

5. 사실의 착오

1) 착오 일반

(1) 착오의 의의

주관적 인식과 객관적 실재가 일치하지 않는 것

(2) 사실의 착오와 법률의 착오

① 제15조 사실의 착오 = 구성요건적 착오 → 고의조각 시킴
② 제16조 법률의 착오 = 금지착오 → 고의조각 안됨 → 책임조각 시킴
③ 구성요건 착오가 반전되면 가벌적인 불능미수가 되고, 금지착오가 반전되면 불가벌적 환각범이 된다.

2) 사실의 착오의 의의

사실의 착오란 행위자가 인식한 사실과 그 행위로 인하여 발생한 객관적 사실의 불일치한 경우를 말한다.

3) 사실의 착오의 종류

(1) 구체적 사실의 착오와 추상적 사실의 착오(구성요건을 표준으로 한 분류)

① **구체적 사실의 착오[동가치적 객체간의 착오]**: 인식사실과 발생사실이 구성요건적 동가치성이 인정되지만 구체적으로 일치하지 않는 경우를 말한다.

② **추상적 사실의 착오[이가치적 객체간의 착오]**: 인식사실과 발생사실이 구성요건적 동가치성이 인정되지 않는 경우를 말한다.

(2) 객체의 착오·방법의 착오와 인과관계의 착오(구성요건요소를 표준으로 한 분류)

① **객체의 착오:** 행위객체의 동일성에 관한 경우

② **방법의 착오:** 타격의 착오

③ **인과관계의 착오**

㉮ 인과관계의 착오란 행위자가 예견한 인식과정과 실제로 진행된 인과과정이 다른 경우를 말한다. 즉 범죄행위도 있었고 범죄결과도 발생하였지만 행위자가 예견한 과정과는 다른 과정을 거쳐서 범죄가 발생한 경우가 인과관계의 착오이다.
㉯ 개괄적 고의설, 미수설, 인과관계설, 객관적 귀속설, 계획실현설이 대립
㉰ 개괄적 고의(살인에 성공한 줄 알고 교각에 던졌으나 교각에 부딪쳐 사망한 경우)와 구별

4) 고의기수책임의 인정범위(사실의 착오의 한계)

(1) 구체적 부합설

행위자가 인식한 사실과 현실적으로 발생한 사실이 구체적으로 부합하면 발생사실에 대한 고의 성립 인정(객관주의 시각, 현재의 다수설)

(2) 법정적 부합설

행위자가 인식한 사실과 현실적으로 발생한 사실이 구성요건적으로 부합되면 발생사실에 대한 고의 인정(객관주의 시각, 종래의 다수설, 판례)

(3) 추상적 부합설

인식한 사실과 발생사실이 추상적으로 일치하면 고의 인정(주관주의 시각)

<table>
<tr><th></th><th></th><th>구체적부합설</th><th>법정적부합설</th><th>추상적부합설</th></tr>
<tr><td rowspan="2">구체적 사실의 착오</td><td>객체의 착오</td><td colspan="3">발생사실에 대한 고의범의 기수
(고의 전용)</td></tr>
<tr><td>방법의 착오</td><td>인식사실미수와 발생사실과실의상상적경합</td><td colspan="2"></td></tr>
<tr><td rowspan="2">추상적 사실의 착오</td><td>객체의 착오</td><td colspan="2">인식사실의 불능미수와
발생사실의 과실의 상상적경합</td><td rowspan="2">① 경죄고의로중죄실현→경죄고의 기수와 중죄과실의 상상적 경합
② 경죄고의로중죄실현→중죄미수(경죄기수를 흡수)</td></tr>
<tr><td>방법의 착오</td><td colspan="2">인식사실의 미수와
발생사실의 과실의 상상적경합</td></tr>
</table>

6. 과실범

1) 과실의 의의

과실이란 정상의 주의를 태만히 함으로써 죄의 성립요소인 사실을 인식하지 못한 행위를 말한다. 따라서 과실은 특별규정이 있어야 처벌한다.

2) 과실범의 구성요건

(1) 주의의무 위반

객관적 주의의무 위반은 구성요건요소로서의 과실이고, 주관적 주의의무 위반은 책임요소로서의 과실을 말하는데 그 내용에는 예견의무와 결과회피의무가 있다.

주의의무의 제한원리로 허용된 위험과 신뢰의 원칙이 논의된다.

(2) 결과발생

구성요건적 결과가 발생해야 한다.

(3) 인과관계 및 객관적 귀속

과실결과범이 성립하려면 과실행위와 결과발생 사이에 인과관계가 있어야 한다. 인과관계 이외에 발생한 결과를 행위자에게 객관적으로 귀속시킬 수 있어야 과실범이 성립한다. 이러한 객관적 귀속은 ① 행위자가 주의의무를 준수했더라면 결과발생을 회피할 수 있었고 ② 의무위반행태가 침해된 규범의 보호목적에 의하여 보호되는 위험을 실현하거나 위험을 증대시킨 때에는 인정된다.

3) 과실범의 위법성과 책임

(1) 고의범에서와 같이 구성요건의 실현으로 위법성 징표→ 위법성 조각사유 없는 한 위법

(2) 책임은 '구성요건에 해당하는 위법한 행위에 대한 비난가능성'이다.

※ **허용된 위험:** 허용된 위험이란 그 자체 속에 이미 법익침해의 위험을 내포하고 있으나 현대산업사회가 (그 유용성과 필요성 때문에) 불가피하게 인정해야 하는 위험이다. 따라서 발생하는 법익침해를 이유로 행위자에게 형사책임을 지울 수 없다. 육상 · 해상 · 항공교통, 공장운영, 지하자원채굴, 원자력 기타 에너지자원 이용 등에서 적용된다.

4) 신뢰의 원칙

(1) 의의

교통규칙을 준수하는 운전자는 상대방도 준수하리라는 것을 신뢰하면 충분하며, 상대방이 교통규칙을 위반하는 경우까지 예상하여 이에 대한 방어조치를 취할 의무는

없다는 원칙으로 허용된 위험의 특수한 경우로 특히 도로교통과 관련하여 인정된다.
※ 독일판례를 통해 인정 → 일본과 한국 판례에 영향

(2) 신뢰의 원칙의 적용범위

① **도로교통과 신뢰의 원칙**

② **적용범위의 확대:** 기업활동이나 외과수술과 같이 다수인의 공동에 의하여 실행되는 모든 형태의 과실범에 대하여 그 적용범위가 확대되고 있다.

(3) 신뢰의 원칙의 적용한계
① 상대방의 규칙 위반을 이미 인식한 경우
② 상대방의 규칙준수를 기대할 수 없는 경우
③ 운전자가 스스로 교통규칙을 위반한 경우
④ 상대방과의 사이에 보호감독의 관계가 있는 경우

7. 결과적 가중범

1) 의의

결과적 가중범이란 일정한 범죄행위가 행위자의 예기치 않은 중한 결과를 발생시킨 경우에 그 중한 결과에 형사책임을 가중시키는 범죄를 말한다. 기본 범죄와 가중결과를 1개의 범죄로 한 복합적 범죄유형이다.

2) 결과적 가중범의 종류

(1) 진정결과적가중범
고의에 의한 기본범죄에 의하여 과실로 중한 결과를 발생케 한 경우를 말한다.

(2) 부진정결과적가중범
중한 결과를 과실로 야기한 경우는 물론 고의에 의해 발생하게 한 경우에도 성립하는 결과적 가중범을 말한다.

3) 결과적 가중범의 구성요건해당성

(1) 고의의 기본범죄: 기본범죄의 기수·미수 불문한다.
(2) 중한결과의 발생
(3) 인과관계 및 객관적 귀속: 직접성의 원칙
(4) 중한 결과에 대한 예견가능성(과실)

4) 결과적 가중범의 위법성과 책임

(1) 기본범죄와 중한 결과에 대한 과실범 모두에 위법성이 인정될 때 결과적 가중범의 위법성이 인정된다.
(2) 일반범죄와 동일한 책임표지가 기본범죄와 중한 결과에 대한 과실범 모두에 존재하여야 한다.

제5절 위법성

1. 위법성의 의의

위법성이란 행위가 법질서 전체에 객관적으로 모순·충돌하는 것을 말하며 이는 행위에 의하여 실현되는 법에 의하여 부정적으로 평가된 반가치 자체인 불법과 구분된다.

2. 구성요건해당성 및 책임과의 관계

(1) 구성요건에 해당하는 행위는 위법성 조각사유에 해당하지 않으면 원칙적으로 위법성이 추정 · 징표 된다.
(2) 위법성은 법질서 전체의 입장에서 내리는 행위에 대한 객관적 판단이며, 책임은 비난가능성의 유무를 판단하는 행위자에 대한 주관적 판단이다.

3. 위법성조각사유

(1) 위법성조각사유에는 정당방위, 긴급피난, 자구행위, 피해자의 승낙(견해대립), 정당행위 등이 있다.

(2) 위법성이 조각되면 가벌성이 탈락되어 형벌, 보안처분의 제재를 받지 않는다.

4. 정당방위

1) 정당방위의 의의

정당방위란 자기 또는 타인의 법익에 대한 현재의 부당한 침해를 방위하기 위한 상당한 이유 있는 행위를 말한다.

2) 정당방위의 성립요건

(1) 현재의 부당한 침해가 있어야 한다.
(2) 자기 또는 타인의 법익을 방위하기 위한 행위이어야 한다.
(3) 상당한 이유(객관적으로 판단)가 있어야 한다.

3) 효과

위법성을 조각한다. 정당방위에 대한 정당방위는 허용되지 않는다.

4) 과잉방위와 오상방위

방위행위가 상당성의 정도를 넘어선 경우가 과잉방위이고 객관적으로 정당방위의 요건이 구비되지 않았음에도 이것이 있는 것으로 오인하고 방위행위로 나아간 경우가 오상방위이다.

5. 긴급피난

1) 긴급피난의 의의

긴급피난이란 자기 또는 타인의 법익에 대한 현재의 위난을 피하기 위한 상당한 이유있는 행위를 말한다.

2) 긴급피난의 구성요건

(1) 자기 또는 타인의 법익에 대한 현재의 위난이 있어야 한다.

(2) 위난을 피하기 위한 행위이어야 한다.
(3) 상당한 이유: 피난의 필요성, 보충성의 원칙, 균형성의 원칙, 적합성의 원리(실질적 상당성의 원리)를 요한다.

3) 효과

위법성을 조각한다. 긴급피난(적법행위)에 대한 정당방위는 허용되지 않으나 긴급피난은 허용된다.

4) 의무의 충돌

의무의 충돌이란 동시에 둘 이상의 법적 의무가 존재하며 그 중 어느 한 의무만을 이행하여 다른 의무로 인한 구성요건을 실현한 경우를 말한다.

6. 자구행위

1) 자구행위의 의의

자구행위란 사법상의 청구권보전이 법정절차에 의해서는 불가능할 때 청구권의 실행불능이나 실행곤란을 피하기 위한 자력에 의한 행위를 말한다.

2) 자구행위의 성립요건

(1) 법정절차에 의하여 청구권의 보전이 불가능해야 한다(자구행위상황).
(2) 청구권의 실행불능 또는 현저한 실행곤란을 피하기 위한 행위이어야 한다(자구행위).
(3) 상당한 이유: 필요성, 보충성, 적합성을 요한다.

3) 효과

위법성을 조각한다. 따라서 자구행위에 대해서 정당방위는 허용되지 않는다.

7. 피해자의 승낙

1) 의의

피해자의 승낙이란 법익주체의 자유로운 처분이 가능한 법익에 대한 침해를 본인이 승낙하는 것이다. 피해자가 그 법익침해에 동의함으로써 구성요건 해당성 자체를 조각시키는 양해와는 구분된다.

2) 피해자의 승낙의 요건

(1) 법익주체의 승낙
(2) 처분할 수 있는 법익에 대한 승낙: 개인적 법익에 한한다.
(3) 승낙능력과 자유의사에 의한 승낙
(4) 승낙의 표시는 어떤 방법으로든지 외부에서 인식할 수 있으면 족하며 법익침해 이전이면 된다.

3) 효과

위법성을 조각한다.

4) 추정적 승낙

피해자가 부재중이거나 의식이 없어 '현실적으로' 승낙을 받을 수 없지만 모든 사정을 객관적으로 판단할 때 피해자가 행위당시의 사정을 알았더라면 틀림없이 승낙했을 것이라고 확실히 기대되는 경우를 말한다. 추정적 승낙도 위법성이 조각된다.

8. 정당행위

1) 정당행위의 의의

정당행위란 법령에 의한 행위 또는 업무로 인한 행위 기타 사회상규에 위배되지 아니하여 국가적·사회적으로 정당시되는 행위를 말한다.

2) 법령에 의한 행위

법령의 근거에 의하여 권리 또는 의무로써 행하여지는 행위로 공무원의 직무집행행위, 징계권자의 징계행위, 현행범인의 체포, 노동쟁의행위, 모자보건법상의 낙태행위 등이 있다.

3) 업무로 인한 행위

업무란 사람이 사회생활상의 지위에 의하여 계속·반복의 의사로 행하는 사무로 법령에 규정이 없는 경우에도 업무의 내용이 사회윤리상 정당하다고 인정되는 때에는 위법성이 조각된다. 이에는 의사의 치료행위, 안락사, 교사의 징계행위, 변호사 또는 성직자의 업무행위 등이 있다.

4) 기타 사회상규에 위배되지 않는 행위

사회상규란 국가질서의 존엄성을 기초로 한 국민일반의 건전한 도의감 또는 공정하게 사유하는 평균인의 건전한 윤리감정으로 이에 위배되지 않는 행위로는 소극적인 저항행위, 교육목적을 위한 징계권 없는 자의 징계행위, 권리실행행위, 전투 중 군인의 적군 살해 행위 등이 있다.

5) 효과

위법성을 조각한다.

제6절 책임론

1. 책임의 의의

1) 책임의 개념

책임이란 규범이 요구하는 합법을 결의하고 이에 맞게 행동할 수 있었음에도 불구하고 불법을 결의하고 위법한 행위를 행한 행위자에 대한 비난가능성이다. 이에는 책임주의원칙이 전제되어야 하는데 책임주의란 개인에게 형벌을 과하기 위해서는 행위자가 자신의 행위에 대한 법적 금지사실을 인식하거나 인식할 수 있었음을 전제로 하는 것을 말한다.

2) 책임의 근거(무엇을 근거로 행위자에게 책임비난을 할까)

(1) 도의적 책임론

도의적 책임론이라 함은 책임의 근거를 행위자의 자유의사에 두는 견해를 말한다. 즉 도의적 책임론은 자유의사(시비 · 선악의 판별력을 갖춘)를 가진 자가 자유의사로써 적법행위를 할 수 있었음에도 불구하고 위법행위를 하였기 때문에 받는 도의적 비난이 책임이라는 견해이다.

(2) 사회적 책임론

사회적 책임론이라 함은 책임의 근거를 소질과 환경에 의하여 결정된 행위자의 반사회적 성격에 두는 견해를 말한다. 즉 사회적 책임론에서는 인간의 자유의사를 부인하고, 범죄는 행위자의 소질과 환경에 의하여 필연적으로 형성된다고 하는 견해이다(결정론).

(3) 인격적 책임론

인격적 책임론이라 함은 책임의 근거를 구체적인 행위와 그 배후에 있는 인격에 두는 견해를 말한다. 즉 인격적 책임론에서는 인간은 소질과 환경에 의하여 지배를 받으면서도 어느 정도 자유의사를 가지고 있는 행위적 인간상으로 이해하는 견해이다.

2. 책임능력

1) 책임능력의 의의

책임능력이란 형법이 전제하고 있는 자유로운 의사결정을 할 수 있는 능력을 말한다.

2) 책임무능력자(형사미성년자, 심신장애인)

(1) 형사미성년자는 14세가 되지 아니한 자로 발육상태를 불문하고 생물학적 방법으로만 판단하는 절대적 책임무능력자이며 책임을 조각한다.

(2) 심신장애인

① 생물학적으로 심신장애가 있는 자로 그 판단은 전문가의 감정에 의하는 것이 보통이나 법관이 이에 기속되지는 않는다.

② 심리적 요소는 법관이 행위시의 평균인의 일반적 능력을 기준으로 판단

③ 심신상실의 효과: 책임능력이 없어 책임조각(불벌)되나 사회보호법상 치료감호는 가능

3) 한정책임능력자

(1) 심신미약자: 심신장애로 사물변별능력이나 의사결정능력이 미약한 자로 임의적으로 책임감경을 할 수 있다.

(2) 농아자: 청각과 발음기능 모두 장애가 있는 자로 필요적으로 책임감경을 한다.

4) 원인에 있어서 자유로운 행위

원인에 있어서 자유로운 행위라 함은 책임능력있는 자가 고의 또는 과실로 심신장애의 상태(심신상실과 심신미약)을 야기하고 그 상태하에서 범죄를 저지른 것을 말한다. 예컨대 행위자가 살해의 고의를 갖고 음주·대취하여 사람을 살해한 경우(고의) 또는 운전자가 자동차사고를 예견하고도 음주·대취한 후 운전하다가 사고를 낸 경우(과실)가 여기에 해당한다.

3. 위법성의 인식(불법의식)

1) 위법성인식의 개념

행위자가 자신의 행위가 공동사회의 질서에 반하고 법적으로 금지되어 있다는 것을 인식하는 것으로 책임비난의 핵심이다.

2) 위법성인식의 대상 및 내용

(1) 위법성의 인식은 법적으로 금지되고 있다는 인식을 의미한다.

(2) 가벌성의 인식이나 구체적인 법규정의 인식까지는 요하지 않는다.

4. 법률의 착오

1) 의의와 종류

(1) **법률의 착오란** 행위자가 구성요건적 사실에 대한 인식은 있으나 착오로 그 사실의 위법성을 인식하지 못한 경우 즉, 책임비난에 필요한 위법성의 인식이 없는 경우를 말한다(위법성의 소극적 착오).

(2) 종류

① **직접적 착오:** 행위자가 금지규범을 인식하지 못하는 착오이다.

㉮ 법률의 부지란 행위자가 규범의 존재 자체를 전혀 알지 못한 결과 자기행위의 위법성을 인식하지 못한 경우로 대법원은 법률의 부지가 범죄의 성립에 영향을 미치지 않는다는 입장이나 일치된 견해는 금지착오의 한 형태로 인정한다.

㉯ 이 외에도 포섭의 착오, 효력의 착오가 있다.

② **간접적 착오:** 위법성조각사유의 존재 · 한계 · 객관적 전제사실과 관련된 착오이다.

2) 형법 제16조와 정당한 이유

(1) 「정당한 이유가 있는 때」의 의미

통설은 착오를 회피할 수 없었던 때로 이해하고, 판례는 오인에 과실이 없는 때로 이해한다.

(2) 「벌하지 아니한다」의 의미

정당한 이유가 있으면 책임이 조각된다(책임설).

3) 위법성조각사유의 전제사실의 착오

(1) 의의

행위자가 그 요건이 존재하면 위법성이 조각되는 상황이 존재한다고 오인한 경우로 이를 허용구성요건의 착오라고도 하는데 이에는 오상방위, 오상피난, 오상자구행위가 있다.

(2) 법적 효과

형법에 규정이 없기에 그 법적효과는 학설에 의하는데 고의설, 엄격 책임설, 소극적 구성요건표지이론 등의 견해도 있지만 제한적 책임설에 의하면 원칙적으로 처벌하지 않지만 과실범 처벌규정이 있으면 과실범으로 처벌하여야 한다고 본다.

5. 기대가능성

1) 기대가능성의 의의

기대가능성이란 행위시의 구체적 사정으로 보아 행위자가 범죄행위를 하지 않고 적법행위를 할 것을 기대할 수 있는 가능성을 말한다.

2) 기대가능성의 판단기준

기대불가능성은 책임조각사유의 기본원리이므로 이를 일반적인 초법규적 책임조각사유로 인정하는데 이러한 기대가능성의 판단은 평균인을 표준으로 한다.

제7절 미수

1. 미수범

1) 범죄실현단계

예비 · 음모→ 미수→ 기수→ 종료

2) 예비 · 음모

예비란 범죄실현을 위한 준비행위로서 아직 실행의 착수에 이르지 않은 일체의 행위를 말하며 원칙적으로 불벌이나 법익의 중대성, 행위의 위험성이 있는 경우 예외적으로 처벌한다(각칙 규정). 예비행위는 범죄의사가 외부적 행위로 표출되었다는 점에서 단순한 범죄의 결의와 구별되고 실행의 착수 이전단계의 행위라는 점에서 미수와 구별된다. 음모라 함은 2인 이상의 자가 일정한 범죄를 범하려고 실행할 것을 상담하는 행위를 말한다. 음모가 성립하려면 주관적으로 일정한 범죄를 범하려고 하는 고의가 있어야 하고 객관적으로는 2인 이상의 자 사이에 합의가 있어야한다. 음모는 범죄의 준비행위(예비)보다 전 단계에 위치하는 행위이다. 예비·음모는 법률에 특별한 규정이 없는 한 벌하지 아니한다(제28조).

3) 미수

미수범에는 장애미수, 불능미수, 중지미수가 있으며 미수범 처벌규정이 있어야 처벌한다.

2. 협의의 장애미수

행위자가 범죄의 실행에 착수하여 행위를 종료하지 못하였거나 결과가 발생하지 아니한 때를 의미하는데 기수범의 형보다 감경할 수 있다(주형에 대한 임의적 감경).

3. 중지미수

범죄의 실행에 착수한 자가 그 범죄가 완성되기 전에 자의로 이를 중지하거나 결과의 발생을 방지한 경우에 성립하는데 형을 감경 또는 면제한다(필요적 감면).

4. 불능미수

실행의 수단 또는 대상의 착오로 인하여 결과의 발생이 불가능하지만 위험성이 있기 때문에 처벌하는 경우(단, 형을 감경 또는 면제할 수 있다: 임의적 감면)로 특히 그 성립요건으로서 '위험성'의 의미에 관하여 객관설, 구체적 위험설, 주관설 등의 대립이 있으나 다수설인 추상적 위험설에 따르면 행위당시 행위자의 인식사실을 기초로 하여 일반인의 판단에 의해 위험성 유무를 결정한다.

5. 예비 · 음모

범죄의 예비 또는 음모행위가 실행의 착수에 이르지 아니한 때에는 법률에 특별한 규정이 없는 한 처벌되지 아니한다(제28조). 형법에서는 살인죄, 강도죄, 국외이송목적약취·유인죄, 내란죄, 외환유치죄, 간첩죄, 폭발물사용죄, 도주원죄죄, 방화죄, 통화위조죄, 유가증권위조죄 등 중대한 범죄에 한하여 예비를 특별히 처벌하는 규정을 두고 있다.

제8절 범죄참가형태론(정범 및 공범론)

1. 임의적 공범과 필요적 공범

1) 임의적 공범

(1) 의의

1인이 단독으로도 실행할 수 있는 범죄를 2인 이상이 협력하여 실행하는 경우의 공범형태를 말한다.

(2) 종류

공동정범, 교사범, 종범(방조범)

2) 필요적 공범

(1) 의의

필요적 공범이란 구성요건 자체가 처음부터 2인 이상이 참가해서만 실행할 수 있고 1인이 단독으로는 실행이 불가능하도록 규정된 공범형태를 말한다.

(2) 종류

① **집합범**

㉮ 의의

집합범이란 범죄성립상 다수의 행위자의 동일목표를 향한 집단적인 공동행위를 요구하는 범죄형태를 말한다.

㉯ 유형

㉠ 다수인에게 동일한 법정형이 규정된 경우 : 소요죄, 다중불해산죄

㉡ 다수인에게 상이한 법정형이 규정된 경우 : 내란죄

㉰ **합동범** : 2인 이상이 합동하여 범죄를 실행한 경우에 단독정범이나 공동정범보다 가중처벌하는 범죄를 말한다(특수절도죄, 특수강도죄, 특수도주죄).

② **대향범**

㉮ 의의

대향범이란 범죄성립상 2인 이상이 상호 대립방향의 행위를 통하여 동일목표를 지향하는 범죄형태를 말한다.

㉯ 유형

㉠ 대향자 쌍방에게 동일한 법정형이 규정된 경우 : 도박죄, 아동혹사죄, 부녀매매죄, 자기낙태죄와 동의낙태죄, 국외이송목적매매죄

㉡ 대향자 쌍방에게 상이한 법정형이 규정된 경우 : 수뢰죄와 증뢰죄, 배임수재죄와 배임증재죄, 자기낙태죄와 업무상동의낙태죄, 단순도주죄와 도주원조죄

㉢ 대향자 중 일방만을 처벌하는 경우 : 음화판매죄, 범인은닉·도피죄, 촉탁·승낙살인죄, 음행매개죄

2. 정범과 공범의 구별

1) 의의

(1) 정범

자기의 범죄를 스스로 행하는 자를 말한다. 정범에는 단독(직접)정범, 공동정범(제30조), 간접정범(제34조)이 있다.

(2) 공범

타인의 범죄를 교사 또는 방조하는 자를 말한다. 공범에는 교사범(제31조), 방조범(제32조)이 있다.

2) 공범의 종속성

정범이 성립하여야 이에 따라 공범도 인정될 수 있다는 전제 아래 정범의 성립범위를 둘러싼 문제이다. 독립성설과 종속성설(통설·판례)이 있으며 종속성의 정도에 관하여는 정범의 행위가 구성요건에 해당하고 위법하여야 공범도 성립한다고 보는 제한적 종속형식을 취하고 있는 것이 다수설이다.

3) 구별기준

(1) **객관설:** 구성요건에 해당하는 행위를 직접 행한 자만이 정범이라는 학설이다.

(2) **주관설:** 구별기준이 구성요건을 실현하기 위하여 정범의사를 가지고 하였는가 아니면 공범의사를 갖고 하였는가에 있다는 학설이다.

(3) **행위지배설:** 구성요건을 직접 실현한 자는 물론 실질적으로 행위를 지배하거나 혹은 공동으로 지배하는 자도 정범이라는 학설이다.

※ **현행법의 태도:** 형법상의 공범규정을 형벌확장사유로 보는 제한적 정범개념을 따른 것으로 보는 견해가 통설. 단, 과실범에 있어서는 과실의 공범이 인정되지 않고 과실로 결과를 야기한 모든 자가 정범이 되므로 확장적 정범개념에 입각하고 있다.

3. 간접정범

1) 간접정범의 의의

간접정범이란 타인을 도구로 이용하여 범죄를 실행하는 자를 말한다(제31조 제1항). 간접정범 자신이 행위지배에 대한 인식을 가지고 있어야 하며, 이것이 결여된 경우에는 피이용자, 즉 정범이 직접 행위지배를 하기 때문에 교사범이 성립한다.

2) 간접정범의 성립요건

어느 행위로 인하여 처벌되지 아니하는 자 또는 과실범으로 처벌되는 자를 교사 또는 방조하여 범죄행위의 결과를 발생케 할 것이어야 한다.

3) 피이용자의 범위

(1) 구성요건에 해당하지 않는 행위를 한 자의 행위를 이용한 경우(예: 피이용자의 고의 없는 행위를 이용한 경우)
(2) 구성요건에 해당하지만 위법성이 없는 행위를 한 자의 행위를 이용한 경우(예: 피이용자로 하여금 정당방위를 하게하여 구성요건을 실현시킨 경우)
(3) 구성요건에 해당하고 위법하지만 책임이 없는 피이용자의 행위를 이용한 경우

(예: 책임무능력자의 행위를 이용한 경우)

(4) 구성요건에 해당하고 위법·유책한 행위를 이용한 경우 등이 있다.

4) 처벌

간접정범은 교사 또는 방조의 예에 의해 처벌한다(제34조 제1항). 따라서 이용행위가 교사로 인정될 경우에는 제31조 제1항이 적용되고, 방조로 인정되는 경우에는 제32조 제2항이 적용되어 필요적 감경이 된다.

4. 공동정범

1) 공동정범의 의의

공동정범이란 2인 이상이 공동하여 죄를 범한 경우를 말한다.

※ 공동정범의 정범성은 분업적 행위실현에 의한 기능적 행위지배와 기능적 역할분담의 원칙에 근거(일부실행 전체책임)

2) 공동정범의 성립요건

(1) 주관적 요건

주관적 요건으로 공동가공의 의사(의사연락)를 요하며 공동가공의 의사가 실행행위 도중에 형성되는 경우인 승계적 공동정범이 인정되나 이때 후행자는 가담후의 부분에만 공동정범이 성립한다.

(2) 과실범의 공동정범

2인 이상이 공동의 과실로 과실범의 구성요건을 실현한 경우 과실범의 공동정범을 인정할 것인가에 대하여 판례는 긍정하나 범행이 아닌 단순한 주의의무위반에 관한 의견교환은 공동정범의 성립요건을 충족한다고 보기 어렵다.

(3) 객관적 요건

객관적 요건으로 공동의 실행행위를 요하며 2인 이상이 공모하여 그 공모자 중 일부가 공모에 따라 범죄의 실행에 나아간 때에는 실행행위에 나아가지 아니한 공모자에게도 공동정범을 인정하는 것(이른바 공모공동정범)이 판례에 의하여 확립되었다.

3) 처벌

공동정범은 공동의사 내에서 각자를 그 죄의 정범으로 처벌한다(제30조 제1항). 공동정범은 실행행위의 일부만을 분담하였을지라도 공동의 실행행위로 발생한 결과의 전부에 대해 정범으로서 책임을 진다. 공동정범 가운데 책임조각사유, 형의 가중·감경사유, 인적 처벌조각사유가 있는 경우에는 그러한 사유는 그 자에만 적용된다.

5. 동시범

1) 의의

동시범이란 2인 이상의 행위자가 상호 의사의 연락이 없이 개별적으로 구성요건을 실현시키는 범행형태를 말한다. 동시범은 수인이 범행을 하지만 단순한 단독범의 결합형태에 불과하다.

2) 동시범의 처벌

결과발생에 대한 원인행위가 판명되지 않으면 미수범으로 처벌한다.

3) 상해죄의 동시범

상해죄의 경우에는 동시범이라 할지라도 공동정범의 기수범으로 처벌한다.

6. 교사범

1) 의의

교사범이란 범죄의사가 없는 타인으로 하여금 범죄를 결의하여 그 죄를 실행하게 한 자를 말한다.

2) 교사범의 성립요건

(1) 교사자의 교사행위와 피교사자의 실행행위가 있어야 하는데 범행의 일시·방법·장소 등의 세부적인 사항까지를 특정하여 교사할 필요는 없으나 피교사자가 이미 범행을 결의하고 있는 경우에는 교사범이 성립할 여지가 없다.

(2) 미수의 교사(소위 함정수사)에 대하여는 교사자의 고의가 피교사자의 실행행위로 인한 결과발생에 대한 인식을 요한다고 보아야 하는데 이러한 기수의 고의가 없기 때문에 교사범의 성립을 부정한다.

3) 처벌

교사범은 정범과 동일한 형으로 처벌한다(제31조 제1항). 자기의 지휘·감독을 받는 자를 교사한 때에는 정범에 정한 형의 장기 또는 다액의 2분의 1까지 가중한다(제34조 제2항). 공범이 처벌의 종속성까지 갖는 것은 아니기 때문에 반드시 정범의 처벌을 전제로 하지 않는다.

7. 종범(방조범)

1) 의의

종범이란 정범의 범죄실행을 용이하게 하거나 정범에 의한 법익침해를 강화시키는 것으로 정범의 범행에 대한 행위지배가 없다는 점 및 상호간의 의사합치를 전제로 하지 않는 편면적인 방조행위가 가능하다는 점에서 공동정범과 구별되며 이미 범행을 결의한 자에 대하여도 성립되는 점에서 교사범과 다르다.

2) 종범의 성립요건

종범의 방조행위와 정범의 실행행위를 요한다.

〈주의〉 범죄가 종료(완료, 실질적 기수)된 후에는 방조범이 성립할 수 없으므로 종료 후 범인은닉, 증거인멸, 장물취득 등은 사후종범이 아니라 독립된 범죄가 된다.

3) 처벌

종범의 형은 정범의 형보다 감경한다(제32조 제2항; 필요적 감경사유). 신분 없는 자도 진정신분범의 종범이 되며, 부진정신분범에서 신분자 없는 자는 기본범죄의 종범이 된다. 자기의 지휘·감독을 받는 자를 방조하여 결과를 발생하게 한 자는 정범의 형으로 처벌한다(제34조 제2항).

8. 공범과 신분

1) 의의

공범과 신분이란 신분이 범죄의 성립이나 형의 가감에 영향을 미치는 경우에 신분 있는 자와 없는 자가 공범관계에 있을 때 신분 없는 자를 종속적으로 볼 것인가의 문제로 일정한 신분이 있어야 범죄가 성립하는 진정신분범(예: 수뢰죄, 위증죄, 허위진단서작성죄, 업무상비밀누설죄, 횡령죄, 배임죄)과 일정한 신분이 있으면 형이 가중 혹은 감경되는 부진정신분범(예: 존속살해죄, 업무상횡령죄)이 있다.

2) 형법규정(제33조)

신분관계로 인하여 성립될 범죄에 가공한 행위는 신분관계가 없는 자에게도 전 3조의 규정을 적용한다. 단 신분관계로 인하여 형의 경중이 있는 경우에는 중한 형으로 벌하지 아니한다.

3) 제33조의 해석론

(1) 본문은 신분 없는 자는 단독으로는 신분범의 정범이 될 수 없지만 그 공범(공동정범·교사범·종범)은 될 수 있다는 의미이다(예: 의사가 아닌 자도 의사와 함께 허위진단서작성죄의 공동정범이 될 수 있다). 여기에서 「신분관계로 인하여 성립할 범죄」에는 진정신분범에 국한된다고 보는 통설에 따르면 진정신분범의 경우에는 비신분자는 신분자와 함께 공동정범이 되나, 부진정 신분범의 경우에 비신분자는 공동정범이 되지 않는다.

(2) 단서의 해석을 둘러싸고는 가중적 신분과 감경적 신분의 공범에 대한 적용에 차별을 둘 것인가가 문제되는데(예: 영아살해죄를 친모와 함께 범한 경우에 이에 가담한 자(비신분자)를 상대적으로 무겁게 처벌하는 보통살인죄의 공동정범으로 처벌할 것인가 아니면 형이 가벼운 영아살해죄를 적용할 것인가) 가중적 신분범의 경우에는 적용되나 감경적 신분의 경우에는 비신분자인 공범은 언제나 경한 형으로 처벌받아야 한다는 소수설도 있지만 다수견해는 단서규정이 책임개별화에 본질이 있으므로 형의 가감사유는 언제나 신분자에게만 한하고 공범에게는 미치지 않는다고 본다.

제3장 죄수론

제1절 죄수론 일반

1. 죄수론의 의의

죄수론이란 범죄의 수가 한 개인가 또는 수개인가의 문제를 다루는 이론을 말한다.

2. 수죄의 처벌기준

1) 병과주의

각 죄에 대하여 독자적인 형을 확정한 후 이를 합산하여 형을 정하는 방법이다. 형법은 경합범에서 각 죄에 정한 형이 무기징역이나 무기금고 이외의 이종의 형인 경우에 병과주의를 채택하고 있다(제38조 제1항 제3호).

2) 흡수주의

수 죄 가운데 가장 중한 죄에 정한 형으로 처단하고 다른 경한 죄에 정한 형은 여기에 흡수시키는 방법이다. 형법은 상상적 경합(제40조)의 경우와 경합범 가운데 중한 죄에 정한 형이 사형·무기징역·무기금고인 경우에 흡수주의를 채택하고 있다(제38조 제1항 제1호).

3) 가중주의

수 죄 가운데 가장 중한 죄의 정한 형을 가중한 후 하나의 전체형을 만들어 선고하는 방법이다. 형법은 경합범 중 각 죄에 정한 형이 사형 또는 무기징역이나 무기금고 이외의 동종의 형인 경우에 가중주의를 채택하고 있다(제38조 제1항 제2호).

제2절 일죄

1. 의의

일죄란 범죄의 수가 1개인 것을 말하며 단순일죄와 법조경합 · 포괄일죄가 있다.

2. 법조경합(외형상의 경합, 부진정경합)

한개 또는 수개의 행위가 외관상으로는 수개의 형벌법규(구성요건)에 해당하는 것같이 보이나 형벌법규의 성질상 하나의 형벌법규만이 적용되고 다른 형벌법규의 적용을 배척하여 1죄만 성립하는 것으로 특별관계, 보충관계, 흡수관계, 택일관계가 있다. 그 효과로는 배제된 법률이 적용되지 아니하여 행위자가 그 법률에 의하여 처벌받지 않는다.

※ **불가벌적 사후행위:** 범죄에 의하여 획득한 위법한 이익을 확보하거나 사용·처분하는 구성요건에 해당하는 사후행위가 이미 주된 범죄에 의하여 완전히 평가된 것이기 때문에 별 죄를 구성하지 않는 경우를 말한다(외견상의 실체적 경합).

※ **불가벌적 수반행위:** 특정한 범죄행위에 일반적·전형적으로 결합되어 있는 경미한 위법행위를 말한다. 수반된 행위의 불법과 책임이 주된 범죄에 비해 현저히 경미하기 때문에 별도로 처벌되지 않는다(예 : 자동차절취에 수반된 휘발유절취행위, 살인에 수반된 재물에 대한 손괴행위). 그러나 수반행위가 일반적인 범위를 넘어서 고유한 불법내용을 가질 때에는 상상적 경합이 성립한다.

3. 포괄일죄

1) 의의

수개의 행위가 포괄적으로 한 개의 구성요건에 해당하여 일죄를 구성하는 경우를 말한다.

2) 종류

(1) 결합범

결합범이란 수개의 행위가 각각 독립하여 각 범죄의 구성요건에 해당하나, 이를 1개의 구성요건에 결합시켜 1죄로서 규정한 것을 말한다. 예컨대 강도강간죄(제339조)는 강도죄(제333조)와 강간죄(제297조)의 결합범이다.

(2) 계속범

계속범이란 법익침해가 계속되는 동안 범죄사실이 계속되고 종료되지 않는 범죄를 말한다. 예컨대 체포·감금죄(제276조), 주거침입죄(제319조) 등이 이에 속한다. 계속범은 기수이후부터 행위의 종료시까지 시간적 계속이 있으므로 방조범이 성립하고 정당방위도 할 수 있다.

(3) 접속범

접속범이란 동일 구성요건에 수회 해당하는 동종행위가 시간적·장소적으로 극히 접근하여 행하여지고, 각 행위 사이에 분리할 수 없는 것 같은 밀접한 관련이 있을 때 전체를 포괄하여 1죄로 하는 것을 말한다. 예컨대 한 창고에서 물건을 계속하여 수회 운반하여 절취했을 경우는 절도죄의 구성요건에 수회 해당하는 행위가 있음에도 불구하고 1개의 절도죄만 성립한다.

(4) 연속범

연속범이란 수개의 행위가 연속해서 동일한 범죄에 해당하는 경우를 말한다. 예컨대 절도범이 창고에서 며칠에 걸쳐 매일 밤 쌀 한 가마니 씩 절취한 경우가 이에 속한다.

(5) 집합범

집합범이란 구성요건의 내용상 다수의 동종의 행위가 동일한 의사경향에 기하여 반복될 것이 당연히 예상되는 범죄를 말한다. 예컨대 상습도박죄(제246조 제2항), 상습사기죄(제351조) 등의 상습범, 음화 등 판매 등 죄(제243조)와 같은 영업범, 무면허의료행위(의료법 제25조 제1항, 제66조)와 같은 직업범 등이 집합범에 속한다.

3) 처벌

포괄일죄는 실체법상 일죄이므로 하나의 죄로 처벌된다.

제3절 수죄

1. 상상적 경합

상상적 경합이란 한 개의 행위가 수개의 죄에 해당하는 경우(관념적 경합)로 정리기능을 갖는다. 그 요건으로 행위의 단일성과 수개의 죄에 해당할 것을 요하며 그 처벌은 가장 중한 죄의 정한 형으로 한다(제40조).

2. 경합범(실체적 경합)

1) 의의

경합범이란 판결이 확정되지 아니한 수개의 죄 또는 금고 이상의 형에 처한 판결이 확정된 죄와 그 판결이 확정되기 전의 범한 죄를 말한다(제37조).

2) 경합범의 요건

(1) 동시적 경합범의 요건

판결이 확정되지 아니한 수개의 죄를 동시적 경합범이라 한다.

① 수개의 행위로 수개의 죄를 범할 것

② 수개의 죄는 모두 판결이 확정되지 않았을 것

③ 수개의 죄는 동시에 판결될 것

(2) 사후적 경합범의 요건

금고 이상의 형에 처한 판결이 확정된 죄와 그 판결확정 전에 범한 죄를 사후적 경합범이라 한다.

① 판결이 확정된 죄와 그 판결의 확정 전에 범한 죄일 것

② 확정된 판결은 금고 이상의 형에 처하는 것

③ 죄를 범한 시기는 범죄의 종료시를 기준으로 함

(3) 경합범 중 판결을 받지 아니한 죄가 있는 때에는 그 죄와 판결이 확정된 죄를 동시에 판결할 경우와 형평을 고려하여 그 죄에 대하여 형을 선고하되 그 형을 감경 또는 면제할 수 있도록 함으로써 형법 제39조를 경합범에 관한 규정인 형법 제37조와 경합범의 처분에 관한 규정인 형법 제38조의 규정취지에 부합하도록 개정하였다.

제4장 형벌론

제1절 형벌의 의의

범죄행위에 대한 형사제재로서의 형벌은 해악을 내용으로 하는 국가적 강제수단이다. 그 본질은 법익침해적인 범죄행위에 대한 사회적·공적인 반가치판단이다.

제2절 형벌의 종류

사형, 징역, 금고, 자격상실, 자격정지, 벌금, 구류, 과료, 몰수의 9종이 있다.

1. 생명형(사형)

범죄인의 생명을 박탈하는 형벌이다.

2. 자유형

수형자의 신체적 자유를 박탈하는 형벌로 근대형벌체계의 가장 중요한 위치를 차지하는데 그 종류로는 정역(노동)에 복무하는 징역과 정역에 복무하지 않는 금고, 구류(1일 이상 30일 미만)가 있다.

3. 재산형

일정한 재산을 박탈하는 형벌로

(1) **벌금**: 벌금은 5만원 이상으로 한다. 다만, 감경하는 경우에는 5만원 미만으로 할 수 있다.

(2) **과료**: 과료는 2천원 이상 5만원 미만으로 한다.

(3) **몰수**: 범죄의 반복을 막거나 범죄로부터 이득을 얻지 못하게 할 목적으로 범행과 관련된 재산을 박탈하여 국고에 귀속시키는 재산형이다.

4. 명예형

범인의 명예감정을 손상시키거나 명예롭게 누릴 수 있는 권리를 박탈하거나 제한하는 형벌이다.

1) 자격상실

사형, 무기징역 또는 무기금고의 판결을 받은 자는 ㉮ 공무원이 되는 자격, ㉯ 공법상의 선거권과 피선거권, ㉰ 법률로 요건을 정한 공법상의 업무에 관한 자격, ㉱ 법인의 이사, 감사 또는 지배인 기타 법인의 업무에 관한 검사역이나 재산관리인이 되는 자격을 상실한다.

2) 자격정지

일정한 기간 동안 일정한 자격의 전부 또는 일부를 정지시키는 형벌이 있다.

5. 형의 경중

제41조: 사형 〉 징역 〉 금고 〉 자격상실 〉 자격정지 〉 벌금 〉 구류 〉 과료 〉 몰수

제3절 양형

1. 의의

형법에 규정된 형벌의 종류와 범위 내에서 법관이 구체적인 행위자에 대하여 선고할 형을 정하는 것(형의 양정 또는 형의 적용)으로 [법정형 → 처단형 → 선고형]의 과정으로 한다.

2. 양형의 조건

(1) 범인의 연령 · 성행 · 지능 · 환경
(2) 피해자에 대한 관계
(3) 범행의 동기 · 수단 · 결과

(4) 범행 후의 정황

※ **[친족상도례규정]** 제328조 (권리행사 방해죄에 있어서 친족간의 범행과 고소)

① 직계혈족, 배우자, 동거친족, 호주, 가족 또는 그 배우자간의 제323조의 죄는 형을 면제한다.

② 제1항 이외의 친족간에 제323조의 죄를 범한 때에는 고소가 있어야 공소를 제기할 수 있다.

제4절 형의 유예제도와 가석방

1. 선고유예

1) 의의

선고유예라 함은 범정이 참작할 만하고 경미한 범행을 한 자에게 일정한 기간 형의 선고를 유예하고 그 기간을 특정한 사고 없이 경과하면 형의 선고를 면하게 하는 제도를 말한다.

2) 요건

(1) 1년 이하의 징역이나 금고, 자격정지 또는 벌금의 형을 선고할 경우임을 요한다.

(2) 형법 제51조의 사항을 참작하여 개전의 정상이 현저한 때임을 요한다.

(3) 자격정지 이상의 형을 받은 전과가 없음을 요한다.

3) 효과

형의 선고유예를 받은 날로부터 2년을 경과한 때에는 면소된 것으로 간주한다(제60조). 유예기간은 2년이다.

4) 선고유예의 실효

형의 선고유예를 받은 자가 유예기간 중에 자격정지 이상의 형에 처한 판결이 확정되었거나 자격정지 이상의 형에 처한 전과가 발견된 때에는 유예한 형을 선고한다(제61조 제1항).

2. 집행유예

1) 의의

집행유예라 함은 유죄를 인정한 후 형의 선고에 있어서 정상에 의하여 일정한 기간 그 형의 집행을 유예하여 유예기간 중 특별한 사고 없이 그 기간을 경과한 때에는 형의 선고의 효력을 상실하게 하여 형의 선고가 없었던 것과 동일한 효력을 발생케 하는 제도를 말한다(제62조, 제65조).

2) 요건

(1) 3년 이하의 징역 또는 금고의 형을 선고할 경우임을 요한다.

(2) 형법 제51조의 사항(양형의 조건)을 참작하여 그 정상에 참작할 만한 사유가 있음을 요한다.

(3) 금고 이상의 형이 확정된 때부터 그 집행을 종료하거나 면제된 후 3년까지의 기간에 범한 죄가 아니어야 한다.

3) 효과

집행유예의 선고를 받은 후 그 선고의 실효 또는 취소됨이 없이 유예기간을 경과한 때에는 형의 선고는 효력을 잃는다(제65조). '형의 선고는 효력을 잃는다.'라 함은 형의 집행이 면제될 뿐 아니라 처음부터 형의 선고가 없었던 것과 동일한 상태로 돌아간다는 뜻이다.

4) 집행유예의 실효와 취소

(1) 집행유예의 실효

형법 제63조는 「집행유예의 선고를 받은 자가 유예기간 중 고의로 범한 죄로 금고 이상의 실형을 선고받아 그 판결이 확정된 때에는 집행유예의 선고는 효력을 잃는다.」고 규정하고 있다. 여기에서의 범죄는 고의범이어야 하므로 과실범으로 인하여 금고 이상의 실형이 선고된 경우에는 실효사유에 해당하지 않는다.

(2) 집행유예의 취소

집행유예의 선고를 받은 후 금고 이상의 형이 확정된 때부터 그 집행을 종료하거나 면제된 후 3년까지의 기간내에 범한 죄로 형을 선고 받은 자라는 것이 발각된 때에는 집행유예의 선고를 취소한다(제64조 제1항). 집행유예의 취소는 필수적이다.

3. 가석방

1) 의의

가석방이란 자유형의 집행 중에 있는 자가 그 행상(行狀)이 양호하여 개전의 정이 현저한 경우 형기만료 전에 일정한 조건하에 석방하고 그 후의 행상에 따라 취소 또는 실효되지 않는 한, 잔여의 형을 현실로 집행하지 않고도 형의 집행을 종료한 것과 같은 효과를 발생하게 하는 행정처분을 말한다(제72조 내지 제76조).

2) 요건

(1) 징역 또는 금고의 집행 중인 자가 무기에 있어서는 20년, 유기에 있어서는 형기의 3분의 1을 경과한 후임을 요한다.

(2) 행상이 양호하여 개전의 정이 현저함을 요한다.

(3) 벌금 또는 과료가 있는 때에는 그 금액을 완납함을 요한다.

3) 효과

가석방의 처분을 받은 후 그 처분이 실효 또는 취소되지 아니하고 가석방기간을 경과한 때에는 형의 집행을 종료한 것으로 본다(제76조 제1항). 이 경우 형의 집행을 종료한 것으로 그치며 형의 선고의 효력이 없어지는 것은 아니다.

4) 가석방의 실효와 취소

(1) 가석방의 실효

가석방 중 금고 이상의 형을 선고를 받아 그 판결이 확정된 때에는 가석방처분은 그 효력을 잃는다. 단, 과실로 인한 죄로 선고를 받았을 때에는 예외로 한다(제74조).

가석방이 실효때에는 가석방 중의 일수는 형기에 삽입하지 아니한다(제76조 제2항).

(2) 가석방의 취소

가석방의 처분을 받은 자가 감시에 관한 규칙에 위배하거나 보호관찰의 준수사항을 위반하고 그 정도가 무거운 때에는 행정관청의 재량으로서 가석방처분을 취소할 수 있다(제75조). 가석방이 취소되었을 때에는 가석방 중의 일수는 형기에 삽입하지 아니한다(제76조 제2항).

〈선고유예, 집행유예, 가석방의 정리〉

구 분	선고유예	집행유예	가석방
요 건	1) 처단형의 1년 이하의 징역·금고, 자격정지, 벌금의 형을 선고할 경우 2) 개전의 정이 현저할 것 3) 자격정지 이상의 형을 받은 전과가 없을 것	1) 선고형이 3년 이하의 징역·금고의 형을 선고할 경우 2) 정상에 참작할 만한 사유, 개전의 정이 현저할 것 3) 금고 이상의 형을 선고 받아 집행을 종료하거나 면제된 후 3년이 경과하였을 것	1) 징역 또는 금고의 집행 중 무기에 있어서는 20년, 유기에 있어서는 형기의 1/3을 경과하였을 것 2) 개전의 정이 현저할 것 3) 병과된 벌금·과료를 완납할 것
기 간	2년	1년 이상 5년 이하	무기형 - 10년, 유기형 - 잔여형기 (단, 10년초과 불가)
결 정	법원의 재량	법원의 재량	행정기관의 재량처분
효 과	면소된 것으로 간주 ※ 유죄판결의 일종(전과는 남지 않음)	형선고의 효력상실 ※ 전과는 남지 않음	형집행이 종료된 것으로 간주 ※ 유죄판결자체에 영향이 없음
실 효	유예기간 중 자격정지 이상의 형에 대한 판결이 확정되거나 자격정지 이상의 형에 대한 전과가 발견된 때	유예기간 중 고의로 범한 죄로 금고 이상의 실형을 선고받아 그 판결이 확정된 때	가석방 중 금고 이상의 형을 선고받아 그 판결이 확정된 때 (단, 과실로 인한 경우 예외)
취 소	취소제도 없음	임의적 취소	임의적 취소

제5장 형법각론

제1절 개인적 법익에 대한 죄

생명·신체에 대한 죄, 자유에 대한 죄, 명예·신용 및 업무에 관한 죄, 사생활의 평온에 관한 죄, 재산에 관한 죄로 나누어 규정되어 있다.

1. 생명·신체에 대한 죄

1) 살인죄

(1) 안락사: 고통을 덜어주기 위해서 죽음에 임박한 환자의 생명을 단축시켜 사망케 하는 것을 말한다(간접적, 소극적 안락사는 인정/ 적극적 안락사는 부정).

(2) 사망의 시점: 장기이식문제와 관련하여 의학계에서 뇌사설이 주장되나 여전히 맥박종지설의 입장이 통설이다.

(3) 존속살해죄: 신분에 의한 차별이라 하여 위헌성이 제기되고 있다.

2) 상해죄

상해죄는 사람의 신체를 상해함으로서 성립하는 범죄로 「상해」의 의미에 관하여 견해가 대립되나 생리적 기능훼손설에 따른다. 상해죄에 대하여는 동시범에 대한 특례(제263조)가 인정되고 있다. 즉 두 사람 이상이 의사의 연락 없이 개별적으로 동시에 죄를 범한 경우에는 동시범이라 하여 각자가 자기의 행위에 대해서만 책임을 지며 원인된 행위가 판명되지 않으면 미수범으로 처벌되는 것이 원칙이지만, 상해의 결과가 발생한 경우에는 공동정범으로 처벌된다.

3) 폭행죄

폭행죄이란 사람의 신체에 대하여 폭행을 가하는 범죄로 폭행의 개념에 관하여는 협의의 폭행, 즉 사람의 신체에 대한 유형력의 행사를 말한다.

※ 형법상 폭행의 개념

유형	의미	예
최광의	사람에 대한 것이건 물건에 대한 것이건 일체의 유형력의 행사를 말한다.	소요죄(제115조), 다중불해산죄(제116조)에서의 폭행
광의	사람에 대한 직접·간접의 유형력의 행사를 말한다.	공무집행방해죄(제136조), 강요죄(제324조), 특수도주죄(제146조) 등의 폭행
협의	사람의 신체에 대한 유형력의 행사를 말한다.	특수공무원의 폭행죄(제125조), 폭행죄(제260조) 등의 폭행
최협의	상대방의 반항을 불가능하게 하거나 현저히 곤란하게 할 정도의 유형력의 행사를 말한다.	강도죄(제333조), 강간죄(제297조) 등의 폭행

4) 과실치사상의 죄

과실로 사람의 신체를 상해하면 과실상해죄가 성립하며 이는 반의사 불벌죄이다. 또한 과실로 사망에 이르게 하면 과실치사죄로 처벌된다. 특히 업무상 과실치사상죄에서 업무의 개념이 중요한데 「업무」란 사람이 사회생활상의 지위에 기하여 계속하여 행하는 사무로서 반복계속의 의사 또는 사실이 있는 한 그 사무에 대한 각별한 경험이나 법규상의 면허를 필요로 하지 아니한다.

5) 낙태죄

낙태죄의 의의에 관해서는 ① 낙태죄는 태아를 자연적인 분만기에 앞서서 인위적으로 모체 밖으로 배출시키거나 또는 태아를 모체 내에서 살해하는 것을 내용으로 하는 범죄라는 견해와 ② 태아를 인위적으로 모체 밖으로 배출하는 일체의 행위를 낙태로 볼 경우 태아와 산모를 위한 인공출산도 낙태가 부당한 결과가 초래되므로 낙태죄는 임신중절에 의하여 태아를 살해하는 것을 내용으로 하는 범죄라는 견해가 대립하고 있으나 낙태가 반드시 태아의 사망을 내포한다고는 볼 수 없으며, 형법이 낙태미수규정을 포함하고 있지 아니하므로 ②의 견해에 의하면 태아가 살아서 출생한 경우를 처벌할 수 없는 문제점이 있다. 따라서 ①견해가 타당하다.

낙태죄의 위법성조각사유는 모자보건법 제14조에 규정되어 있다.

(1) 임신중절의 일반적 허용요건

① 의사에 의한 수술, ② 본인과 배우자의 동의, ③ 임신한 날로부터 28주 이내의 수술이 규정되어 있다.

(2) 개별적 사유

① 본인이나 배우자가 우생학적(優生學的) 또는 유전학적 정신장애나 신체질환이 있는 경우
② 본인이나 배우자가 대통령령으로 정하는 전염성 질환이 있는 경우
③ 강간 또는 준강간(準强姦)에 의하여 임신된 경우
④ 법률상 혼인할 수 없는 혈족 또는 인척 간에 임신된 경우
⑤ 임신의 지속이 보건의학적 이유로 모체의 건강을 심각하게 해치고 있거나 해칠 우려가 있는 경우

6) 유기 · 학대죄

유기죄란 노유 · 질병 기타 사정으로 인하여 부조를 요하는 자를 보호할 법률상 또는 계약상 의무 있는 자가 유기한 때에 성립하는 범죄를 말한다. 학대죄란 자기의 보호 또는 감독을 받는 사람을 학대함으로써 성립하는 범죄를 말한다. 그 보호법익은 사람의 생명 · 신체의 안전과 인격권이다.

7) 아동혹사죄

아동혹사죄란 자기의 보호 또는 감독을 받는 16세 미만의 자를 그 생명 또는 신체에 위험한 업무에 사용한 영업자 또는 그 종업원에게 인도하거나 그 인도를 받음으로서 성립하는 범죄를 말한다.

2. 자유에 대한 죄

1) 협박죄

협박죄란 사람에 대하여 해악을 고지함으로써 상대방에게 공포심을 일으키게 하는 범죄를 말한다. 해악의 고지내용으로는 생명 · 신체뿐만 아니라 자유 · 명예 · 재산 · 정조 · 신용 등 일체의 것을 포함한다.

※ 형법상 협박의 개념

유형	의미	예
광의	사람에게 공포심을 생기게 할 만한 해악을 고지하는 것으로서 현실적으로 상대방이 공포심을 느꼈는지는 불문한다.	공무집행방해죄(제136조) · 직무강요죄(제136조 제2항) · 특수도주죄(제146조) · 다중불해산죄(제116조) 등의 협박
협의	사람에게 공포심을 생기게 할 만한 해악을 고지하는 것은 광의의 협박과 동일하나, 현실로 상대방이 공포심을 느끼고 일정한 작위·부작위를 강요당할 정도의 해악의 고지를 말한다.	협박죄(제283조) · 강요죄(제324조) · 공갈죄(제350조) 등의 협박
최협의	상대방의 반항을 억압하거나 현저히 곤란케 할 정도의 공포심을 일으킬 만한 해악의 고지를 말한다.	강간죄(제297조) · 강도죄(제333조) 등의 협박

2) 체포 · 감금죄

사람을 체포·감금함으로써 신체의 자유를 침해하는 범죄이다. 이는 계속범으로서 체포·감금상태가 종료될 때까지 범죄행위는 계속된다.

3) 약취 · 유인죄

약취는 폭행·협박을 수단으로 피해자의 의사에 반하여 사람을 현재의 보호상태로부터 이탈시켜 자기 또는 제3자의 실질적 지배에 옮기는 것을 말한다. 유인이란 기망·유혹의 수단으로 사람을 자기 또는 제3자의 실질적 지배에 두는 것을 말한다.

4) 정조에 관한 죄

(1) 강간죄란 폭행·협박으로 사람을 강간하는 것이며, 강제추행죄는 폭행·협박으로 사람에 대하여 추행을 함으로써 성립하는 범죄이다. 강간죄(형법 제297조)와 강제추행죄는 성기의 삽입 여하에 의해 구분되며, 강간죄의 구성요건보다 포괄적인 범죄 형태이다.

(2) 준강간죄와 준강제추행죄는 상대방의 심신상실상태나 항거불능의 상태를 이용

하여 강간 또는 추행을 한 경우에 성립하며 그 처벌은 강간죄, 강제추행죄와 동일하다.

(3) 미성년자 · 심신미약자에 대한 간음죄는 이들에 대하여 위계 또는 위력으로써 간음 또는 추행을 한 경우에 성립한다.

3. 명예 · 신용 및 업무에 관한 죄

1) 명예훼손죄

(1) 명예: 사람의 인격적 가치에 대한 사회적 평가를 의미한다(외부적 명예).

(2) 전파성의 이론: 공연성과 관련하여 판례는 「전파성의 이론」을 취하는데 이는 사실을 적시한 상대방이 특정한 한 사람인 경우라 하더라도 그 말을 들은 사람이 불특정 또는 다수인에게 이를 전파할 가능성이 있는 때에는 공연성을 인정하는 입장이다.

(3) 제310조 위법성조각사유: 제307조 제1항의 행위가 진실한 사실로서 오로지 공공의 이익에 관한 때에는 처벌하지 아니한다.

2) 모욕죄

모욕이란 구체적인 사실의 적시 없이 단순히 사람에 대한 사회적 평가를 저하시킬 만한 추상적인 경멸의 표시를 말한다.

3) 신용훼손죄

신용훼손죄는 허위의 사실을 유포하거나 기타 위계로써 사람의 신용을 훼손한 경우에 성립한다. 여기서 신용이란 사람의 경제적 활동에 대한 사회적 평가로서 구체적으로는 사람의 지불능력이나 지불의사에 대한 사회적 신뢰를 의미한다.

4) 업무방해죄

업무방해죄는 허위사실을 유포하거나 위계·위력으로써 사람의 업무를 방해한 자에게 성립한다. 업무란 사람이 그 사회적 지위에 있어서 계속적으로 종사하는 사무 또는 사업을 말하는바, 주된 업무뿐만 아니라 부수적인 업무도 포함한다.

4. 사생활의 평온에 관한 죄

1) 비밀침해죄

비밀침해죄는 봉함 기타 비밀장치한 사람의 신서, 문서 또는 도화를 개피한 경우에 성립하는 것이다.

2) 주거침입죄

주거침입죄는 사람의 주거·간수하는 저택, 건조물이나 선박 또는 점유하는 방실에 침입한 경우 혹은 이러한 장소로부터 퇴거요구를 받고 퇴거하지 아니한 경우에 성립한다.

3) 권리행사방해죄

권리행사방해죄란 타인의 점유 또는 권리의 목적이 된 자기의 물건 또는 전자기록등 특수매체기록을 취거·은닉 또는 손괴하여 타인의 권리행사를 방해하는 죄이다.

4) 강제집행면탈죄

강제집행면탈죄란 강제집행을 면할 목적으로 재산을 은닉, 손괴, 허위양도 또는 허위의 채무를 부담하여 채권자를 해함으로써 성립하는 범죄를 말한다.

5. 재산에 관한 죄

분 류 기 준		해 당 죄 명
보호 법익	소 유 권	절도죄, 횡령죄, 손괴죄, 장물죄
	소유권외의 재산적 가치 (채권·질권 등)	권리행사방해죄, 자동차 등 불법사용죄, 강제집행면탈죄, 특별법상의 파산범죄
	전체로서의 재산	강도죄, 사기죄, 공갈죄, 배임죄, 장물죄, 부당이득죄, 특별법상의 경제범죄

<table>
<tr><th colspan="3">분 류 기 준</th><th colspan="2">해 당 죄 명</th></tr>
<tr><td rowspan="3">객 체</td><td colspan="2">재 물 죄</td><td colspan="2">절도죄, 횡령죄, 손괴죄, 장물죄</td></tr>
<tr><td colspan="2">이 득 죄</td><td colspan="2">배임죄</td></tr>
<tr><td colspan="2">재물죄와 이득죄의 결합범죄</td><td colspan="2">강도죄, 사기죄, 공갈죄</td></tr>
<tr><td rowspan="5">행위 태양</td><td rowspan="2">이전 행위</td><td>취거 행위</td><td colspan="2">절취, 강취, 횡령</td></tr>
<tr><td>교부 행위</td><td colspan="2">사기, 공갈</td></tr>
<tr><td colspan="2">손 괴 행 위</td><td colspan="2">손괴죄</td></tr>
<tr><td colspan="2">이전행위 + 손괴행위</td><td colspan="2">배임죄, 권리행사방해죄, 강제집행면탈죄</td></tr>
<tr><td colspan="2">유 지 행 위</td><td colspan="2">장물죄(취득, 보관, 운반, 양여)</td></tr>
<tr><td rowspan="2">영득(이득) 의사 유무</td><td colspan="2">영 득 죄(이득죄)</td><td colspan="2">절도죄, 강도죄, 사기죄, 공갈죄, 횡령죄</td></tr>
<tr><td colspan="2">비 영 득 죄</td><td colspan="2">협의의 손괴죄</td></tr>
<tr><td rowspan="3">침해 방법</td><td colspan="2">탈 취 죄</td><td>절도죄, 강도죄, 장물죄</td><td rowspan="2">(광의의) 탈취죄</td></tr>
<tr><td colspan="2">횡 령 죄</td><td>횡령죄, 점유이탈물횡령죄</td></tr>
<tr><td colspan="2">편 취 죄</td><td colspan="2">사기죄</td></tr>
</table>

1) 절도죄

절도죄는 타인의 재물을 절취함으로써 성립하는 범죄이다. 절취란 타인이 점유하는 재물을 점유자의 의사에 반하여 그 점유를 배제하고 자기 또는 제3자의 점유로 옮기는 것을 말한다. 특히 부동산이 그 객체가 될 수 있는가에 대해서는 견해의 대립이 있으나 절취행위의 성격상 부정함이 타당하다.

2) 강도죄

(1) 강도죄는 폭행 또는 협박을 통하여 타인의 재물이나 재산상의 이익을 취득하거나 제3자로 하여금 취득하게 함으로써 성립한다. 여기에서의 폭행·협박은 상대방의 반항을 억압할 정도여야 한다.

(2) 준강도죄는 절도가 재물의 탈환을 면탈하거나 죄적을 인멸할 목적으로 폭행 또는 협박을 가한 때에 성립한다.

3) 사기죄

(1) 사기죄는 사람을 기망하여 자기 또는 제3자가 재물의 교부를 받거나 재산상의 이익을 취득한 경우에 성립한다.
(2) 준사기죄는 미성년자의 지려천박 또는 사람의 심신장애를 이용하여 자기 또는 제3자가 재물의 교부를 받거나 재산상의 이익을 취득하는 것을 말한다.
(3) 부당이득죄는 사람의 궁박한 상태를 이용하여 현저하게 부당한 이익을 취득하거나 제3자로 하여금 취득하게 한 때에 성립한다.

4) 공갈죄

공갈죄는 사람을 공갈하여 자기 또는 제3자가 재물의 교부를 받거나 재산상의 이익을 취득한 경우에 성립한다. 공갈이란 타인에게 폭행·협박을 수단으로 하여 상대방이 공포심을 갖도록 하는 행위를 말한다. 여기의 폭행·협박은 상대방의 반항을 억압할 정도임을 요하지 않는다.

5) 횡령죄

(1) 횡령죄는 타인의 재물을 보관하는 자가 그 재물을 횡령하거나 그 반환을 거부할 때에 성립한다. 타인의 재물을 보관하는 자만이 주체가 될 수 있으므로 횡령죄는 신분범이다.
(2) 점유이탈물횡령죄는 유실물 · 표류물 · 매장물 또는 타인의 점유를 이탈한 재물을 횡령한 자를 처벌한다.

6) 배임죄

배임죄는 타인의 사무를 처리하는 자가 그 임무에 위배하는 행위에 의하여 재산상의 이익을 취득하거나 제3자로 하여금 취득하게 하여 본인에게 손해를 가한 때에 성립한다. '타인의 사무를 처리하는 자'란 양자간의 신임관계에 기초를 두고 타인의 재산관리에 관한 사무를 대행하거나 타인재산의 보전행위에 협력하는 자의 경우 등을 가리킨다(신분범). 여기서 '임무에 위배하는 행위'란 당해 사무의 내용·성질 등 구체적 상황에 비추어 법률의 규정, 계약의 내용 또는 신의성실의 원칙상 당연히 할 것으로 기대되는 행위를 하지 않거나 당연히 하지 않아야 할 것으로 기대되는 행위를 함으로써 본인에 대한 신임관계를 저버리는 일체의 행위를 포함한다(예: 부동산의 이중매매).

7) 장물죄

장물에 관한 죄는 장물의 취득·양여·운반·알선·보관하는 행위를 처벌한다. 장물이란 재산범죄에 의해 취득된 물건을 말한다. 양여란 장물인 줄 모르고 취득하였다가 이를 알고 다시 타인에게 유·무상으로 장물을 수여하는 것을 의미한다.

8) 손괴죄

손괴죄는 타인의 재물 또는 문서를 손괴 또는 은닉 기타 방법으로 그 효용을 해하는 행위를 처벌한다.

제2절 사회적 법익에 관한 죄

공공의 안전과 평온에 관한 죄, 공공의 신용에 관한 죄, 공중의 건강에 관한 죄, 사회도덕에 관한 죄로 구분된다.

1. 공공의 안전과 평온에 관한 죄

(1) 공안을 해하는 죄, (2) 폭발물에 관한 죄, (3) 방화 및 실화의 죄, (4) 일수와 수리에 관한 죄, (5) 교통방해의 죄가 있으며 위험범으로 규정되어 있다.

2. 공공의 신용에 관한 죄

1) 통화에 관한 죄

행사할 목적이 있어야 성립하는 목적범이며 통화란 국가 또는 국가에 의하여 발행권한이 부여된 기관에 의하여 금액이 표시된 지불수단으로서 강제통용력이 인정된 것을 말한다.

2) 유가증권 · 우표 · 인지에 관한 죄

유가증권에는 대한민국 또는 외국의 공채증서 기타 유가증권을 포함하는데 공채증서뿐만 아니라 어음, 채권 등이 그 예이다.

3) 문서에 관한 죄

(1) 문서를 공문서와 사문서로 구분하여 공문서는 유형위조와 무형위조를 모두 처벌하나 사문서의 경우에는 유형위조만을 처벌하는 것을 원칙으로 하고 무형위조의 경우에는 허위진단서 작성죄만을 예외적으로 처벌한다.

(2) 유형위조란 문서의 작성명의인에 허위가 있는 것을 말하며, 무형위조란 작성명의인은 진실하나 내용이 허위인 위조를 말한다. 형법상 문서로서의 기능을 갖기 위해서는 지속적기능, 증명적기능, 보장적기능을 하여야 한다. 문서의 위조란 작성권한 없는 자가 타인명의를 모용하여 문서를 작성하는 것을 말하며 변조란 이미 진정하게 성립한 문서에 대하여 권한 없이 내용에 변경을 가하는 것을 말한다. 자격을 모용한다 함은 대리권 또는 대표권이 없는 자가 타인의 대리자격 또는 대표자격이 있는 것으로 가장하여 문서를 작성하는 것을 말한다.

4) 인장에 관한 죄

본죄의 행위객체는 인장 · 서명 · 기명 또는 기호이다.

3. 공중의 건강에 관한 죄

공중의 건강에 관한 죄에는 (1) 음용수에 관한 죄, (2) 아편에 관한 죄가 있다.

4. 사회도덕에 관한 죄

사회도덕에 관한 죄에는 (1) 성도덕에 반하는 풍속을 해하는 죄, (2) 도박과 복표에 관한 죄, (3) 신앙에 관한 죄가 있다.

제3절 국가적 법익에 관한 죄

1. 국가의 존립에 관한 죄

국가의 존립에 관한 죄에는 ① 내란죄, ② 외환죄, ③ 국교에 관한 죄가 있다.

2. 국가의 권위와 기능에 관한 죄

국가의 권위와 기능에 관한 죄에는 ① 국기에 관한 죄, ② 공무원의 직무에 관한 죄, ③ 도주와 범인은닉죄, ④ 위증과 증거인멸에 관한 죄, ⑤ 무고죄가 있다.

제7편 소송법

제1장 형사소송법
제2장 민사소송법

제7편 소송법

제1장 형사소송법

제1절 형사소송법의 의의

1. 의의

형법을 구체적 사건에 적용, 실현하기 위한 절차를 형사절차라 하고, 이 형사절차를 규정한 법을 형사소송법이라 한다.

2. 법체계적 지위

형법을 실현하는 절차를 규정한 절차법, 따라서 형사소송법은 공법 특히 사법법이다.

3. 법원

형사절차법정주의로 인하여 법원은 법률에 제한된다. 이에는 헌법, 형사소송법, 대법원규칙, 법원조직법, 검찰청법, 변호사법, 소년법, 행형법 등이 있다.

4. 목적

1) 실체적 진실주의

실체적 진실주의란 소송의 실체에 관하여 객관적 진실을 발견하여 사안의 진상을 명백히 하자는 입장을 말한다. 민사소송이 형식적 진실주의인 것과 비교된다.

2) 적정절차의 원리

적정절차의 원리란 헌법의 기본원칙인 법치국가원칙의 정신을 구현한 공정한 법정절차에 의하여 형벌권이 실현되어야 한다는 원리이다. 이 원리는 ① 공정한 재판의 원칙, ② 비례성의 원칙, ③ 피고인 보호의 원칙을 그 내용으로 한다.

3) 신속한 재판의 원칙

신속한 재판의 원칙이란 헌법 제27조 3항에 규정되어 있는 「모든 국민은 신속한 재판을 받을 권리를 가진다.」는 것을 말한다. 이러한 원칙의 필요성은 ① 형사피고인의 불안을 해소하거나 미결구금의 장기화로 인한 피고인의 인권보장적 측면과 ② 소송이 지연되는 경우에는 증인의 기억이 희미해지고 증거가 멸실·왜곡되는 경우가 있으므로 실체적 진실발견을 저해할 염려가 있다는 점과 ③ 범죄의 예방이라는 형사정책적 관점이라는 3가지 관점에서 존재한다.

신속한 재판을 위한 제도로는

(1) 수사와 공소제기의 신속을 위한 제도

피의자의 구속기간 제한(형사소송법 제202조, 제203조), 기소편의주의(제247조 제1항), 공소취소제도(제255조), 공소시효제도(제249조) 등

(2) 공판절차의 신속을 위한 제도

공판준비절차(제266조의 5 이하)162), 심판대상의 한정(불고불리의 원칙), 집중심리주의(제267조의2, 특정강력범죄특례법 제10조), 재판장의 소송지휘권(형사소송법 제279조), 피고인의 구속기간 제한(제92조), 증거동의(제318조), 판결선고기간의 제한(제318조의4, 소송촉진특례법 제21조), 소송지연목적 기피신청의 기각(제20조 제1항), 대표변호인제도(제32조의2), 궐석재판제도(제277조의2, 제365조, 제458조 제2항) 등

(3) 상소심재판의 신속을 위한 제도

상소기간의 제한(제358조, 제374조), 상소기록송부기간의 제한(제361조, 제377조), 상소이유서제출기간의 제한(제361조의3, 제379조) 등

(4) 특수한 공판절차

신속한 재판을 실현하기 위한 특수절차로 간이공판절차, 약식절차, 즉결심판절차 등이 있다.

제2절 형사소송법의 기본구조

1. 탄핵주의와 규문주의

1) 탄핵주의

탄핵주의란 재판기관이 재판절차를 독자적으로 개시하는 것이 아니라 재판기관 이외의 주체 즉, 원고가 소추를 제기함에 따라 법원이 재판절차를 개시하는 원칙을 말한다.

2) 규문주의

규문주의란 재판기관과 소추기관의 분리가 이루어지지 않은 상태에서, 소추기관의 소추없이도 재판절차를 개시할 수 있는 원칙을 말한다.

2. 당사자주의와 직권주의

1) 당사자주의

소송이 당사자의 공격·방어에 의하여 진행되고 법원은 제3자적 재위에서 공정한 판단을 내리는 소송구조로 영미법계의 지배적 소송구조이다.

2) 직권주의

소송절차의 진행에 있어서 당사자 기타 소송관계인의 의사 여하를 막론하고 법원이 직권에 의하여 소송을 진행시키고 심판하는 소송구조로 대륙법계에서의 지배적 소송구조이다.

3) 실체적 진실주의와 형식적 진실주의

(1) 실체적 진실주의

법원이 당사자의 사실상의 주장, 사실의 인부 또는 제출한 증거에 구속되지 않고 실질적으로 사안의 진상을 규명하여 사실을 인정하는 것이다(직권에 의한 증거조사, 증거재판주의, 자유심증주의, 전문법칙, 자백의 보강법칙, 상소와 재심제도가 인정된다).

(2) 형식적 진실주의

법원이 당사자의 사실상의 주장, 사실의 인부 또는 제출한 증거에 구속되어 이를 기초로 하여 사실을 인정하는 것이다.

4) 현행 형사소송법의 기본구조

(1) 탄핵주의 소송구조

① 불고불리의 원칙
② 국가소추주의: 국가기관인 검사의 소추에 의하여 형사재판절차가 개시되는 주의
③ 기소독점주의: 검사에게만 이 권한을 부여

(2) 직권주의와 당사자주의의 절충

기본적으로 유럽의 직권주의(예: 피고인 신문에 있어 당사자의 신문이 끝난 뒤 재판장의 피고인신문, 당사자의 증거신청에 대한 법원의 결정권, 법원에 의한 직권증거조사, 법원에 의한 공소장변경요구)를 채택하면서도 영미의 당사자주의(예: 공소장 변경제도)를 대폭 도입하여 절충적 구조를 취하고 있다.

(3) 이외에도 증거재판주의와 공판중심주의(공개주의 · 구두변론주의 · 직접심리주의 · 계속심리주의)를 취한다.

제3절 소송의 주체

<table>
<tr><th colspan="2">소 송 주 체</th><th colspan="2">법 원, 검 사, 피고인</th></tr>
<tr><td rowspan="2">소송관계인</td><td>당사자</td><td>검 사</td><td>피 고 인</td></tr>
<tr><td>보조인</td><td>사법경찰관리</td><td>변호인, 보조인</td></tr>
<tr><td colspan="2">소 송 관 여 자</td><td colspan="2">증 인, 감정인, 고소인, 고발인</td></tr>
</table>

1. 법원

1) 의의

사법행정상 의미의 법원인 국법상 의미에서의 법원과 소송법상 의미에서의 법원으로 구분되는데 형사소송법상의 법원은 후자이다. 이에는 심급을 기준으로 1심법원과 상소법원, 법원의 구성방법에 따라 단독제법원과 합의부법원으로 분류한다.

2) 법관의 제척 · 기피 · 회피

공정한 재판을 위하여 사법권의 독립에서 더 나아가 ① 법관이 불공평한 재판을 할 우려가 현저한 것으로 법률에 유형적으로 규정되어 있는 사유에 해당하는 때에 그 법관을 직무집행에서 당연히 배제시키는 제척, ② 법관이 제척사유가 있음에도 불구하고 재판에 관여하거나 기타 불공평한 재판을 할 염려가 있는 때, 당사자의 신청에 의하여 그 법관을 직무집행에서 탈퇴케 하는 기피, ③ 법관이 스스로 기피의 원인이 있다고 판단한 때, 자발적으로 직무집행에서 탈퇴하는 회피제도를 두고 있다.

3) 법원의 관할

관할이란 각 법원에 대한 재판권의 분배, 즉 특정법원이 특정사건을 재판할 수 있는 권한을 의미한다. 이는 법정관할(사물 · 토지 · 심급 · 관련사건의 관할)과 재정관할로 분류된다.

(1) **사물관할:** 사건의 경중 또는 성질에 의한 제1심 관할의 분배

(2) **토지관할:** 사건의 토지적 관계에 의한 동등법원간에 있어서의 제1심 관할의 분배로 토지관할은 범죄지, 피고인의 주소 · 거소, 또는 현재지로 한다.

(3) 심급관할

① **항소사건:** 지방법원 또는 지원의 단독판사의 판결에 대한 항소사건은 지방법원 합의부에서, 지방법원 합의부의 제1심판결에 대한 항소사건은 고등법원에서 관할

② **상고사건:** 제2심판결에 대한 상고사건, 제1심판결에 대한 비약상고사건은 대법원에서 관할

③ **항고사건:** 지방법원 단독판사의 결정·명령에 대한 항고사건은 지방법원합의부에서, 지방법원 합의부의 제1심 결정·명령에 대한 항고사건은 고등법원에서 관할

(4) 관련사건 관할

관련사건이란 1인이 범한 수죄, 수인이 공동으로 범한 죄, 장물에 관한 죄와 그 본범의 죄 등과 같이 수 개의 범죄조건이 상호관련성이 있는 경우를 말한다.

관련사건은 1인이 범한 수죄, 수인이 공동으로 범한 죄, 수인이 동시에 동일장소에서 범한 죄, 범인은닉죄, 증거인멸죄, 위증죄, 허위감정통역죄 또는 장물에 관한 죄와 그 본범의 죄이다(형사소송법 제11조).

(5) 재정관할

법원의 관할에 관한 재판에 의하여 정하여진 관할을 말하며, 관할의 지정과 관할의 이전이 있다.

4) 배심원제도

(1) 배심원제도의 의의

국민의 형사재판 참여에 관한 법률에 의하여 2008.1.1부터 배심원제도가 시행되었다. 배심원제도는 국민 중에서 선정된 배심원이 형사재판에 참여하여 사실인정과 형의 양정에 관한 의견을 제시하게 함으로써 사법의 민주적 정당성과 이에 대한 국민의 신뢰성을 높이기 위해 도입되었다.

(2) 배심원의 지위

① 배심원이 참여하는 국민참여재판의 대상사건은 중대사건이다.

② 배심원은 국민참여재판을 하는 사건에 관하여 사실의 인정, 법령의 적용 및 형의 양정에 관한 의견을 제시할 권한이 있으며, 배심원의 평결과 의견은 법원을 기속하지 못한다.

2. 검사

1) 검사는 검찰권을 행사하는 국가기관으로, 형사에 관하여 공익의 대표자로서 범죄수사 · 공소제기와 그 유지에 필요한 행위를 하고, 범죄수사에 관한 사법경찰관리를 지휘 · 감독하고, 법원에 대한 법령의 정당한 적용의 청구 및 재판집행의 지

휘 · 감독을 하는 것이 그 중요한 직무이다.

2) 검찰청법 제7조는 2004.1.20자 개정을 통하여 검사동일체의 원칙의 표제를 삭제하고 검사는 검찰사무에 관하여 소속 상급자의 지휘 · 감독을 받아야 한다고 규정하여 검찰사무에 대한 지휘 · 감독관계를 규정하고 있다.

3) 그러나 검사동일체의 원칙의 내용인 직무승계와 이전의 권한은 개정법에서도 유지되고 있고(검찰청법 제7조의2), 검사의 지휘 · 감독관계는 상명하복관계를 전제로 하는 것이고 종래의 검사의 상명하복관계도 순수한 의미의 그것이 아니었던 이상 검사동일체의 원칙은 여전히 유지되고 있다.

3. 피고인

1) 의의

검사에 의하여 형사책임을 져야 할 자로 공소가 제기된 자 또는 공소가 제기된 자로 취급되어 있는 자를 말한다. 공소의 주체인 검사에 대하여 방어권의 주체이다. 검사에 의하여 공소제기 된 자, 약식명령이나 즉결심판이 청구된 자, 위장출석 한 피고인 등이 이에 포함된다. 피고인에 해당하려면 단지 공소가 제기(취급)된 자이면 충분하다. 즉, 진범여부, 당사자능력존재여부, 소송능력유무, 공소제기유효여부 등은 여기서 문제 삼지 않는다.

2) 구별해야 할 개념

피고인은 공소가 제기된 자 또는 이와 같이 취급되는 자를 의미한다는 점에서 공소가 제기되기 전의 신분인 수사상 피의자(被疑者)와 다른 개념이다. 그리고 재판과정을 통하여 유죄판결이 확정된 자인 수형자(受刑者)와도 다른 개념이다. 수형자는 형이 확정된 자이다. 그밖에 내사 단계에서 지칭되는 비법률적 개념도 있는데, 바로 용의자(容疑者)가 그것이다. 피의자와 피고인은 미결수 신분이지만 수형자는 기결수 신분을 가진다는 점에서 상당한 차이가 있다.

〈참고자료〉

증거방법 : 사실인정의 자료가 되는 유형물 자체(증거조사의 대상)

증거자료 : 증거방법을 조사하여 알게 된 내용(사실인정의 자료)

증거능력 : 증거가 엄격한 증명의 자료로 사용될 수 있는 자격

증명력 : 증거가 사실인정에 미치는 실질적 가치(자유심증주의에 의하여 법관이 판단함)

4. 변호인

변호인이란 피고인 또는 피의자의 방어력을 보충함을 임무로 하는 피고인 또는 피의자의 보조자를 말한다. 특히 다음 경우에 변호인이 없는 때에는 법원은 직권으로 (국선)변호인을 선정하여야 한다.

① 피고인이 구속된 때
② 피고인이 미성년자인 때
③ 피고인이 70세 이상인 때
④ 피고인이 농아자인 때
⑤ 피고인이 심신장애의 의심이 있는 때
⑥ 피고인이 사형, 무기 또는 단기 3년 이상의 징역이나 금고에 해당하는 사건으로 기소된 때
⑦ 피고인이 빈곤 기타 사유로 변호인을 선임할 수 없는 때. 단 피고인의 청구가 있는 때에 한한다.

※ 국선변호인 제도를 두고 있는 헌법 정신을 구체화하고 형사절차에서 침해될 수 있는 인신의 자유, 절차적 기본권 등 국민의 인권을 최대한 보장하기 위하여 법원은 구속영장심문을 받는 피의자 또는 구속 피고인에 대하여도 필요적으로 국선변호인을 선정하도록 하고, 피고인의 권리보호를 위하여 필요하다고 인정하는 때에는 피고인의 명시적 의사에 반하지 아니하는 한 국선변호인을 선정하도록 2006.7.19 형사소송법이 개정되었다.

※ 변호인의 권한

종속대리인	관할이전신청권, 관할위반신청, 증거동의, 상소취하, 정식재판청구
독립대리권	① 본인의 명시한 의사에 반하여 행사할 수 있는 경우: 구속취소의 청구, 보석의 청구, 증거보전의 청구, 공판기일변경 신청, 증거조사에 대한 이의신청 ② 명시의 의사에는 반할 수 없으나 묵시의 의사에 반할 수 있는 경우: 기피신청, 상소제기

제4절 수사

1. 수사의 주체

검사가 수사의 주재자이고 사법경찰관리는 검사의 수사를 지휘를 받아 수사를 수행하게 되는 수사기관에 해당하지만 사법경찰리는 검사와 사법경찰관의 지휘를 모두 받는 수사보조기관에 불과하게 된다.

2. 수사의 단서와 방법

1) 수사의 단서

수사개시의 원인을 단서라고 하는데 이에는 ① 현행범인의 체포 · 변사자의 검시 · 불심검문 등과 같이 수사기관자신의 체험에 의하는 경우와 ② 고소 · 고발 · 자수 · 진정 · 범죄신고 등과 같이 타인의 체험의 청취에 의한 경우가 있다.

〈고소와 고발의 차이점〉

	고 소	고 발
주 체	고소권자	범인 및 피해자외의 제3자
기 간	친고죄는 범인을 안 날로부터 6월, 비친고죄는 무제한	무제한
대 리	허 용	불 허
취소시기	제1심판결 선고전	무제한
재고소 · 고발	불 허	허 용
공통점	• 수사의 단서가 된다. • 구두나 서면으로 가능하다. • 자기 또는 배우자의 직계존속을 고소하거나 고발할 수 없다.	

2) 수사의 방법

(1) 임의수사

① **의의 :** 강제력을 행사하지 않고 상대방의 동의나 승낙을 받아서 행하는 수사를 말한다.

② **임의수사의 원칙 :** 수사는 원칙적으로 임의수사에 의하고 강제수사는 법률에 규정된 경우에 한하여 허용된다는 원칙을 말한다.

③ 임의수사의 방법으로는 피의자신문, 피의자 이외의 자의 조사(참고인조사, 감정·통역·번역의 위촉), 사실조회가 있다.

(2) 강제처분과 강제수사

① **대인적 강제처분**

㉮ 수사기관에 의한 경우
- ㉠ 구속(제201조) : 영장없는 구속은 불가능하다.
- ㉡ 체포(95년 개정에 의해서 신설)
- ㉢ 영장을 요하는 경우 : 체포영장에 의한 체포
- ㉣ 영장을 요하지 않는 경우 : 긴급체포, 현행범 체포 → 사후 구속영장 요구

㉯ 법원에 의한 경우 : 구속(제70조)

② **대물적 강제처분**

㉮ 수사기관에 의한 경우 : 압수, 수색, 검증

㉯ 법원에 의한 경우 : 압수, 수색, 검증 ※ 강제처분이지만 강제수사는 아니다.

〈체포·구속적부심, 보석, 구속의 집행정지, 구속의 취소의 비교〉

구 분	체포·구속적부심	보 석	구속의 집행정지	구속의 취소
주 체	법 원	법 원	법원, 검사, 사법경찰관	법원, 검사, 사법경찰관
대 상	피 의 자	피 고 인	피의자, 피고인	피의자, 피고인
사 유	구속의 불법부당	필요적보석이 원 칙	상당한이유가 있을때	구속의사유가 없거나 소멸될 때

구 분	체포·구속적부심	보 석	구속의 집행정지	구속의 취소
구속영장의 효 력	소 멸	지 속	지 속	소 멸
보증금제도	예외적으로 있다.	있 다.	없 다.	없 다.
청구권자	체포 또는 구속된 피의자 또는 그 변호인, 법정대리인, 배우자, 가족, 동거인 또는 고용주	피고인, 피고인의 변호인, 법정대리인, 배우자, 직계친족, 형제자매, 가족, 동거인 또는 고용주		검사, 피고인, 변호인, 법정대리인, 배우자, 직계친족, 형제자매, 호주, 피의자

제5절 소송제기와 공판절차

1. 수사의 종결과 공소제기

1) 수사의 종결

사법경찰관리가 범죄를 수사하였을 때에는 신속히 관계서류와 증거물을 검사에게 송치하고, 검사는 사건의 기소·불기소 기타의 처분을 함으로써 수사가 종결된다.

2) 공소제기(기소)

수사종결시 검사가 형사사건에 관하여 법원의 재판을 요구하는 행위.

2. 공소제기의 기본원칙

공소제기원리로는 검사만이 기소를 하는 기소독점주의와 충분한 범죄의 혐의가 있더라도 ① 범죄의 연령·성행·지능과 환경, ② 피해자에 대한 관계, ③ 범행의 동기·수단과 결과, ④ 범행후의 정황 등을 참작하여 검사가 기소를 하지 아니할 수도 있는 기소편의주의가 있다.

3. 공소제기의 방식

공소를 제기함에는 피고인, 죄명, 공소사실 및 적용법조를 기재한 공소장을 관할법원에 제출한다. 공소장에는 사건에 관하여 법원에 예단이 생기게 할 수 있는 서류 기타 물건을 첨부하여서는 아니된다(공소장일본주의).

4. 공소준비 및 공판

1) 공판준비절차

(1) 의의

공판기일의 회수를 불문하고 공판기일에서의 심리를 준비하기 위해 기일전에 수소법원에 행하여지는 절차(따라서 수소법원과 관계없는 증거보전절차나 각종 영장발부는 공판준비절차가 아니다.)

(2) 내용

① **절차적 공판준비**

㉠공소장 부본의 송달, ㉡공판기일의 지정과 변경, ㉢공판기일의 통지와 소환, ㉣국선변호인 선정고지 및 선정

② **실체적 공판준비**

㉠공무소 등에의 조회, ㉡공판기일전의 증거조사, ㉢공판기일전의 증거 제출

2) 공판기일의 절차

(1) 모두절차

① **인정심문:** 재판장이 피고인의 성명·연령·본적·주거와 직업을 물어서 피고인임을 확인하는 것(제284조)

② **검사의 모두진술(제285조):** 피고인의 방어권 보호를 위한 제도. 그러나 임의적이다.

③ **진술거부권 등의 고지(규칙 제127조)**

④ **공소에 관한 의견진술의 기회제공**

⑤ **피고인의 모두진술(제286조):** 관할위반의 신청, 공소장부본 송달에 대한 이의신청, 제1회 공판기일의 유예기간에 대한 이의신청은 이 단계까지 하지 않으면 하자가 치유된다.

(2) 사실심리절차

① **피고인 신문:** 피고인 신문이란 피고인에 대한 공소사실과 그 정상에 관한 필요한 사항을 신문하는 절차를 말하며 검사〉 변호인〉 재판장〉 합의부원(제287조)의 순서로 하며 방법상 진술강요·유도신문이 금지된다.

② **증거조사**

㉮ 증거조사의 의의: 증거조사란 법원이 피고사건의 사실인정과 형의 양정에 관한 심증을 얻기 위해 인증 · 서증 · 물증 등 각종 증거방법을 조사하여 그 내용을 감지하는 소송행위를 말한다.

㉯ 증거조사의 절차

㉠ 당사자의 신청에 의한 증거조사

ⓐ 증거조사는 검사 · 피고인 · 변호인 · 피해자가 서면 또는 구두로 신청

ⓑ 증거결정은 (판례)법원의 소송지휘권의 일종이므로 사실심법원의 자유재량행위이다.

㉡ 직권에 의한 증거조사: 법원의 권한임과 동시에 의무.

㉰ 증거조사의 방법으로는 신문(증인), 요지의 고지 또는 낭독(증거서류), 제시(증거물), 제시 및 요지의 고지(증거물인 서류)가 있다.

③ **최종변론 〈소송관계인의 의견진술〉**

㉮ 검사의 의견진술: 논고(사실과 법률적용에 관한 검사의 의견진술)와 구형(양형에 대한 의견)

㉯ 피고인과 변호인의 의견진술(제303조)

(3) 판결의 선고

① 재판은 그 의사표시적 내용이 당해 사건의 심리에 관여한 재판기관의 내부에서 결정되는 내부적 성립과 선고 또는 고지에 의한 외부적 성립으로 구분된다.

② 내부적 성립은 합의부의 경우에는 구성원의 합의가 있는 경우에, 단독판사의 경우에는 재판서의 작성 시 또는 재판의 고지 내지 선고에 의하여 성립한다.

③ 법원의 실체재판에서는 유죄(**제323조**) 및 무죄(**제325조**)의 판결이 있고 형식재판에서는 관할위반의 판결(제319조), 면소의 판결(**제326조**) 및 공소기각의 재판(**제327조, 제328조**)이 있다.

㉮ 피고사건이 범죄로 되지 아니하거나 범죄사실의 증명이 없는 때에는 판결로써 무죄를 선고하여야 한다(**제325조**).

㉯ (1) 확정판결이 있은 때, (2) 사면이 있은 때, (3) 공소의 시효가 완성되었을 때, (4) 범죄후의 법령개폐로 형이 폐지되었을 때에는 판결로써 면소의 선고를 하여야 한다(**제326조**).

㉰ (1) 공소가 취소되었을 때, (2) 피고인이 사망하거나 피고인인 법인이 존속하지 아니하게 되었을 때, (3) 제12조 또는 제13조의 규정에 의하여 재판할 수 없는 때, (4) 공소장에 기재된 사실이 진실하다 하더라도 범죄가 될 만한 사실이 포함되지 아니하는 때에는 결정으로 공소를 기각하여야 한다(**제328조**).

㉱ (1) 피고인에 대하여 재판권이 없는 때, (2) 공소제기의 절차가 법률의 규정에 위반하여 무효인 때, (3) 공소가 제기된 사건에 대하여 다시 공소가 제기되었을 때, (4) 제329조의 규정(공소취소와 재기)에 위반하여 공소가 제기되었을 때, (5) 고소가 있어야 죄를 논할 사건에 대하여 고소의 취소가 있은 때, (6) 피해자의 명시한 의사에 반하여 죄를 논할 수 없는 사건에 대하여 처벌을 희망하지 아니하는 의사표시가 있거나 처벌을 희망하는 의사표시가 철회되었을 때에는 판결로써 공소기각의 선고를 하여야 한다(**제327조**).

5. 재판

1) 의의

(1) **협의:** 피고사건의 실체에 대한 법원의 공권적 판단을(유,무죄의 실체적 종국사건만 의미) 말한다.

(2) **광의:** 법원 또는 법관의 법률행위적 소송행위(일반적 의미)를 말한다.

2) 종류

(1) 기능에 따라

① **종국재판:** 당해 소송을 그 심급에서 종결시키는 재판으로 이에는㉠ 유죄 · 무죄 판결, ㉡ 관할위반 · 공소기각 · 면소의 재판, ㉢ 상소심의 파기자판 · 상소기각의 재판, ㉣ 파기환송 · 파기이송판결이 있다.

② **종국전 재판(중간재판):** 종국재판에 이르기까지의 절차에 관한 재판. 원칙적 상소불허

(2) 내용에 따라

① **실체재판(본안재판):** 실체적 법률관계를 판단하는 재판으로 기판력 발생

② **형식재판(본안외 재판):** 절차적 법률관계를 판단하는 재판(공소기각결정·판결, 관할위반판결, 면소판결)으로 면소판결을 제외하고 기판력 발생하지 않는다.

(3) 형식에 따라

① **판결:** 종국재판의 원칙적 형식이며, 가장 중요한 형식이다. 판결에는 실체재판인 유죄 · 무죄의 판결과 형식재판인 관할위반 · 공소기각 및 면소의 판결이 있다.

② **결정:** 종국전 재판의 원칙적 형식이며, 절차에 관한 재판은 원칙적으로 결정에 의한다. 보석허가결정, 증거신청에 대한 결정, 공소장변경의 허가가 결정에 속한다.

③ **명령:** 법원이 아니라 재판장·수명법관·수탁판사로서의 법관에 의한 재판을 말하며, 명령은 모두 종국전의 재판이다.

6. 상소

상소는 미확정의 재판에 대한 불복방법이다.

1) 항소 및 상고

상소에는 ① 제1심의 판결에 불복하는 항소(제357조 이하), ② 항소판결에 불복하는 상고(제371조)가 있다. 항소이유에는 사실오인과 양형부당이 대부분을 차지한다.

항소심은 원칙적으로 항소이유서에 포함된 사유에 관하여 심판한다. 다만 판결에 영향을 미친 사유에 관해서는 항소이유서에 포함되지 아니한 사유도 직권심판의 대상이 될 수 있다(제364조).

항소심에서는 피고인만 항소한 경우에는 원판결보다 중한형을 선고할 수 없다(제368조). 상고심에서는 변호인이 아니면 피고인을 위하여 변호할 수 없다(제386조, 제387조).

특별한 규정이 없으면, 항소심의 심리에는 제1심 공판에 관한 규정이(제370조), 상고심에는 항소심의 심판에 관한 규정이 준용된다(제399조).

판결이 확정되면 판결의 확정력이 발생하는데 기판력과 일사부재리효의 관계가 문제된다.

2) 항고

항고란 법원의 결정에 대한 상소를 의미하며 이에는 ① 일반항고(즉시항고(제404조), 보통항고)와 ② 항고법원 또는 고등법원(항소법원, 준항고법원)의 결정에 대한 항고(제415조)인 특별항고(재항고)가 있다.

3) 준항고

재판장 · 수명법관(검사 · 사경)의 재판(처분)에 대해 그 소속법원(관할법원)에 그 재판(처분)의 취소 · 변경을 청구하는 불복신청방법으로 상소가 아니지만 항고의 규정을 준용한다.

7. 비상구제절차와 특별절차

1) 비상구제절차

확정판결에 대하여 중대한 사실오인에 대한 구제절차가 재심이고, 비상상고는 법령위반에 대한 구제절차이다. 확정재판의 권위 등을 이유로 재심은 매우 제한적으로 안정되고 있지만 제420조 5호의 신증거에 의한 재심사유는 매우 중요하다.

2) 특별절차

(1) 피고인이 공판정에서 공소사실에 대하여 자백한 때에는 법원은 그 공소사실에 대하여 자백한 때에는 법원은 그 공소사실에 한하여 간이공판절차에 의하여 심판할 것을 결정할 수 있다(제286조의2).
(2) 약식명령의 청구는 공소의 제기와 동시에 서면으로 하여야 한다(제449조).
(3) 지방법원은 그 관할에 속한 사건에 대하여 검사의 청구가 있는 때에는 공판절차 없이 약식명령으로 피고인을 벌금, 과료 또는 몰수에 처할 수 있으며 이 경우에는 추징 기타 부수의 처분을 할 수 있다(제448조).

8. 재심과 비상상고제도의 비교

	재 심	비상상고
본질	판결확정 후에 주로 사실인정의 부당을 구제하기 위하여 허용되는 비상구제절차	판결확정 후 심판의 법령위반을 이유로 하여 허용되는 비상구제절차
목적	구체적 사건의 사실인정의 부당을 구제	법령해석의 통일을 기하는 것(사건의 구체적 구체는 부수적 효과)
청구권자	검사, 유죄의 선고를 받은 자, 유죄의 선고를 받은 자의 법정대리인, 유죄의 선고를 받은 자가 사망하거나 심신장애가 있는 경우에는 그 배우자, 직계친족 또는 형제자매(제424조)	검찰총장(제441조)
관할법원	원판결을 한 법원(제423조)	대법원(제441조)
청구절차	재심청구서에 원판결사본, 증거자료를 청구하여 제출(규칙 제166조)	이유를 기재한 신청서를 대법원에 제출, 제출기간의 제한은 없다(제442조).

	재 심	비상상고
청구가 인정되는 경우	제420조 참조	사건의 심판(심리=소송절차)에 법령위반이 있는 경우(제441조)
사실의 조사	결정하는 데 있어 필요할 때에는 사실조사를 할 수 있다(제37조 제3항). 재심개시결정 확정 후에는 다시 심리한다(제438조 제1항).	관할, 공소의 수리 및 소송절차에 관한 사실조사를 할 수 있다(제444조 제2항).
재판	1) 기각결정의 청구(제433조) (1) 약식위반 (2) 청구권 소멸 (3) 이유가 없는 때 (4) 제436조의 경우 2) 재심개시결정(이유가 있는 때)(제435조) 개시결정이 확정된 경우 심급에 따라 다시 심판(제438조 제1항) 이 경우 특칙(제438조 제2항, 제3항, 제4항). 이 판결에 대하여 통상의 상소를 할 수 있다.	(1) 기각판결(이유 없는 때)(제445조) (2) 원판결의 법령위반파기(제446조) (3) 원판결의 위반부분의 파기와 피고사건에 대한 새로운 판결(원판결이 피고인에게 불이익한 경우)(제446조) (4) 법령위반의 소송절차의 파기(제446조)
재판의 효과에 관한 특칙	무죄의 선고를 한 때에는 관보 및 신문지에 기재하여 판결을 공시한다(제440조).	원판결을 파기하고 다시 판결을 하는 경우 외에는 피고인에게 효력을 미치지 아니한다(제447조).

제2장 민사소송법

제1절 서론

1. 소송에 갈음하는 분쟁해결제도

1) 화해

화해는 재판 외 화해와 재판상의 화해가 있는데

(1) 재판 외 화해는 민법상의 화해계약을 뜻하는 것으로 당사자가 상호 양보하여 당사자 간의 분쟁을 끝낼 것을 약정하는 것을 말한다.

(2) 재판상의 화해에는 제소 전 화해와 소송상 화해가 있다.

① 제소 전 화해는 분쟁당사자의 한쪽이 지방법원에 화해신청을 하여 단독판사의 주재 하에 행하는 것으로, 화해가 이루어지면 소송상의 화해와 그 효력에 차이가 없다(**민소법 제220조**).

② 소송상 화해는 소송계속 중 소송물인 권리관계에 대하여 당사자 양쪽이 양보한 끝에 일치된 결과를 법원에 진술하는 것으로, 조서에 적은 때에는 소송은 판결에 의하지 않고 종료된다.

2) 조정제도란 상호양보에 의하여 법관과 특별한 경험·지식을 가진 법관이 아닌 자로 구성된 조정위원회의 조정안에 의하여 법률관계의 분쟁을 종식시키는 제도를 말한다.

3) 중재란 당사자의 합의에 의하여 선출된 중재인의 중재재정에 의하여 당사자 간의 분쟁을 해결하는 절차를 말한다.

2. 민사소송일반

1) 소

소란 법원에 대하여 판결을 내려 달라는 신청이다. 이는 소송행위의 일종으로 그 성질상 공법행위이다. 이와 달리 소송은 소로 시작해서 판결로 끝나는 모든 절차를 가리키므로 소와는 구별된다.

2) 민사소송

(1) 민사소송은 민사에 관한 소송을 가리킨다. 민사란 민사사건을 지칭하며 이는 대등한 당사자 사이의 생활관계에 관한 분쟁사건을 말하며, 현대국가에서 개개인은 모두 평등하게 인격이 부여되어 있으므로 사인간의 분쟁은 모두 대등한 당사자 사이의 분쟁으로 민사사건이 될 수 있다.

(2) 목적: 사권보호

(3) 재판 - 법적 3단논법에 따른다.

변 론 주 의	소 전 제	구체적사실확정	청 구 원 인	판 결 이 유
직 권 주 의	대 전 제	법규적용 (법률요건)	법원의 권한	
처분권 주의	결 론	법 률 효 과	청 구 취 지	판 결 주 문

3) 형사소송과의 구별

(1) 형사소송은 사인에 대한 국가의 형벌권의 존재 여부의 확정을 목적으로 하는 점에서 사법상의 권리관계의 확정을 목적으로 하는 민사소송과 구별된다.

(2) 민사소송절차에서는 변론주의를 심리원칙으로 함에 대하여, 형사소송절차에서는 직권주의에 의하고 있다.

4) 소의 종류

(1) 이행의 소

피고에게 일정한 급여의무를 명하는 판결을 구하는 소를 말하며, 원칙적으로 이행청구권을 주장하는 것 자체에 의하여 소의 이익이 인정되나, 예외적으로 장래이행의 소에서는 특별한 소의 이익이 요구된다.

(2) 확인의 소

권리 또는 법률관계의 존부의 확정을 목적으로 하는 소를 말하며, 확인의 소는 현재의 권리 또는 법률관계의 확인만을 구하는 것이어서 보통의 사람은 법원의 개입 없이도 법률관계에 관하여 법원이 확인하여야 할 필요는 원칙적으로 없기 때문에 확인의 소는 확인의 이익이 있는 경우에만 허용된다.

(3) 형성의 소

① 일정한 권리 또는 법률관계의 발생·변경·소멸을 주장하는 소로써, 권리변경의 소 또는 창설의 소라고 한다.

② 일정한 권리 또는 법률관계를 변경시키는데 반드시 소송에 의할 필요는 없으나(예컨대, 취소권, 해제권 등의 행사), 사단관계나 신분관계 등에 관한 소에 관하여 당사자의 이익, 거래안전 혹은 공익상의 견지에서 법률관계의 변경을 획일적으로 명백히 해결하여 법적 안정성을 기할 필요성에서 일정원인을 권리 관계변동의 요건(형성요건, 즉 형성권)으로 하고 그 요건의 존재를 소로서 주장하게 하여 판결로써 확정 후 비로소 그 변동을 일으키는 것을 법률상 규정하는 경우가 있다. 이 규정에 의한 소가 바로 형성의 소이다.

3. 관할의 의의와 종류

1) 관할의 의의

관할이란 재판권을 행사하는 여러 법원 사이에서 어떤 법원이 어떤 사건을 담당처리 하느냐의 재판권의 분담관계를 정해 놓은 것을 말한다.

2) 관할과 재판권

재판권은 법원으로서 심리·재판할 수 있는 사건인가 아닌가의 문제임에 대하여, 관할은 재판권의 존재를 전제로 하여 법원 가운데 어느 법원이 심리·재판할 것인가의 문제이기 때문이다. 따라서 재판권에 속하지 않는 사건은 이를 판결로써 각하할 것이나, 관할위반의 사건에 대해서는 관할권 있는 법원에의 이송(제31조)으로 처리한다.

3) 관할의 종류

(1) 법정관할, 재정관할, 당사자의 거동에 의한 관할(관할의 결정 근거를 표준으로 한 분류)

① 법정관할은 법률에 의하여 직접 정해진 관할이다. 여기에는 직분관할·사물관할·토지관할이 있고 ② 재정관할(지정관할)은 관할이 어디인지 불명한 경우에 관계법원의 직근상급법원의 결정에 의하여 정해지는 관할을 말하고 ③ 당사자의 거동에 의한 관할은 당사자의 합의나 피고의 응소에 의하여 발생하는 관할로서

전자를 합의관할, 후자를 응소관할이라 한다.

(2) 전속관할과 임의관할(소송법상의 효과의 차이에 의한 분류)

① 전속관할이라 함은 법정관할 가운데서 재판의 적정·공평 등 고도의 공익적 견지에서 정해진 것으로, 특정법원만이 오로지 배타적으로 관할권을 갖게 한 것을 말한다.

전속관할의 특색은 법원의 직권조사사항이며, 당사자간의 합의나 피고의 응소에 의하여 법정관할을 다른 법원으로 바꿀 수 없다. 즉 합의관할이나 응소관할이 인정되지 않는다.

② 임의관할은 주로 당사자의 편의나 공평을 위한 사익적 견지에서 정하여진 것으로, 당사자간의 합의나 피고의 응소에 의하여 다른 법원에 관할을 발생시킬 수 있는 것을 말한다.

사물관할이나 토지관할은 원칙적으로 임의관할이며, 직분관할 중 심급관할은 비약상고의 경우에 한하여 임의관할이다.

제2절 소송절차

1. 소의 제기

(1) 소장제출

(2) 필요적 기재사항: 당사자, 법정대리인, 청구취지, 청구원인

2. 소장심사

(1) 재판장이 ① 필요적 기재사항, ② 인지첩부여부를 심사

(2) 심사결과 소장에 흠결이 있으면 보정명령을 하여 보정하면 절차가 속행되고 안하면 소장각하명령을 한다.

3. 소장부본의 송달(답변서 제출 및 응소안내서 송달)

4. 소송요건의 조사

(1) 법원 (2) 당사자 (3) 소송물 (4) 특수소송의 요건을 조사하여 흠결시 보정명령을 하거나 소각하판결을 한다.

5. 제1회 변론기일의 지정·소환 ← 피고의 답변서 제출

6. 제1회 변론기일

(1) 원고의 청구취지 진술에 피고는 청구취지에 대한 답변: 소각하판결·청구기각판결

(2) 원고의 청구원인 진술에 피고가 자백(침묵)하면 청구인용

(3) 원고의 입증책임 ← 부인(부지)과 항변

7. 제2회 이후의 변론기일

(1) 준비서면 진술

(2) 피고의 부인에 대해 원고의 증거신청(입증)

(3) 피고의 항변에 대해 ① 원고가 부인하면 피고가 항변사실을 입증하고, ② 원고가 재항변시 ㉮ 피고가 부인하면 원고가 재항변사유를 입증해야 하고, ㉯ 피고의 재재항변

8. 입증책임

9. 변론에 있어서 제원칙

(1) 공개심리주의

재판의 심리와 판결의 선고를 일반인이 방청할 수 있는 상태에서 행하는 주의이다.

(2) 쌍방심리주의

소송의 심리에 있어서 당사자 쌍방에 평등하게 진술할 기회를 주는 입장을 말한다.

(3) 구두심리주의

심리에 임하여 당사자 및 법원의 소송행위 특히 변론 및 증거조사를 구술로 행하는 원칙으로서 서면심리주의에 대립한다.

(4) 직접심리주의

판결을 하는 법관이 직접 변론을 듣고 증거조사를 행하여야 하는 주의를 말한다.

(5) 처분권주의

처분권주의란 절차의 개시, 심판의 대상, 절차의 종결에 대하여 당사자에게 절차의 주도권을 주어 그 처분에 맡기는 입장을 말한다.

(6) 변론주의

변론주의란 소송자료 즉 사실과 증거의 수집·제출의 책임을 당사자에게 맡기고, 당사자가 수집하여 변론에서 제출한 소송자료만을 재판의 기초로 삼아야 하는 입장을 말한다.

(7) 수시제출주의

수시제출주의란 당사자가 변론종결에 이르기까지 어느 때라도 자유롭게 공격방어방법을 제출할 수 있고, 어느 것을 먼저 제출하여야 하는 것과 같은 제출순서를 정해 놓고 있지 않은 주의를 말한다.

10. 변론의 종결

11. 판결의 선고

12. 판결의 송달 → 심급종료(종국판결)

(1) 정본송달 후 14일 내 다투지 않으면 → 판결확정
(2) 정본송달 후 14일 내 다투면 → 상소

제3절 상소심

1. 상소요건

(1) 적극적 요건
① 상소의 대상적격, ② 정식의 상소제기, ③ 상소기간 준수, ④ 상소의 이익

(2) 소극적요건:
① 상소의 포기, ② 불상소의 합의

2. 상소의 효력

(1) 확정차단의 효력
(2) 이심(移審)의 효력(상소불가분의 원칙)
(3) 심판의 범위(불이익변경 금지의 원칙)

3. 항소심(속심제)재판

(1) 항소장 각하명령

(2) 항소각하

(3) 항소기각

(4) 항소인용
① 원판결취소: 자판(自判)이 원칙이나 예외적으로 환송이나 이송을 하기도 한다.
② 불이익변경금지원칙이 적용된다.

4. 상고심

(1) 상고장 각하명령

(2) 상고각하

(3) 상고기각

(4) 상고인용

원판결 파기시 원심법원에의 환송이 원칙이나 예외적으로 원심법원과 동등한 다른 법원에 이송하거나 자판을 한다.

제8편

사회법

제1장 사회법의 의의
제2장 사회보장법
제3장 노동법

제 8 편 사회법

제1장 사회법의 의의

자본주의가 발전하면서 자본의 집중에 의한 자본가의 영향력은 경제분야뿐만 아니라 법과 정치분야에 까지 영향을 미쳐 자본가의 자유가 비자본가나 시민, 국가의 자유를 침해하는 결과를 초래하여 사적자치의 대원칙은 국가에 의하여 많은 부분에서 제한을 받지 않을 수 없게 되었다. 사적자치의 대전제아래 인정되던 계약의 자유, 절대적 소유권의 인정 등도 공공복리라는 이름 아래 제한을 받게 되면서 시민법(사법)도 점차 공법화되는 경향을 보이기 시작하였고 이런 상황에서 순수한 시민생활에도 속하지 않고 동시에 순수한 국가생활에도 속하지 않는 중간형태의 인간생활이 존재하게 되었고 이러한 영역은 사법과 공법이 공존하여 규율하는 생활영역이 되었다. 우리는 사법이 공법화 되면서 발생하는 이러한 새로운 법분야를 사회법이라 하며 보통 노동법·사회보장법·경제법을 이에 포함시킨다. 노동법과 사회보장법이 사회적 약자를 보호해주는 법원리에 기초한다. 그러나 경제법은 대기업 등 사회적 강자를 규제하는 원리에 입각하기 때문에 사회법과 다른 범주에 속한다(협의의 사회법에서 제외됨)고 설명하기도 한다.

제2장 사회보장법

제1절 사회보장법의 의의

넓은 의미로는 사회보장의 기능을 수행하는 법을 말하나 사회보장법이란 ① 개인을 생활위험으로부터 보호하는 것을 직접적인 목적으로 하는 급여관계를 규율하는 법만을 말하며 ② 사회보장의 기능수행이 구조변화의 목적이 아닌 개인의 수요를 충족시키기 위한 것이어야 한다. 또한 ③ 이러한 보호가 국가 또는 공법인에 의해서 이루어지는 법체계이다.

제2절 사회보장제도의 기본체계

1. 사회보험

1) 의의

사회보험이란 국민에게 발생하는 사회적 위험을 보험방식에 의하여 대처함으로써 국민건강과 소득을 보장하는 제도를 말한다.

2) 비용부담

(1) 사용자 · 피용자 및 자영자가 부담하는 것이 원칙이다.
(2) 관계법령에 따라 국가가 비용의 일부를 부담한다.

2. 공적부담

1) 의의

공적부담이란 국가 및 지방자치단체의 책임하에 생활유지능력이 없거나 생활이 어려운 국민의 최저생활을 보장하고 자립을 지원하는 제도를 말한다.

2) 비용부담

국가 및 지방자치단체가 비용의 전부 또는 일부를 부담한다.

3. 사회복지서비스

1) 내용

국가 · 지방자치단체 및 민간부문의 도움을 필요로 하는 모든 국민에게 상담 · 재활 · 직업소개 및 지도 · 사회복지시설이용 등을 제공하여 정상적인 사회생활이 가능하도록

지원하는 제도

2) 비용부담

(1) **관계법령이 정하는 일정소득수준 이하의 국민:** 국가 및 지방자치단체가 비용의 전부 또는 일부를 부담한다.

(2) **부담능력이 있는 국민:** 수익자부담이 원칙이다. 다만 관련 법령이 정하는 바에 따라 비용의 전부 또는 일부를 국가 및 지방자치단체가 부담한다.

4. 관련복지제도

보건·주거·교육·고용 등의 분야에서 인간다운 생활이 보장될 수 있도록 지원하는 제도

제3절 사회보장법의 내용

1. 사회보험법 체계

사회보험은 보험의 원리를 사용하여, 일정한 개인의 집단을 사회적 위험에 동일한 확률로 처해 있는 공동체로 결합하여 구성원이 사회적 위험으로부터 자기보호를 꾀할 수 있도록 하는 제도로 사보험과는 달리 사회적 조정에 의하여 일정한 수정을 받는다. 이에는 의료보험법, 국민연금법, 공무원연금법, 군인연금법, 산업재해보상보험법 등이 있다.

2. 사회보상법 체계

사회보상이란 국가유공행위 중 또는 특별히 공동체 전체에 책임이 귀속되는 인적·물적 피해에 대한 국가적 차원에서의 보상을 규율한다. 이에는 국가유공자 예우 등에 관한 법률, 의사상자 등 예우 및 지원에 관한 법률 등이 있다.

3. 사회부조 및 복지서비스법 체계

이는 법적 원인관계를 전제로 하지 않은 순수한 사회정책적 목적에 기초한 급여이다. 우선 전통적인 공적부조(스스로의 생계능력이 없는 개인에게 최저한도의 생활수준을 보장)로 생활보호법, 의료보호법, 재해구호법이 있으며 복지서비스(특별한 수요상황 때문에 자유로운 인격발현에 어려움이 있는 집단에 대한 보호)로는 아동복지법, 노인복지법, 모자복지법, 장애인복지법 등이 있다.

제3장 노동법

제1절 노동법의 의의와 과제

노동법은 자본주의경제의 발전에 따라서 근대시민법질서의 수정 또는 변동을 의미하는 '법의 사회화'의 움직임 속에서 노동자의 생활향상과 노동관계를 규율한다고 하는 특수한 법영역을 형성하면서 발전하였다. 따라서 노동법은 한편으로는 사용자에게 최저 근로시간을 제시하고 이에 못 미치는 근로조건을 결정하지 못하도록 하고 이로써 개인에게 최저한도의 인간다운 생활을 보장하는 과제를 갖는다. 다른 한편 노동법은 근로자에게 집단적행동의 가능성을 보장하여 사용자와 대등한 협상력을 가지고 근로조건에 관한 협상에 임할 수 있도록 하는 과제를 갖는다.

제2절 노동법의 내용

1. 근로기본권

헌법은 노동자의 생존권확보를 위하여 근로권(헌법 제32조)과 단결권·단체교섭권 및 단체행동권의 노동3권을 규정(헌법 제33조)하여 보호하는데 이러한 권리를 근로기본권이라 한다.

2. 근로기준법

(1) 근로기준법은 근로자의 근로조건 및 생활조건을 일정한 수준 이상으로 보장하기 위해서 근로조건의 최저수준을 정하고 이 수준에 미달하는 근로계약을 체결할 수 없도록 감독하여 근로자를 보호하기 위한 법이다. 따라서 근로기준법은 강행규범으로서의 성격을 가지며 사용자가 이에 위반하여 근로계약을 형성할 수 없을 뿐만 아니라 근로자도 근로기준법상의 권리를 포기할 수 없다.

(2) 기본 원칙

① **근로조건의 기준:** 이 법에서 정하는 근로조건은 최저기준이므로 근로관계 당사자는 이 기준을 이유로 근로조건을 저하시킬 수 없다(근로기준법 제3조).

② **근로조건의 결정:** 근로조건은 근로자와 사용자가 동등한 지위에서 자유의사에 의하여 결정하여야 한다(근로기준법 제4조).

③ **근로조건의 준수:** 근로자와 사용자는 단체협약, 취업규칙과 근로계약을 준수하여야 하며 각자가 성실하게 이행할 의무가 있다(근로기준법 제5조).

④ **균등처우:** 사용자는 근로자에 대하여 남녀의 차별적 대우를 하지 못하며 국적, 신앙 또는 사회적 신분을 이유로 근로조건에 대한 차별적 처우를 하지 못한다(근로기준법 제6조).

⑤ **강제근로의 금지:** 사용자는 폭행, 협박, 감금 기타 정신상 또는 신체상의 자유를 부당하게 구속하는 수단으로써 근로자의 자유의사에 반하는 근로를 강요하지 못한다(근로기준법 제7조).

⑥ **폭행의 금지:** 사용자는 사고발생 기타 어떠한 이유로도 근로자에게 폭행, 구타행위를 하지 못한다(근로기준법 제8조).

⑦ **중간착취의 배제:** 누구든지 법률에 의하지 아니하고는 영리로 타인의 취업에 개입하거나 중간인으로서 이익을 취득하지 못한다(근로기준법 제9조).

⑧ **공민권 행사의 보장 :** 사용자는 근로자가 근로시간 중에 선거권 기타 공민권의 행사 또는 공(公)의 직무를 집행하기 위하여 필요한 시간을 청구하는 경우에는 거부하지 못한다(근로기준법 제10조).

(3) 현행 근로기준법은 상시 5인 이상을 고용하는 사업 또는 사업장에 당연 적용되며, 그 밖의 사업장에 대해서는 근로기준법의 일부규정을 적용할 수 있도록 하고 있다(근로기준법 제11조).

① **근로자란** 직업의 종류를 불문하고 사업 또는 사업장에 임금을 목적으로 근로를 제공하는 자를 말한다.

② **사용자란** 사업주 또는 사업경영담당자 기타 근로자에 관한 사항에 대하여 사업주를 위하여 행위하는 자를 말한다.

③ **임금이란** 사용자가 근로의 대상으로 근로자에게 임금, 봉급 기타 어떠한 명칭으로든지 지급하는 일체의 금품을 말한다.

㉠ 통상임금

통상임금이란 근로자에게 정기적·일률적으로 소정근로 또는 총근로에 대하여 지급하기로 정하여진 시간급금액·일급금액·주급금액·월급금액 또는 도급금액을 말한다(근로기준법 시행령 제6조 제1항).

㉡ 평균임금

평균임금이란 이를 산정하여야 할 사유가 발생한 날 이전 3개월 동안에 그 근로자에게 지급된 임금의 총액을 그 기간의 총일수로 나눈 금액을 말한다(근로기준법 제2조 제6호).

(4) 근로기준법은 근로조건의 내용과 근로계약의 기간, 사용자와 근로자의 권리·의무, 임금, 근로시간과 휴식, 안전과 보건, 재해보상 등에 관하여 규정한다.

3. 최저임금법

최저임금법은 근로자에 대하여 임금의 최저수준을 보장하여 근로자의 생활안정과 노동력의 질적 향상을 기함으로써 국민경제의 건전한 발전에 이바지하게 함을 목적으로 한다. 최저임금은 근로자의 생계비, 유사 근로자의 임금, 노동생산성 및 소득분배율 등을 고려하여 정하고 사용자는 최저임금의 적용을 받는 근로자에게 최저임금액 이상의 임금을 지급하여야 한다.

4. 남녀고용평등법

헌법의 평등이념에 따라 고용에 있어서 남녀의 평등한 기회 및 대우를 보장하는 한편 모성을 보호하고 직장과 가정생활의 양립과 직업능력개발 및 고용촉진을 지원함으로써 남녀고용평등 실현을 목적으로 한다.

5. 노동조합 및 노동관계조정법

헌법은 근로자의 근로조건을 유지하고 개선할 목적으로 노동조합을 조직하고 자유롭게 활동할 수 있는 권리를 단결권의 형태로 보장하고 있는데 노동조합 및 노동관계조정법은 이러한 노동조합의 설립·운영, 가입과 탈퇴, 노동쟁의와 쟁의행위에 대한 조정, 부당노동행위 등에 관한 규정을 두고 있는 집단적 노사관계법이다.

1) 근로자

근로자란 직업의 종류를 불문하고 임금·급료 기타 이에 준하는 수입에 의하여 생활하는 자를 말한다.

2) 사용자

사용자란 사업주, 사업의 경영담당자 또는 그 사업의 근로자에 관한 사항에 대하여 사업주를 위하여 행동하는 자를 말한다.

3) 사용자단체

사용자단체란 노동관계에 관하여 그 구성원인 사용자에 대하여 조정 또는 규제할 수 있는 권한을 가진 사용자의 단체를 말한다.

4) 노동조합

노동조합이란 근로자가 주체가 되어 자주적으로 단결하여 근로조건의 유지·개선 기타 근로자의 경제적·사회적 지위의 향상을 도모함을 목적으로 조직하는 단체 또는 그 연합단체를 말한다. 다만, 다음 각목의 1에 해당하는 경우에는 노동조합으로 보지 아니한다.

(1) 사용자 또는 항상 그의 이익을 대표하여 행동하는 자의 참가를 허용하는 경우
(2) 경비의 주된 부분을 사용자로부터 원조 받는 경우
(3) 공제 · 수양 기타 복리사업만을 목적으로 하는 경우
(4) 근로자가 아닌 자의 가입을 허용하는 경우. 다만, 해고된 자가 노동위원회에 부당노동행위의 구제신청을 한 경우에는 중앙노동위원회의 재심판정이 있을 때까지는 근로자가 아닌 자로 해석하여서는 아니된다.
(5) 주로 정치운동을 목적으로 하는 경우

5) 노동쟁의

노동쟁의란 노동조합과 사용자 또는 사용자단체(이하 "노동관계 당사자"라 한다)간에 임금 · 근로시간 · 복지 · 해고 기타 대우 등 근로조건의 결정에 관한 주장의 불일치로 인하여 발생한 분쟁상태를 말한다. 이 경우 주장의 불일치라 함은 당사자간에 합의를 위한 노력을 계속하여도 더 이상 자주적 교섭에 의한 합의의 여지가 없는 경우를 말한다.

6) 쟁의행위

쟁의행위란 파업 · 태업 · 직장폐쇄 기타 노동관계 당사자가 그 주장을 관철할 목적으로 행하는 행위와 이에 대항하는 행위로서 업무의 정상적인 운영을 저해하는 행위를 말한다.

(1) 파업

파업이란 다수의 근로자가 하나의 단결체를 형성하여 근로조건의 유지·개선을 목적으로 조직적인 방법에 의하여 사용자에게 근로제공을 일시적으로 거부하는 행위를 말한다.

(2) 태업

태업이란 근로의 제공은 하고, 작업능률을 저하시키는 쟁의행위를 말한다.

(3) 준법투쟁

준법투쟁이란 노동조합의 통제 하에 다수의 근로자들이 근로기준법 및 노동조합 및 노동관계조정법 등 관련 법령에 규정된 권리를 동시에 행사하거나, 의무를 동시에 이행하여 파업이나 태업과 같은 효과를 발생하는 것을 말한다.

(4) 생산관리

생산관리란 노동조합이 사용자의 지휘명령권을 배제하면서 자신들의 의사에 따라 기업의 경영을 행하는 쟁의수단을 말한다.

(5) 보이콧

보이콧이란 노동조합이 쟁의행위의 상대방인 사용자의 제품의 불매를 호소하거나 그 제품의 취급을 거부하게 함으로써 그 제품의 거래를 방해하는 쟁의수단을 말한다.

(6) 피케팅

피케팅이란 쟁의행위 참가자들이 당해 쟁의행위로 인하여 중단된 업무를 수행하려고 하는 자들에게 업무수행을 하지 말 것을 평화적으로 설득하거나 권고하는 말한다.

(7) 직장점거

직장점거이란 파업을 할 때에 퇴거하지 아니하고 사용자의 의사에 반하여 사업장에 체류하면서 연좌 또는 농성하는 쟁의행위를 말한다.

(8) 직장폐쇄

직장폐쇄란 사용자가 노동조합의 쟁의행위에 대항하여 직장을 폐쇄함으로써 근로자들의 근로수령을 거부하고 임금을 지급하지 아니하는 사용자의 쟁의행위를 말한다.

7) 부당노동행위

(1) 근로자가 노동조합에 가입 또는 가입하려고 하였거나 노동조합을 조직하려고 하였거나 기타 노동조합의 업무를 위한 정당한 행위를 한 것을 이유로 그 근로자를 해고하거나 그 근로자에게 불이익을 주는 행위

(2) 근로자가 어느 노동조합에 가입하지 아니할 것 또는 탈퇴할 것을 고용조건으로 하거나 특정한 노동조합의 조합원이 될 것을 고용조건으로 하는 행위. 다만, 노동조합이 당해 사업장에 종사하는 근로자의 3분의 2 이상을 대표하고 있을 때에는 근로자가 그 노동조합의 조합원이 될 것을 고용조건으로 하는 단체협약의 체결은 예외로 하며, 이 경우 사용자는 근로자가 그 노동조합에서 제명된 것 또는 그 노동조합을 탈퇴하여 새로 노동조합을 조직하거나 다른 노동조합에 가입한 것을 이유로 근로자에게 신분상 불이익한 행위를 할 수 없다.

(3) 노동조합의 대표자 또는 노동조합으로부터 위임을 받은 자와의 단체협약체결 기타의 단체교섭을 정당한 이유없이 거부하거나 해태하는 행위

(4) 근로자가 노동조합을 조직 또는 운영하는 것을 지배하거나 이에 개입하는 행위와 노동조합의 전임자에게 급여를 지원하거나 노동조합의 운영비를 원조하는 행위. 다만, 근로자가 근로시간중에 사용자와 협의 또는 교섭하는 것을 사용자가 허용함은 무방하며, 또한 근로자의 후생자금 또는 경제상의 불행 기타 재액의 방지와 구제등을 위한 기금의 기부와 최소한의 규모의 노동조합사무소의 제공은 예외로 한다.

(5) 근로자가 정당한 단체행위에 참가한 것을 이유로 하거나 또는 노동위원회에 대하여 사용자가 이 조의 규정에 위반한 것을 신고하거나 그에 관한 증언을 하거나 기타 행정관청에 증거를 제출한 것을 이유로 그 근로자를 해고하거나 그 근로자에게 불이익을 주는 행위

6. 근로자 참여 및 협력증진에 관한 법률

1) 노사협의제도

노사협의제도란 근로자의 근로조건은 물론 기업의 경영전반에 관한 노사의 공동관심사항에 대하여 노사가 상호 협의함으로써 노사관계를 상호 협조적 관계로 정립하여 근로자의 경제적·사회적 지위를 향상시키고 기업경영을 합리화하고자 하는 제도를 의미한다.

2) 목적

노동조합의 투쟁적 활동을 비투쟁적인 노사협의로 대체하려는 목적으로 시작되어 근로자의 참여범위를 확대하여 오늘날 경영참가적 유형에 속하는 노사협의에 관한 법으로서의 성격을 갖는 이 법은 노사협의회의 설치·운영, 고충처리, 중앙노사정협의회 등의 규정을 두는 협동적 노사관계법이다.

저자 소개

박종렬

- 조선대학교 대학원(상사법전공) 법학박사
- 조선대학교 대학원(민사법전공) 법학박사
- 조선대학교 법과대학 법학연구소 전임연구원
- 충청북도 지방직공무원 시험출제위원
- 광주지방검찰청 검찰시민모니터 위원
- 광주지방검찰청 형사조정위원회 형사조정위원
- 현)광주지방경찰청 운전면허 행정처분 심의위원회 위원
- 현)한국산업인력공단 공인중개사 시험출제위원
- 현)한국산업인력공단 주택관리사(보) 시험출제위원
- 현)광주지방검찰청 국민소통 옴부지만
- 현)광주여자대학교 경찰법학과 대학원(민사법) 주임교수
- 현)광주여자대학교 입학홍보처장

[주요 저서 및 논문]

- 생활과법률(전남대학교 출판부), 법학개론(조선대학교 출판부)
- 지방세법(세학사), 생활법률(진영사), 민법총칙(지성계)
- 민사특별법(동방문화사), 재미있는 법률산책(지성계), 친족상속법(지성계)
- 부동산경매에 있어 유치권 신고의무(한국부동산법학회)
- 미성년자 행위능력에 관한 고찰(한국민사법학회)
- 사해행위취소와 가액배상(한국비교사법학회)
- 부동산 이중매매와 그 예방(한국콘텐츠학회)
- 원격의료계약의 법적성질에 관한연구(한국법학회)
- 의사의 설명의무와 손해배상범위에 관한 연구(한국법학회)
- 징벌적 손해배상에 관한 연구(한국법학회)
- 손해배상범위에 관한 인과관계의 연구(한국콘텐츠학회)
- 북한 이혼법에 관한 연구(한국민사법학회)
- 저당권의 물상대위에 관한 연구(한국법학회)
- 근저당권의 피담보채권의 범위(한국법학회)

- 불법행위에 있어서 인과관계에 관한 고찰(한국법학회)
- 친권상실에 관한 고찰(한국법학회)
- 원치 않는 아이에 대한 의사의 손해배상책임에 관한 소고(한국법학회)
- 채권자취소권에 있어서 사해의사에 관한 연구(한국법학회)
- 양도담보의 법리구성에 관한 소고(한국민사법학회)
- 제조물책임에 있어서 결함에 관한 고찰(한국법학회)
- 상속회복청구권의 법적성질(한국법학회)
- 의료과오소송의 입증책임 경감에 관한 연구(한국법학회)

김문성

- 동국대학교 법학학사
- 고려대학교 대학원 법학석사
- 전남대학교 대학원 법학박사 수료
- 법무부 순천교도 귀휴심사위원
- 법무부 범죄예방위원회 순천협의회 운영처장
- 교려대학교 안암법학회 정회원
- 대한민사법학회 정회원
- 청암대학교 법무부 법사랑 청소년위원회 운영처장

이덕희

- 동국대학교 법학과 졸업
- 동국대학교 대학원 법학과(형사법전공), 법학석사
- 대구대학교 대학원 법학과(공법전공), 법학박사
- 현) 위덕대학교 일반경비원신임교육 홍보주임교수
- 현) 포항북부경찰서 징계위원, 포항남부경찰서 경미범죄심사위원
- 현) 법무부 보호관찰위원
- 현) 선린대학교 경찰행정과